행복의 정복

옮긴이 이순희

서울대 영문과를 졸업했으며 현재 출판기획자이자 번역가로 활동 중이다. 역서로는
『빌 클린턴의 마이 라이프』(물푸레), 『폴 브랜드 평전』(좋은씨앗), 『나에게는 꿈이 있습
니다: 마틴 루터 킹 자서전』(바다출판사), 『나, 다이애나의 진실』(사회평론) 등이 있다.

행복의 정복

2005년 1월 5일 초판 1쇄 펴냄
2024년 9월 26일 초판 39쇄 펴냄

지은이 | 버트런드 러셀
옮긴이 | 이순희

단행본사업본부 | 윤동희
편집위원 | 최연희
편집 | 엄귀영 석현혜 윤다혜 오지영 이희원 조자양
경영지원본부 | 나연희 주광근 오민정 정민희 김수아 김승현
마케팅본부 | 윤영채 정하연 안은지 진채은
디자인 | 가필드

펴낸이 | 윤철호
펴낸곳 | (주)사회평론

등록번호 | 제10-876호(1993년 10월 6일)
전화 | 02-326-1182(대표번호) 02-326-1543(편집)
주소 | 서울시 마포구 월드컵북로6길 56 사평빌딩
e-mail | editor@sapyoung.com
http://www.sapyoung.com

ISBN 978-89-5602-551-3

값 9,800원

행복의 정복

Conquest Of Happiness

버트런드 러셀 지음 | 이순희 옮김

사회평론

한 마리 짐승이 되어 그들과 함께 살고 싶다.

저렇게 평화롭고 만족스러운 삶이 있는 것을.

나는 선 채로 오랫동안 짐승들을 바라본다.

그들은 자신이 처한 상황을 걱정하거나 불평하지 않는다.

어둠 속에 깨어 자신의 죄를 뉘우치며 눈물짓지도 않고

하나님에 대한 의무를 들먹여 나를 역겹게 하지도 않는다.

불만을 드러내는 놈도 없고,

소유욕에 혼을 빼앗기는 놈도 없다.

다른 놈이나, 먼먼 조상에게 무릎 꿇는 놈도 없다.

이 지구를 통틀어 보아도 어느 한 마리

점잔 빼는 놈도, 불행한 놈도 없다.

휘트먼, 「내 자신의 노래 32」 중에서

차례

일러두기

1. 러셀이 쓴 각주는 〔〕로 표시하여 본문 내에 병기하였다.
2. 이 책 하단의 각주는 옮긴이의 설명이다.
3. 러셀은 길이의 단위로 마일을 사용했는데, 미터나 킬로미터로 환원하여 번역하였다.

인간은 행복해질 수 있다

이 책은 학자들을 대상으로 쓴 책도 아니고, 현실적인 문제를 그저 이야깃거리로만 생각하는 사람들을 위해 쓴 책도 아니다. 이 책에는 일반인들이 모르는 심오한 철학이나 해박한 지식이 담겨 있지도 않다.

내가 이 책을 쓴 것은 이 이야기들이 사람들의 상식이 되었으면 좋겠다고 생각했기 때문이다. 내가 독자들에게 내놓은 비결은 직접 경험을 통해 확인한 것들이며, 이 비결대로 행동할 때마다 나는 더욱 행복해졌다. 이 책의 비결을 통해 불행을 겪고 있는 수많은 사람들 가운데 일부만이라도 자신이 처한 상황을 진단하고 거기에서 탈출할 방법을 찾기 바란다.

나는 불행으로 고통당하고 있는 수많은 사람들이 바람직한 방향으로 노력하기만 하면 충분히 행복해질 수 있다는 믿음에서 이 책을 썼다.

행복이 당신 곁을 떠난 이유
I
Causes Of Unhappiness

1. 자기 안에 갇힌 사람

부자들 자신이 불행하다면,
사람들을 부유하게 만들어봐야 무슨 소용이 있겠는가?

짐승은 몸이 성하고 배가 부르면 행복하다. 흔히 인간도 마찬가지라고 생각하기 쉽지만, 인간은 그렇지 않다. 현대 사회에서 대부분의 사람들은 이러한 조건이 충족된 상태지만 행복을 느끼지 못한다. 지금 당신이 불행하다면, 자신도 예외가 아니라는 사실을 인정하며 내 말에 선뜻 수긍할 것이다. 만약 당신이 행복한 사람이라면, 자신의 친구 중 과연 몇 명이나 행복한지 곰곰이 생각해보라. 그리고 나서 사람의 표정을 읽는 법을 익혀 평소 만나는 사람들의 기분을 살펴보라.

내가 만나는 얼굴마다 난 자국
심약함의 자국, 고뇌의 자국

13

블레이크가 옳은 시구다. 종류야 가지가지겠지만, 당신은 어딜 가나 불행과 마주치게 될 것이다. 당신이 가장 현대적인 대도시 중 하나라고 할 수 있는 뉴욕에 있다고 가정해보라. 근무시간대의 혼잡한 거리나, 주말에 사람들이 다니는 주요 도로, 혹은 저녁의 댄스 파티 모임에 나가 서 있어보라. 자신에 대한 생각은 말끔히 잊고, 대신 주위에 있는 낯선 이들의 존재가 차례차례 마음속에 들어앉게 해보라. 그러면 그 한 사람 한 사람이 저마다의 고민을 안고 있다는 것을 알게 될 것이다.

당신은 근무시간대의 사람들에게서 불안감과 지나친 긴장감, 소화불량, 경쟁 이외에는 아무것도 생각하지 않는 무관심, 기분 전환조차 꾀하지 못하는 무력감, 주변 사람을 무시하는 태도 등을 보게 될 것이다.

주말의 주요도로에서는 일을 잊고 편안한 마음으로 즐거움을 찾아 나선 사람들을 만나게 될 것이다. 즐거움을 찾아가는 행렬은 가장 느린 차의 속도에 맞추어진 채 한결같은 속도로 진행된다. 자칫 한눈을 팔다가는 사고가 나기 십상이기 때문에 운전자들은 경치를 구경하는 것은 엄두도 내지 못하고 다들 차 꽁무니만 쳐다본다. 차 안에 앉아 있는 사람들은 누구나 다른 차를 앞지르고 싶어 안달하지만, 도로가 혼잡하기 때문에 마음만 급할 뿐이다.

운전석에 앉아 있지 않은 사람들의 얼굴도 불만으로 가득 차 있기 일쑤다. 빨리 앞질러 가겠다는 희망을 버리고 나니 시간을 보내는 것이 말할 수 없이 지루하기 때문이다. 이따금 차 한 대에 가득 찬 사람들이 신나게 웃고 떠들며 즐거움을 과시하다가 엉뚱한 행동으로 사고를 일으켜 경찰서 신세를 지기도 한다. 결국 휴가 때 즐거워하는 것 자체가 불법이 되고 만다.

이번에는 즐거운 저녁 한 때를 보내는 사람들을 지켜보자. 이들은 한결같이 행복해지기로 마음을 다져먹고 나온 사람들이다. 아무리 아파도 호들갑을 떨진 않겠다고 다짐하면서 치과에 들어가는 사람처럼 단호한 결심으로 무장하고 말이다. 이들은 술을 마시고 주정하는 것이 쾌락에 이르는 길이라고 믿기 때문에 어서 빨리 취해서 자신을 혐오스럽게 하는 상대방의 행동을 알아챌 수 없게 되기를 바란다. 술이 적당히 오른 사람들은 소리 내어 울면서 낳아주시고 길러주신 어머니의 희생에 비하면 자신이 얼마나 하찮고 변변찮은 존재인지 모른다며 한탄하기 시작한다. 알코올 덕분에 사람들은 평소 이성에 짓눌려 있었던 죄의식을 털어낼 수 있게 된다.

이러한 사람들이 겪는 여러 가지 불행은 일부분은 사회제도에, 일부분은 개인적인 심리에 그 원인이 있는데, 일반적으로 개인적인 심리도 사회제도의 산물이다. 나는 행복을 증진시키는 데 필요한 사회제도의 변혁에 대해서는 예전에 글을 쓴 적이 있다.[1] 따라서 이 책에서는 전쟁과 경제적 착취, 잔인성과 공포심을 조장하는 교육을 없애는 일에 관해서는 굳이 언급하지 않으려고 한다.

전쟁을 피할 수 있는 제도를 찾아내는 것은 우리 문명이 안고

---

1) 러셀은 이 책을 내기 전 다음과 같은 저서에서 윤리와 사회에 관한 글을 썼다. 『결혼과 도덕*Marriage and Morals*』(1929), 『정치 사상*Political Ideals*』(1917), 『사회 개조의 원리*Principles of Social Reconstruction*』(1916).

있는 중대한 과제다. 하지만 사람들이 서로를 죽이는 것보다 한낮의 햇빛을 견디는 일을 더 무서워할 정도로 불행하다면, 그런 제도는 결코 만들어질 수 없다. 기계 생산의 혜택이 그것을 절실히 필요로 하는 사람들에게 돌아갈 수 있다면, 우리는 어느 정도 가난의 영구화를 막을 수 있을 것이며 이는 반드시 필요한 일이기도 하다. 하지만 부자들 자신이 불행하다면, 사람들을 부유하게 만들어봐야 무슨 소용이 있겠는가? 잔인성과 공포심을 조장하는 교육은 나쁘지만, 이미 이런 감정의 노예가 된 사람들에게 전혀 다른 방식의 교육을 기대할 수는 없을 것이다.

이런저런 생각을 하다보면, 결국 우리의 관심은 개인의 문제로 돌아가게 된다. 시름 많은 우리 사회에서 어떤 사람이 행복을 얻기 위해서 당장 혼자 힘으로 할 수 있는 일은 무엇일까? 나는 극단적인 외부 요인 때문에 불행해진 사람들은 논의 대상에서 제외하려고 한다. 내가 말하고자 하는 사람들은 일용할 양식과 몸을 누일 곳을 확보할 수 있을 정도의 충분한 소득, 일상적인 육체활동이 가능할 정도의 건강을 가지고 있는 사람들이다. 자식을 모두 잃는다거나 공개적으로 망신을 당하는 것 같은 엄청난 불행은 고려하지 않겠다. 물론 이것도 매우 중요한 문제이며 거기에 대해 할 말도 많다. 하지만 그것은 지금 내가 이야기하려는 문제와는 종류가 다른 것이다.

이 글에서는 문명국가에서 대부분의 사람들이 날마다 겪고 있는 일상적인 불행에 대해 다룰 것이다. 즉 분명한 외적 원인이 없으니 달아날 길이 없는 것 같고, 달아날 길을 찾을 수 없기 때문에 더

16

욱 참아내기 힘든 불행을 치유할 방법을 제시하는 데 이 글의 목적이 있다. 이런 불행은 대부분 세계에 대한 그릇된 견해, 잘못된 윤리와 생활습관에서 비롯되는데, 이런 요인들은 인간이나 짐승이 누리는 행복이 근본적으로 의존하기 마련인 자연스런 열정과 욕구를 짓뭉갠다. 이런 불행은 개인의 힘으로 좌우할 수 있다. 나는 보통의 운으로도 행복을 얻을 수 있는 몇 가지 변화의 방법을 제안할 작정이다.

내가 주장하고자 하는 행복의 철학을 소개하기 전에 내 자신의 이야기를 잠깐 하겠다. 나는 선천적으로 행복한 사람이 아니었다. 어렸을 때 나는 '세상에 지친 이 몸에 죄로 된 짐을 지고'라는 찬송가를 가장 좋아했다. 내 나이 다섯 살 때, 만일 일흔 살까지 산다고 가정하면 이제 겨우 일생의 14분의 1을 견딘 셈이니, 내 앞에 길게 뻗어 있는 인생의 지루함은 얼마나 견디기 어려울까 하는 생각을 했었다. 사춘기 때는 삶을 증오해서 늘 자살할 생각을 품고 있었지만, 수학에 대해서 좀 더 알고 싶다는 욕구 때문에 자살 충동을 자제할 수 있었다.

하지만 지금 나는 삶을 즐기고 있다. 한 해 한 해를 맞을 때마다 나의 삶은 점점 즐거워질 것이다. 이렇게 삶을 즐기게 된 비결은 내가 가장 갈망하는 것이 무엇인지를 알아내서 대부분은 손에 넣었고, 본질적으로 이룰 수 없는 것들에 대해서는 깨끗하게 단념했기 때문이다. 예를 들어 나는 어떤 것들에 대해 의심의 여지가 없이 명확한 지식을 얻고자 하는 욕심 따위는 단념했다.

하지만 무엇보다도 내가 삶을 즐기게 된 주된 비결은 자신에 대한 집착을 줄였다는 데 있다. 청교도적인 교육을 받은 사람들이 흔히 그렇듯이, 나 또한 자신의 죄와 어리석음, 결점에 대해 깊이 생각하는 버릇이 있었다. 그랬으니 나 자신을 불행한 괴짜로 여겼던 것은 당연한 일이었다. 나는 차차 자신과 자신의 결점을 대수롭지 않게 여기는 법을 배워나갔다. 나는 외부의 대상들, 즉 세상 돌아가는 것, 여러 분야의 지식, 그리고 내가 호감을 느끼는 사람들에 대해서 더욱 관심을 기울이게 되었다.

외부적인 대상에 관심을 기울이는 것 역시 그 나름대로 고통을 부를 수 있다. 세상이 전쟁의 구렁텅이로 떨어지기도 하고, 어떤 분야에서 지식을 습득하는데 어려움을 겪기도 하고, 친구들이 죽기도 한다. 하지만 이런 종류의 고통은 자신에 대한 혐오로 생기는 고통과는 달리 삶의 본질적인 부분까지 파괴하지는 않는다. 외부에 대한 관심은 어떤 활동을 할 마음을 불러일으키는데, 그 관심이 살아 있는 한 사람은 결코 권태를 느끼지 않는다.

하지만 자신에 대한 관심은 어떤 적극적인 활동으로 이어지기 힘들다. 기껏해야 일기 쓰기에 매달린다거나, 정신분석을 받으러 정신과에 다닌다거나, 승려가 되거나 할 뿐이다. 하지만 승려가 된 사람도 규칙적인 수도 생활에 쫓겨 자신의 영혼을 잊을 수 있어야 비로소 행복을 누릴 수 있다. 승려가 종교에 귀의한 덕분에 누리고 있다고 믿는 행복은, 그가 어쩔 수 없어서 도로 청소원이 되었더라도 누릴 수 있었던 행복에 불과하다. 지나치게 자기 자신에게 몰입하는 바람에 불행해진 사람이 행복해질 수 있는 유일한 방법은 외부적인 훈련뿐이다.

자기 자신에게 몰입하는 사람도 여러 종류가 있다. 우리가 흔히 볼 수 있는 세 가지 유형으로 죄인, 자기도취에 빠진 사람, 그리고 과대망상에 걸린 사람을 들 수 있다.

내가 말하는 '죄인'은 실제로 범죄를 저지른 사람이라는 뜻이 아니다. 죄는 어떻게 정의하느냐에 따라, 누구나 저지르기 마련인 것이 될 수도 있고, 아무도 저지르지 않는 것이 될 수도 있다. 내가 말하는 죄인이란 죄의식에 사로잡힌 사람을 가리킨다. 이런 사람은 끊임없이 자기 자신을 탓한다. 만약 이런 사람이 종교를 가지고 있다면 스스로 자신을 꾸짖으면서 이를 하나님의 꾸짖음이라고 해석한다.

이런 사람들은 마음속에 그렇게 되어야 한다고 생각하는 자신의 모습을 가지고 있다. 그런데 자신의 현실적인 모습과 마음속의 자아상이 끊임없이 갈등을 일으킨다.

어릴 적 어머니의 무릎에 앉아 배웠던 도덕적 규칙들은 잊은 지 오래 되어서, 이제 그의 죄의식은 잠재의식 속으로 깊이 가라앉아 술에 취했거나 잠들었을 때에만 나타난다. 비록 이런 죄의식은 잠재의식 속에 갇혀있기는 하지만, 모든 일에 흥미를 잃게 하기에는 충분하다. 마음속 깊은 곳에서는 어렸을 때 배운 모든 금지 사항들을 여전히 받아들이고 있기 때문이다. 욕하는 것은 나쁘다, 술 마시는 것은 나쁘다, 업무에서 약삭빠른 태도를 보이는 것도 나쁘다, 그리고 무엇보다도 섹스는 가장 나쁘다 따위의 주의 사항들 말이다. 물론 그는 이런 쾌락 가운데 어느 것 하나도 자제하지 못한다. 하지만 이런 행동을 하면서 자신이 타락해간다고 생각하기 때문에 행복을 느낄 수 없게 된다.

그는 기특하다며 다독여주던 어릴 적 어머니의 따뜻한 손길을 갈망한다. 하지만 더 이상 이런 즐거움은 누릴 수 없기 때문에, 이 세상에 가치 있는 일은 아무것도 없다고 생각한다. 그래서 어차피 죄를 짓게 될 바에야 철저하게 하자고 마음먹는다. 그는 사랑하는 사람을 만나면 어머니에게서 느꼈던 자애로운 애정을 기대하지만, 마음속에 새겨진 어머니의 모습 때문에 성적인 관계를 가지는 여자에 대해서는 존경심을 느끼지 못한다. 따라서 그는 애인의 사랑을 받아들이지 못한다.

결국 그는 절망에 빠져 잔인하게 행동하고, 그리고 다시 잔인한 행동을 후회한다. 이런 식으로 상상 속의 죄악과 실재하는 뉘우침 사이를 지루하게 맴돌기 시작한다. 이것이 하나님에게서 완전히 버림받은 것처럼 보이는 사람들이 가지고 있는 심리다. 이들을 빗나가게 만든 것은 손에 넣을 수 없는 대상(어머니, 혹은 어머니를 대신하는 존재)에 대한 애착과 어린 시절에 주입된 우스꽝스런 도덕적 규칙이다. 이렇게 어머니에게서 배운 '도덕'의 희생양이 된 사람이 행복에 다가서기 위해서는 무엇보다도 어린 시절에 가졌던 신념과 애정의 폭압으로부터 벗어나야만 한다.

자기도취는 어떤 의미에서는 습관적인 죄의식에 정반대가 되는 개념이다. 자기도취는 자신을 찬미하며 또한 남들에게 찬미를 받고 싶어하는 태도다. 물론 자기도취는 어느 정도까지는 정상적인 것이고 탓할 수 없는 것이다. 하지만 지나친 자기도취는 큰 해악이 된다.

많은 여성들, 특히 부유한 여성들의 경우 사랑을 느끼는 능력이 완전히 메마른 대신 반드시 모든 남성들의 사랑을 받아야 한다는 강한 욕망에 사로잡혀 있다. 이런 여성은 어떤 남성으로부터 사랑받고 있다는 확신이 드는 순간, 그 남자를 헌신짝보다도 쓸모없게 여긴다.

여성의 경우에 비해 흔하지는 않지만, 이와 똑같은 태도를 보이는 남성들도 있다. 그 전형적인 본보기가 바로 소설 『위험한 관계 *Liaisons Dangereuses*』[2]의 남자 주인공이다. 허영심이 이 정도로 깊어지면, 다른 사람에게 진정한 관심을 가질 수 없게 되고, 결국에는 사랑을 통한 진정한 만족감도 얻을 수 없게 된다.

자기도취에 빠진 사람이 다른 사물에 대해 관심을 갖는 경우는 더 심각한 상황을 불러온다. 예를 들어 자기도취적인 경향이 있는 사람이 훌륭한 화가가 되면 존경을 받을 수 있다는 사실에 이끌려 화가지망생이 되었다고 하자. 그에게 그림이란 목적에 이르기 위한 단순한 수단일 뿐이므로, 기법에 대해서는 아무런 관심도 없고, 자신과 관련된 것 말고는 어떤 주제도 눈에 들어오지 않는다. 결국 기대했던 찬사 대신 실패와 실망, 조롱만이 그를 기다린다. 자기 소설 속에서 늘 자신을 주인공으로 삼아 이상화시키는 소설가의 경우도 마찬가지다. 작품이 성공을 거두느냐 마느냐는 작가가 작품과 관련

---

2) 프랑스의 작가 피에르 쇼데를로 드 라클로Pierre Choderlos de Laclos(1741~1803)의 서간체 소설로 1782년에 발표되었다. 프랑스 혁명 전의 문란하고 퇴폐적인 상류 사회를 날카롭게 분석한 작품이다. 남자 주인공인 비콩트 드 발몽은 호색한으로 후작부인의 부추김을 받아 덕망 높고 신앙심 깊은 투르벨 부인을 유혹한다. 결국 투르벨 부인이 자신을 사랑하게 되자 그녀에게 냉정하게 이별을 선언하고, 이로 인해 투르벨 부인은 죽고 만다.

된 소재에 대해 얼마나 진정한 관심을 가지고 있느냐에 달려 있다. 위대한 정치가들이 잇달아 비극을 맞게 되는 원인은 사회와 정책에 대한 관심은 점차 줄이고, 대신 자기도취적인 관심으로 빠져드는 데 있다.

자기 자신 외에 다른 관심사가 없는 사람은 훌륭한 사람이 아니며, 또 사람들에게 훌륭하다는 느낌도 줄 수 없다. 세상 사람들에게 칭찬받는 데만 관심이 있는 사람은 자신의 목적을 이루기 어렵다. 또 설사 목적을 달성한다 하더라도 완전한 행복을 누릴 수는 없다. 인간의 본능은 완전한 자기중심성과는 거리가 멀고, 자기도취적인 경향이 있는 사람은 죄의식에 사로잡힌 인간과 마찬가지로 늘 자신을 인위적으로 제약하기 때문이다.

원시인은 사냥을 잘 한다는 자부심 때문에 즐겁기도 했겠지만, 사냥 활동 자체에서도 즐거움을 느꼈다. 허영심이 어느 한계를 넘어서면 모든 활동에서 얻을 수 있는 즐거움을 말살해버리기 때문에, 허영심이 지나친 사람은 결국 무기력과 권태에 빠지게 된다. 허영심은 자신감이 부족한 데서 비롯되는 경우가 많기 때문에 자존감을 키워야 허영심을 치료할 수 있다. 자존감을 기르는 유일한 방법은 외부적인 대상에 대한 관심으로 시작한 활동에서 성공을 거두는 것뿐이다.

과대망상에 빠진 사람은 자기도취에 빠진 사람과는 달리 매력 있는 사람이 되기보다는 권력을 가진 사람이 되기를 바라고, 사랑받는 사람이 되기보다는 남들이 두려워하는 사람이 되기를 원한다. 많은 정신병자들과 역사상 위인들의 대부분이 이 부류에 속한다.

권력에 대한 사랑 역시 허영심과 마찬가지로 정상적인 인간 본성을 이루는 중요한 요소로, 비난받을 만한 성질의 것은 아니다.

그러나 권력에 대한 사랑이 도가 지나치거나 뒤떨어진 현실감각과 결합될 때는 큰 문제가 발생한다. 이런 상황에 빠진 사람은 불행한 인간이 되거나 어리석은 인간이 되거나, 그렇지 않으면 불행하면서 어리석은 인간이 된다. 자신이 왕이라고 생각하는 정신병자는 어떤 의미에서는 행복할지도 모른다. 하지만 그런 종류의 행복은 온전한 정신을 가진 사람이라면 결코 부러워하지 않는 행복이다.

알렉산드로스 대왕도 심리학적으로는 정신병자와 다를 게 없었지만 꿈을 이룰 수 있는 능력을 가지고 있었다. 하지만 그는 꿈을 실현할 때마다 점점 꿈의 범위를 넓혀갔기 때문에 결국 자신의 꿈을 완전히 실현할 수 없었다. 이름난 정복자 가운데 가장 위대한 정복자로 명성을 날리게 된 그는 신이 되기로 결심했다. 과연 그는 행복했을까? 술에 젖어 지내고, 난폭하게 화를 내고, 여자에게 무관심하고, 자신이 신이라고 주장한 것을 보면 그는 결코 행복하지 않았던 것 같다. 인간 본성을 이루는 다른 여러 요소들을 희생해 한 가지 요소만을 개발한다고 해서 근본적인 만족감을 얻을 수는 없다. 또한 자신의 엄청난 자만심을 충족시키기 위해 온 세상을 실험 대상으로 삼는다고 해서 근본적인 만족감을 얻을 수 있는 것도 아니다.

과대망상은 병적인 것이든, 정상적인 것이든 모두 심한 굴욕감에서 비롯된 경우가 많다. 학창 시절 가난한 장학생이었던 나폴레옹은 부유한 귀족 자제인 학우들에게 심한 열등감을 느꼈다. 훗날 국외로 망명했던 귀족들의 귀국을 허용했을 때, 그는 옛날의 학우들이 자기 앞에서 머리를 조아리는 것을 보며 만족감을 느꼈다. 얼마나 신나는 일인가! 이런 신나는 경험을 한 나폴레옹은 러시아 황제를 제물로 삼아 비슷한 만족을 얻으려다가 결국 세인트헬레나로 유배당하는 신세가 되고 말았다.

인간은 전지전능한 존재가 아니므로, 권력에 지나치게 집착하는 삶은 언젠가는 극복할 수 없는 장애에 부딪치기 마련이다. 이러한 사실을 의식하지 않으려면 정신병자가 되거나 막강한 권력으로 이런 진실을 경고하는 사람들을 투옥하고 처형할 수밖에 없다. 이렇게 정신분석학적 의미의 억압과 정치적 의미의 억압은 늘 함께 나타난다. 어떤 형태로든 정신분석학적인 억압이 존재하는 경우에 진정한 행복이란 있을 수 없다. 적절한 한계를 지키는 권력은 엄청난 행복감을 안겨주지만, 인생의 유일한 목적으로 둔갑한 권력은 설사 외적인 파멸을 일으키지 않을 수는 있어도 내면의 파멸은 결코 피해갈 수 없다.

불행의 심리적인 원인은 다양하지만 모두 공통점이 있다. 전형적인 형태의 불행한 인간은 어린 시절에 정상적인 만족을 누리지 못한 경험을 가지고 있다. 결국 그는 어느 한 가지 만족을 다른 만족보다 소중하게 여기게 되고, 자신이 이룬 성과에 대해서도 자신에게 만족감을 주는 활동과는 상반되는 것이라고 과소평가하면서, 인생을 외골수로만 몰아가게 된다.

그런데 요즘에는 여기서 한 발짝 더 나간 불행한 사람들을 흔히 볼 수 있다. 이런 사람들은 절망의 늪에 빠져 어떤 만족도 추구하지 않으면서, 고통을 잊으려고 기분전환만을 추구한다. 이런 사람은 '쾌락'의 광신자가 된다. 그는 자신의 생명력을 줄여서라도 고통스러운 삶을 견디려고 한다. 예를 들어 술에 취하는 것은 일시적인 자살이나 다름없다. 술에 취해서 누리는 행복은 불행을 잠시 중단시키는 데서 오는 순간적이고 소극적인 행복이다.

자기도취나 과대망상에 빠진 사람은 행복을 얻기 위한 수단이 잘못되기는 했지만, 그나마 행복이 가능하다고 믿는 사람들이다. 하지만 무엇에든 취하고 싶어하는 사람은 망각상태가 되는 것 말고는 아무런 희망을 가지지 않는다. 이 사람에게 가장 필요한 것은 행복이 바람직한 것이라는 확신을 가지는 일이다. 잠을 설친 사람들이 그렇듯이 불행한 사람들은 늘 자신이 불행하다는 사실을 자랑하는데, 그것은 꼬리 잃은 여우[3]가 하는 자랑과 하나도 다를 것 없는 무익한 짓이다. 그가 불행을 치유할 수 있게 하려면 새로운 꼬리를 키울 수 있는 방법을 알려주어야 한다.

행복해질 수 있는 방법을 알고 있으면서 일부러 불행을 택할 사람은 거의 없을 것이다. 설혹 그런 사람들이 있다 해도 문제가 될 만큼 많지는 않을 것이다.

나는 이 책을 읽는 독자들은 불행이 아니라 행복을 원하고 있다고 생각한다. 내가 독자들의 이런 소망을 실현하는 데 도움이 될

---

3) 『이솝 우화』에 나오는 이야기로 꼬리를 잃은 여우가 창피함을 모면하려고 다른 여우들에게 꼬리가 없는 편이 훨씬 낫다고 설득하다가 결국 망신만 당한다는 내용이다.

지는 알 수 없다. 하지만 어쨌든 독자들을 돕고자 하는 나의 시도가 독자들에게 해가 되지는 않을 거라고 믿는다.

2. 이유 없이 불행한 당신[4]

세상으로 나가라. 해적도 되어보고,
보르네오의 왕도 되어보고, 소련의 노동자도 되어보라.

요즘 흔히 접하게 되는 사고방식 중의 하나는, 과거 여러 시대에 사람들이 관심을 갖고, 열정을 쏟았던 것들을 죽 훑어본 뒤에 이세상에는 삶의 보람으로 삼을 만한 것이 더 이상 남아 있지 않다고 생각하는 사람을 현명하게 여기는 것이다. 역사상 다른 많은 시대에도 이런 생각을 하는 사람들이 많았다. 이렇게 생각하는 사람이야말로 참으로 불행한 사람이다. 하지만 그들은 자신들의 불행을 자랑거리로 여기고 불행의 원인을 우주의 본질로 돌려버린다. 그리

---

4) 이 장의 원제는 '바이런식 불행Byronic Unhappiness'이었다. 바이런George Gorden Byron(1788~1824)은 영국의 유명한 낭만파 시인으로 러셀이 말한 바이런식 불행은 구체적인 원인이 없는데도 불행한 경우를 가리킨다. '바이런적 인물Byronic hero'이라는 말이 나올 정도로 문학뿐 아니라 그의 삶 자체가 사람들에게 많은 영향을 끼쳤으며 낭만주의자의 전형으로 유명하다.

고 이런 태도야말로 지식인에게 어울리는 유일한 이성적 태도라고
생각한다.

지적인 수준에서 그들에게 다소 못 미치는 사람들은 불행을 자
랑하는 그들의 태도를 보고 그 진실성을 의심한다. 즉 불행을 즐기
고 있는 사람은 결코 불행하지 않다고 생각하는 것이다. 하지만 이
러한 견해는 너무 단순하다. 물론 불행한 사람들은 자신을 우월하
고 통찰력 있는 존재라고 여기며 이러한 사부심에서 약간이나마 보
상을 얻는다. 그러나 그 정도의 보상으로는 행복의 상실감을 충분
히 메울 수 없다.

나는 불행하게 사는 것에 어떤 합리적인 우월성이 있다고는 생
각하지 않는다. 현명한 사람은 사정이 허락하는 한 행복하게 살 것
이고, 우주의 본질에 대한 탐구가 어떤 한계를 넘어 고통으로 인식
되는 순간, 우주가 아닌 다른 문제를 탐구하기 시작할 것이다. 이것
이 바로 내가 이 장에서 증명하고자 하는 내용이다.

나는 독자들에게 이성이 행복을 가로막는 장벽이 아니라는 점
을 설득시키고 싶다. 나아가 나는 자신이 불행한 것이 자신의 우주
관 때문이라고 말하는 사람들은 마차를 말 앞에 앞세우는 꼴이라고
생각한다. 사실 그들은 자신들이 불행한 이유를 제대로 깨닫지 못
하고 있을 뿐이며, 또한 불행하기 때문에 세상의 불쾌한 특징에 집
착하고 있을 뿐이다.

내가 고찰하고자 하는 관점을 제시한 사례를 찾자면, 현대 미
국의 경우에는 『현대인의 기질』[5]이라는 책을 쓴 조셉 우드 크러치
를 들 수 있고, 우리의 할아버지 세대의 경우에는 바이런을 들 수

있다. 그리고 모든 시대에 걸치는 경우로는 『전도서*Ecclesiastes*』[6]의 작가를 들 수 있다.

크러치는 이렇게 말한다.

우리는 삶의 목적을 잃었으며, 자연계에 우리들이 살 만한 곳은 단한 군데도 없다. 그러나 우리가 인간인 것을 슬퍼할 필요는 없다. 동물처럼 사느니 인간답게 죽는 게 나으니까.

바이런은 이렇게 말한다.

감정이 힘없이 시들어가고
예전에 밝게 타오르던 사상의 불꽃도 이울어가니
세상이 앗아가는 기쁨도 없고,
세상이 줄 수 있는 기쁨도 없네.

『전도서』의 작가는 이렇게 말한다.

---

5) 조셉 우드 크러치Joseph Wood Krutch(1893~1970)의 작품으로 1929년에 발표되었다. 『현대인의 기질*The Modern Temper*』은 과학의 발전으로 합리적 회의주의가 종교적 믿음을 대체하면서 인간이 느끼는 절망감과 환멸감을 분석하고 있다. 과학이 선과 악에 대한 믿음의 기반을 파괴하고, 지식이 종교에 적대적이 되면서 겪게 되는 인간의 고민이 주된 내용이다.

6) 구약성서의 한 책으로 솔로몬이 노년기에 썼다고 전해진다. 하느님과 인간의 근원적인 관계회복을 통해서만 영원한 인생의 가치와 의미를 찾을 수 있다는 것을 보여 주기 위하여 기록한 책이다.

나는 살아 있는 자보다 오래 전에 죽은 자를 복되다 하였으며, 이 둘
보다도 아직 태어나지 아니하여 해 아래서 행해지는 악을 보지 못한
자가 더욱 낫다 하였노라.

이들 세 명의 염세주의자들이 이와 같은 음울한 결론에 도달한
것은 삶의 여러 가지 쾌락을 누리고 난 뒤였다. 크러치는 뉴욕 최고
의 지식인 집단에 속해 있었으며, 바이런은 헬레스폰트 해협을 헤
엄쳐 건너가 수많은 사랑을 나누었다.[7] 『전도서』의 작가는 훨씬 다
양하게 쾌락을 추구했다. 그는 술도 마시고 음악도 즐기면서 온갖
종류의 쾌락을 맛보았다. 그는 연못을 만들었고 남녀 하인들을 거
느렸다. 이렇게 쾌적한 환경이었지만 지혜는 그의 곁을 떠나지 않
았다. 이 모든 것을 누렸으면서도 그는 모든 것이 덧없고, 지혜조차
도 덧없는 것이라고 생각했다.

내가 다시 지혜를 알고자 하고 미친 것과 미련한 것을 판별하고자 하
여 마음을 썼으나 이것도 바람을 잡으려는 것인 줄을 깨달았도다. 지
혜가 많으면 번뇌도 많으니 지식을 더하는 자는 근심을 더하느니라.

7) '헤로와 린더Hero and Leander'의 이야기는 낭만주의자들에 의해 이루어질 수 없
는 사랑의 모티프로 애호되었다. 전설에 따르면 매일 밤 헬레스폰트 강을 헤엄쳐 애인을 찾
아가던 린더가 폭풍우를 만나 익사하자 애인인 헤로 역시 바다에 몸을 던졌다고 한다. 낭만
파 시인인 바이런은 헬레스폰트 강에 해당하는 오늘날의 다르다넬스 해협을 실제로 헤엄쳐
건넜으며, 이 내용을 자신의 작품 속에서 찬미하였다. 러셀은 바이런이 평생 동안 셀 수 없
을 정도로 많은 연애 사건에 휘말린 것을 헬레스폰트 해협을 건너 수많은 사랑을 나누었다
고 표현한 것이다.

그는 자신이 지닌 지혜가 부담스러웠던 것 같다. 그는 지혜로부터 벗어나보려고 노력했지만 실패하고 만다.

내가 내 마음에 이르기를, 자, 내가 시험적으로 너를 즐겁게 하리니, 너는 낙을 누리라 하였으나 이것 역시 헛되도다.

그러나 지혜는 여전히 그의 곁을 떠나지 않았다.

그때 내 마음에 이르기를, 우매한 자가 당한 것을 나도 당하리니 나는 어찌하여 지혜로운 자가 되었던고. 이에 내가 내 마음에 이르기를 이것도 헛되도다. (⋯) 그러므로 나는 내 인생을 한탄하였나니 이는 해 아래서 하는 일이 내게 괴로움이요 다 헛되어 바람을 잡으려는 것과 같기 때문이로다.

사람들은 오래 전에 쓰인 글들은 잘 읽지 않는다. 이것은 문필가에게는 다행스런 일이다. 만일 사람들이 옛날에 쓰인 글들을 읽는다면, 새 책을 만드는 것은 부질없는 일이라는 결론에 도달할 것이기 때문이다. 『전도서』의 가르침이 현명한 사람들에게 제시된 유일한 가르침이 아니라는 것을 보여줄 수만 있다면, 우리는 이후로 같은 기분을 표현한 작품들 때문에 괴로워할 필요가 없다.

이러한 논의에서는 반드시 기분과 지적인 표현을 구별해야 한다. 기분에 대해서는 논의 자체가 불가능하다. 기분은 즐거운 사건이나 신체적 조건의 변화에 따라 바뀔 수는 있어도, 이론 때문에 바꿈꾸는 일은 없다. 나 자신도 모든 것이 허무하다고 느낄 때가 종종 있었다. 나는 어떤 철학에 의해서가 아니라 어떤 행동의 절박한 필요에 의해서 그 기분에서 벗어난다. 만일 당신의 아이가 아프다면 당신은 불행하겠지만 그렇다고 모든 것이 허무하게 느껴지지는 않을 것이다. 인간의 생명에 궁극적인 가치가 있는가 없는가 하는 문제와는 상관없이 당신은 우선 아이의 건강 회복이 중요하다고 생각할 것이다. 부자도 가끔은 모든 것이 허무하다고 느낄 때가 있을 것이다. 하지만 그가 전 재산을 잃는다면 다음번 식사를 하는 일이 덧없다고 생각되지는 않을 것이다.

이러한 감정은 자연적 욕구가 너무 쉽게 충족되는 데서 비롯된다. 인간도 다른 동물과 마찬가지로 어느 정도의 생존 경쟁에는 적응하기 마련이다. 그런데 인간이 막대한 재산 덕분에 아무런 노력을 기울이지 않고도 온갖 변덕을 만족시킬 수 있게 되면, 아무 노력 없이 산다는 사실 그 자체가 행복의 본질적 요소를 앗아버린다. 일상적인 욕망을 쉽게 충족시킬 수 있는 사람은 욕망의 충족이 곧 행복을 의미하는 것은 아니라고 결론짓는다. 만약 철학적인 기질을 가진 사람이라면 원하는 것을 빠짐없이 가지고 있어도 불행에서 벗어날 수 없으니, 인간의 삶은 본질적으로 비참한 것이라고 결론짓는다. 이런 사람은 원하는 것들 중 일부가 부족한 상태가 행복의 필수조건이라는 점을 간과하고 있다.

기분에 대해서는 이 정도로 해두자. 그런데 『전도서』에는 다음과 같은 지적인 이론도 들어 있다.

모든 강물은 다 바다로 흐르되 바다를 채우지 못하며 (…)

해 아래는 새 것이 없나니 (…)

지나간 일들을 누가 다 기억할 수 있으랴 (…)

나는 내가 해 아래서 행한 모든 일을 혐오하노니

이는 내 뒤에 올 사람들에게

그것을 물려주려 함이라.

만일 이 이론을 현대 철학에 어울리게끔 바꾼다면 다음과 같이 표현할 수 있을 것이다. 즉 인간은 쉬지 않고 애쓰고 있고, 만물도 쉬지 않고 움직인다. 뒤에 오는 새로운 것은 앞서 사라진 것과 조금도 다르지 않지만, 영원히 지속되는 것은 아무것도 없다. 한 인간이 죽고 그의 후손은 앞서간 인간의 노동이 맺은 결실을 수확한다. 강물은 바다로 흘러가지만 그곳에 계속 머무를 수는 없다. 인간과 만물은 무의미하게 무한히 되풀이되는 순환 속에서 날마다, 해마다, 탄생과 사멸을 거듭하지만 아무런 진보도, 영원한 성과도 이루지 못한다. 만일 강물이 지혜롭다면, 지금 있는 곳에 그대로 머물 것이다. 만일 솔로몬이 지혜롭다면, 자손이 그 열매를 즐기게 될 나무를 심지 않았을 것이다.

그러나 다른 기분으로 본다면, 이러한 모든 일이 얼마나 달라지는가. 해 아래 새로운 것이 하나도 없다니? 마천루, 비행기, 정치가의 방송 연설에 대해서는 어떻게 설명할 셈인가? 이러한 것들에 대해 솔로몬(『전도서』는 물론 솔로몬이 쓴 것이 아니지만, 여기서는 편의상 솔로몬을 저자로 해두자)은 무엇을 알고 있었을까? 솔로몬의 왕국에서 돌아간 시바의 여왕[8]이 신하들에게 한 연설을 무선으로 들었더라면, 메마른 수목과 연못에 둘러싸여 있던 솔로몬은 마음의 위안을 받지 않았을까? 만일 솔로몬의 휘하에 신문 기사를 정리하는 기관이 있어서 그가 세운 건축물의 아름다움, 그의 후궁들의 안락함, 또 그와 논쟁하던 쟁쟁한 현인들이 불쾌해하는 모습 등에 대해 여러 신문들이 어떻게 썼는가를 알려주었더라면, 그래도 그는 태양 아래 새로운 것은 하나도 없다고 말했을까? 비록 이런 것들이 존재했더라도 솔로몬의 염세주의가 완전히 고쳐지지는 않았겠지만, 적어도 그는 염세주의를 새롭게 표현하지 않을 수 없었을 것이다.

사실 현대에 대한 크러치의 불평 중 하나는 태양 아래 새로운 것이 너무 많다는 것이다. 새로운 것이 없어도 괴롭고 있어도 괴롭다면, 새로운 것이 있다거나 없다거나 하는 것은 절망의 진정한 원인이 될 수 없다. "모든 강물은 다 바다로 흐르되 바다를 채우지 못하며, 강물은 흘러내려온 곳으로 다시 돌아간다"는 사실을 다시 생각해보자. 염세주의적으로 본다면 여행은 불쾌한 것이 된다. 사람들은 여름이면 휴양지로 떠났다가 본래 출발했던 곳으로 다시 돌아온다. 그러나 이 사실이 여름에 휴양지로 떠나는 일이 무익하다는 것을 입증하는 것은 아니다. 만일 강물에게 감정이 있다면, 강물은 셸리의 '구름'[9]이 하던 대로 모험적인 순환을 즐겼을 것이다.

---

8) 시바는 아라비아 반도 서남부의 고대국가이다. 이 나라의 여왕이 솔로몬이 지혜롭다는 소문을 듣고 이를 확인하기 위해 많은 선물을 가지고 예루살렘으로 찾아왔다고 한다. 전설에 따르면 그녀는 솔로몬에게 환대를 받고 귀국해 그의 아들을 낳았다고 한다.

자손에게 무언가를 물려주기 위해서 겪어야 하는 고통에 대해서 생각해보자. 이 문제는 두 가지 관점에서 생각할 수 있다. 자손의 관점에서 본다면, 무언가를 물려받는 것은 선조가 그것을 물려주기 위해서 겪어야 하는 고통에 비하면 결코 불행한 일이 아니다. 또한 모든 것이 저절로 자손에게 대물림된다는 사실이 염세주의의 논거가 될 수는 없다. 만약 자손에게 대물림되는 것이 더 나쁜 상태라면, 염세주의에 빠지는 근거가 될 수도 있다. 하지만 점점 더 좋은 것들이 대물림된다면, 이는 낙천주의의 근거가 될 것이다. 만일 솔로몬이 주장하는 바와 같이, 대물림되는 것이 원래의 사물과 똑같은 것이라면, 우리는 어떻게 생각해야 할까? 그렇다고 그 모든 과정이 무의미한가? 순환의 여러 단계 자체가 고통스러운 것이 아니라면, 그 과정은 결코 무의미하지 않다.

미래만 주시하면서 앞으로 다가올 결과에 따라 현재의 의미가 결정된다고 생각하는 버릇은 위험하다. 각각의 부분이 가치가 없다면 그 부분들이 모여 이루어진 전체 역시 가치가 없는 것이다. 인생을 남자 주인공과 여자 주인공이 엄청난 불행을 겪다가 결국은 그간의 모든 불행을 보상받는 행복한 결말로 끝나는 멜로드라마와 같은 것으로 생각해서는 안 된다. 나는 나의 인생을 살고, 나의 아들, 딸은 나의 뒤를 이어 자신들의 인생을 살고, 그들의 자손들은 또 뒤를 이어 살아간다. 이런 과정을 비극으로 여길 만한 이유가 있

---

9) 영국의 낭만파 시인인 셸리의 시 「구름the cloud」의 시적 화자는 구름이며, 스스로에 대해 이렇게 노래하고 있다. "나는 변하기는 하지만, 죽지는 않는다"고 말이다.

는가?

반대로 인간이 영원히 사는 존재라면 삶의 기쁨은 어쩔 수 없이 그 향기를 잃게 될 것이다. 하지만 인간은 영원히 살 수 없는 존재이기 때문에 삶의 기쁨은 언제까지나 신선함을 지닐 수 있다.

나는 삶의 불꽃 앞에서 두 손을 따뜻이 쬐었다.
이제 불꽃은 꺼져가고 나는 떠날 채비가 되어 있다.

이러한 태도는 합리적인 것이다. 마찬가지로 죽음에 대해 분노하는 태도 역시 합리적이다. 만일 합리적인 이유에 따라 기분이 결정된다면, 인생에는 절망해야 할 이유도 많을 것이고, 그만큼 즐거워해야 할 이유도 많을 것이다.

『전도서』는 비극적인 내용이고, 크러치의 『현대인의 기질』은 감상적인 내용이다. 크러치는 마음속에 슬픔을 안고 있다. 그는 오래된 중세적 신념이 무너지고 있기 때문에, 그리고 그보다 더 가까운 현대에 만들어진 신념도 역시 무너지고 있기 때문에 슬퍼한다. 그는 이렇게 말한다.

오늘날의 불행한 시대에는 사멸한 세계의 유령들이 자신들의 집으로 들어가지 못하고 떠돌아다니고 있다. 이 시대가 처해 있는 곤경은 유년기 때 들었던 신화에서는 벗어났지만, 아직 자기 인생의 방향을 찾아나가는 법을 배우지 못한 청년이 빠져 있는 곤경과 비슷하다.

이러한 평가는 특정한 부류의 지식인들에게 정확하게 들어맞는다. 인문적인 교육을 받아왔지만 현대 세계에 대해서는 아무것도 모르는 지식들 말이다. 그들은 젊은 시절 내내 정서의 토대 위에 신념을 세우라고 배워왔지만, 과학의 세계가 결코 충족시켜줄 수 없는 안전과 보호에 대한 유아적인 욕구에서 벗어나지 못하고 있다.

대부분의 다른 문필가들처럼 크러치도 과학은 약속했던 바를 완수하지 못하고 있다는 생각에 사로잡혀 있다. 그는 과학이 제시했던 약속이 무엇이었는지 밝히고 있지는 않지만, 아마 60년 전에 다윈이나 헉슬리 같은 사람들이 과학에 대해서 기대했던 바가 아직 실현되지 않았다고 생각하고 있는 것 같다. 이것은 그릇된 생각이다. 이런 생각은 자신들의 전문 분야를 가치 없는 것으로 평가받고 싶지 않았던 문필가와 목사들에 의해서 길러진 것이다.

이 세상에 염세주의자가 많은 것은 사실이다. 수입이 줄어드는 사람이 많을 때에는 늘 염세주의자가 늘어난다. 크러치는 미국인이며, 제1차 세계대전 덕분에 미국인의 수입은 전체적으로 증가하고 있었다. 그러나 유럽 전역의 지식인 계층은 심한 고통을 겪고 있었고, 모든 사람들이 전쟁으로 인해 불안에 떨고 있었다. 시대적 분위기는 세계의 본질에 대한 그 시대의 이론보다 이러한 사회적 원인과 더 밀접한 관계가 있다.

13세기에는 황제와 소수의 지체 높은 이탈리아 귀족들을 제외한 모든 사람들이 크러치가 그토록 아쉬워하는 확고한 신념을 갖고 있었다. 하지만 13세기는 역사상 가장 절망적인 시대였다. 로저 베이컨[10]은 그 시대를 이렇게 표현했다.

이 시대에는 과거 어느 때보다 죄악이 만연하고 있다. 죄악과 지혜는 공존할 수 없다. 세상에서 벌어지는 일들을 자세히 관찰하고, 어디를 가든지 그곳의 상황을 열심히 연구한다면, 엄청난 부패를 발견하게 될 것이다. 무엇보다도 먼저 지배층의 부패가 눈에 띌 것이다. (…) 음행이 궁정 전체를 더럽히고 탐욕은 모든 것을 지배하고 있다. (…) 지배층이 이러하니, 그 수하들은 어떻겠는가? 고위 성직자들을 보자. 그들은 돈을 긁어모으는 데 눈이 어두워 영혼의 구원은 소홀히 하고 있다. (…) 종교계를 생각해보자. 어느 한 군데도 나의 주장에서 벗어날 수 없다. 종교계가 하나같이 본연의 자세에서 벗어나 얼마나 타락하였는가를 보라. 새로운 (수도원의) 성직자들도 처음 가지고 있던 위엄이 몹시 손상된 상태다. 모든 성직자들이 자만심과 음란함, 그리고 탐욕에 사로잡혀 있다. 파리에서도, 옥스퍼드에서도, 성직자들이 벌이는 싸움과 말다툼을 비롯한 갖은 악행 때문에 평신도들은 분노하고 있다. (…) 욕망을 채울 수 있는 일이라면 무슨 일을 하든, 혹은 어떻게 하든 신경 쓰는 사람이 아무도 없다.

베이컨은 기독교를 믿지 않았던 고대의 현자들에 대해 다음과 같이 말하고 있다.

그들의 삶은 우리의 삶과는 비교도 안 될 만큼 훨씬 훌륭했다. 그들

10) 로저 베이컨Roger Bacon(1214?~1294)은 영국의 철학자이자 자연과학자이다.

은 한결같이 품위를 지켰으며 즐거움과 부, 명예가 유혹하는 속세를 경멸했다. 아리스토텔레스, 세네카, 툴리, 아비센나, 알파라비우스, 플라톤, 소크라테스 등의 저술을 읽는 사람이라면 누구나 이 사실을 발견할 것이다. 이렇게 해서 그들은 지혜의 비밀에 도달했으며 모든 학문에 정통했다. 〔쿨턴Coulton의 『성 프란시스부터 단테까지』 중 57쪽에서 발췌〕

로저 베이컨의 이러한 견해는 당시 모든 문필가들의 의견이었다. 당시의 문필가들은 아무도 자신이 살고 있던 시대를 좋아하지 않았다. 나는 이러한 염세주의가 어떤 형이상학적 원인에서 비롯되었다고는 생각하지 않는다. 이 시대에 만연했던 염세주의의 원인은 바로 전쟁과 가난, 그리고 폭력에 있었다.

크러치의 저술 중에는 사랑이라는 주제를 다루는 매우 감상적인 장이 있다. 그는 빅토리아 시대의 사람들은 사랑의 가치를 매우 높게 평가하였지만, 현대를 살아가는 사람들은 현대의 궤변으로 사랑을 속속들이 간파해버린 것처럼 말한다고 보았다.

빅토리아 시대[11]의 회의적인 태도가 심한 사람들에게 있어서, 사랑은 잃어버린 신이 맡았던 역할 가운데 일부를 수행했다. 사랑에직면하면, 아주 완고한 사람들도 잠깐 동안이기는 하지만 신비감에 사로잡

---

11) 빅토리아 여왕이 1837년부터 1901년까지 64년간 통치했던 시기로 민주주의의 발전, 제국주의의 확장, 과학의 발달, 물질주의의 팽창, 종교적 회의 등이 이 시대의 특징이다.

했다. 그들은 다른 것들은 결코 일깨울 수 없었던 존경심을 마음속에서 일깨우는 어떤 것, 자신들의 존재 가장 깊은 곳에서 무조건적인 충성을 바쳐야 한다는 생각이 우러나게 하는 어떤 것을 만나게 되었다는 것을 깨달았다. 사랑은 신과 마찬가지로 그들에게 모든 것을 희생하기를 요구했다. 또한 사랑은 신과 마찬가지로 삶의 모든 현상에 아직 풀리지 않은 의미를 부여함으로써 자신의 신봉자에게 보답했다.

신 없는 우주에 익숙해진 것으로 보면 우리는 빅토리아 시대의 사람들을 앞지르고 있다. 그러나 우리는 사랑 없는 우주에는 아직 익숙하지 못하다. 사랑 없는 우주에 익숙해질 때에야 비로소 우리는 무신론의 진정한 의미를 깨닫게 될 것이다.

참으로 이상한 것은 현대의 젊은이들이 보는 빅토리아 시대와 당대 사람들이 보았던 빅토리아 시대가 상당히 다르다는 것이다. 내가 젊었을 때 친하게 지냈던 두 노부인이 생각난다. 두 분은 각자 당대의 특별한 측면들을 대표하고 있었다. 한 부인은 청교도였고 다른 부인은 종교에 대해 냉소적인 사람이었다. 청교도인 노부인은 사랑을 다루는 시가 너무 많다고 한탄하면서, 사랑을 주제로 한 시는 재미가 없다고 주장했다. 종교에 대해 냉소적인 노부인은 "나는 내 말을 반박할 수 있는 사람을 본 적이 없어요. 나는 제7계명을 어기는 것은 제6계명을 어기는 것만큼 나쁜 짓은 아니라고[12] 늘 말합니다. 어쨌든 제7계명을 어기려면 상대방의 동의가 필요하니까요"라고 말했다.

두 노부인의 견해 중 어느 쪽도 크러치가 빅토리아 시대를 대표하는 견해라고 말했던 것과 일치하지 않는다. 크러치의 생각은 당시의 시대와 전혀 조화를 이루지 못하던 작가들로부터 나온 것임이 틀림없다. 그 가장 좋은 예는 로버트 브라우닝[13]일 것이다. 그러나 나는 브라우닝이 노래했던 사랑에는 거북한 측면이 있다는 느낌을 버릴 수 없다.

> 신에게 감사하라, 신의 피조물 가운데 가장 비천한 자여.
> 그대는 영혼의 두 모습을 자랑하나니,
> 하나는 세상을 바라보는 영혼이며,
> 다른 하나는 사랑하는 여인에게 보여주는 영혼이라네!

이 시에서는 세상에 대해 일반적으로 취할 수 있는 유일한 태도가 호전성이라고 보고 있다. 왜 그럴까? 브라우닝은 세상이 잔인하기 때문이라고 대답할 것이다. 우리는 이렇게 대답해야 한다. 그 이유는 당신이 생각하는 당신 자신의 가치를 세상이 인정해주지 않았기 때문이라고 말이다. 브라우닝 부부가 그랬던 것처럼, 한 쌍의 남녀가 서로 칭찬하는 사이가 될 수는 있다. 그만한 가치가 있는 일이든 아니든 간에, 당신이 한 일을 늘 칭찬해주는 사람이 곁에 있다는 것은 즐거운 일이다.

---

12) 모세의 십계명 중 제6계명은 '살인하지 말라'는 것이고, 제7계명은 '간음하지 말라'는 것이다.

13) 로버트 브라우닝 Robert Browning(1812~1889)은 영국 빅토리아 시대를 대표하는 유명한 시인이다. 그는 초기 시에서 자기중심적이고 고민에 빠진 주인공이 결국은 무한한 사랑으로 구제받는 모습을 그렸다.

브라우닝은 자기 부인의 작품인 「오로라 리Aurora Leigh」[14]를 칭찬하지 않았다고 피츠제럴드를 가차 없이 비난한 적이 있었다. 그는 자신이 멋지고 남성답다고 느꼈으리라. 내가 보기에는 상대방에 대한 비판적 관점을 완전히 저버린 이런 태도는 결코 찬양할 만한 일이 아닌 것 같다. 이러한 태도는 공정한 비판의 폭풍우를 피할 수 있는 피난처를 찾으려는 욕구와 밀접하게 관련되어 있다. 혼자 사는 노인들 중에는 자기 집 화롯가에 앉아서 이와 비슷한 종류의 만족을 얻는 방법을 깨우친 사람들이 많다.

나는 빅토리아 시대에 너무 오랫동안 살았기 때문에 크러치가 제시한 기준에 의거한 현대인이 되지 못한다. 나는 결코 사랑에 대한 신념을 상실하지 않았다. 그러나 내가 믿는 사랑은 빅토리아 시대의 사람들이 칭송하던 그런 사랑이 아니다. 내가 가치 있다고 생각하는 사랑은 대담하고도 빈틈이 없는 사랑, 좋은 것이 무엇인지 알려주되 나쁜 것을 눈감아주지 않는 사랑, 그리고 신성한 척, 거룩한 척하지 않는 사랑이다.

칭송받는 사랑에 신성함이나 거룩함과 같은 특징을 부여한 것은 성적 금기의 결과였다. 빅토리아 시대의 사람들은 성이란 대부분 사악한 것이라고 믿었기 때문에 자신들이 허용할 수 있는 성을 과장된 형용사로 수식하지 않을 수 없었다. 당시 사람들은 요즘 사람들보다 더 성에 굶주려 있었다. 금욕주의자들이 늘 그렇듯이 성

---

14) 로버트 브라우닝의 부인인 엘리자베스 브라우닝Elizabeth Barrett Browning(1806~1861)의 대표작이다.

에 굶주렸던 그 시대 사람들은 성의 중요성을 과장했다.

우리는 지금 낡은 기준은 벗어던졌지만 아직 새로운 기준은 마련하지 못한 다소 혼란한 시대에 살고 있다. 그래서 사람들은 여러 가지 곤란을 겪게 된다. 아직도 무의식 속에서 낡은 기준을 믿고 있는 사람들은 곤란에 부딪치게 되면 대개 절망과 후회, 냉소에 빠진다. 내가 보기에 이러한 일을 겪는 사람들이 그렇게 많지는 않다. 하지만 이들은 이 시대에 가장 말이 많은 사람의 부류에 속해 있다.

현대의 유복한 청년들과 빅토리아 시대의 유복한 청년들을 비교해본다면, 지금의 청년들이 60년 전의 청년들보다 사랑과 관련하여 훨씬 더 큰 행복을 누리고 있으며, 사랑의 가치에 대해서도 훨씬 더 순수한 믿음을 가지고 있다. 오늘날 사람들이 냉소주의에 빠지는 이유는 낡은 관념이 그들의 무의식을 지배하고 있고 자신들의 행위를 규제할 만한 윤리가 서 있지 않기 때문이다. 냉소주의를 치료하기 위해서는 과거를 그리워하며 애석해 할 것이 아니라, 현대적 견해를 보다 과감하게 받아들이고, 겉으로만 벗어던졌지 여전히 눈에 띄지 않는 은신처에 숨겨놓은 미신을 완전히 뿌리 뽑겠다고 결심해야 한다.

사람들이 사랑을 소중히 여기는 이유를 간단하게 말하기란 쉽지 않다. 하지만 나는 여기서 그 이유를 밝혀보고자 한다. 우선 첫째로, 사랑은 그 자체가 기쁨을 빚어내는 원천이기 때문에 소중하다. 이것이 사랑이 지닌 가장 큰 가치라고 할 수는 없지만, 사랑이 가진 다른 가치를 발휘하려면 없어서는 안 되는 것이다.

오, 사랑! 사람들은 지나치게 그대를 헐뜯는다.
그대의 달콤함이 쓰디쓰다고.
그대의 풍성한 열매가 너무나 달콤하여
다른 어떤 것도 따를 수 없을 때조차.

이 시를 지은 익명의 시인은 무신론에 대한 해답이나, 우주의 비밀문을 여는 열쇠를 찾고 있지 않다. 그는 단지 즐기고 있었을 뿐이다. 사랑은 기쁨을 주는 원천이기 때문에 사랑이 없다는 것은 고통의 원천이 되기도 한다.

둘째로, 사랑은 아름다운 음악과 산에서 보는 해돋이, 보름달 아래 펼쳐진 바다와 같은 최상의 쾌락을 더 증폭시키기 때문에 소중하다. 사랑하는 여인과 함께 아름다운 경험을 해보지 못한 남자는 이러한 경험이 주는 마법의 힘을 전혀 느껴보지 못한 사람이다. 사랑은 생물학적 협력의 한 가지 방식으로 자아의 굳은 껍질을 깨뜨릴 수 있다. 사랑에 빠진 두 사람이 각각 느끼는 흥분은 상대방의 본능적인 목적을 실현시키는 데 있어서 꼭 필요한 것이기 때문에 협력이 가능하다.

이 세상에는 시대마다 갖가지 고독의 철학이 존재했다. 그 중에는 매우 고상한 종류도 있었고, 그렇지 못한 것도 있었다. 스토아 학파의 철학자들과 초기 기독교도들은 인간은 자기 자신의 의지만으로, 또는 다른 '인간의' 도움을 전혀 받지 않고도 인간의 삶이 도달할 수 있는 최고선(最高善)을 실현할 수 있다고 믿었다. 또한 권력을 삶의 목표라고 보는 사람들도 있었고, 단순한 개인적 쾌락을 삶의 목표로 여기는 사람들도 있었다. 사람들이 모인 크고 작은 사회 속에서가 아니라, 각기 개별적인 한 사람 한 사람에 의해서 선이 실현될 수 있다고 여겼다는 점에서 앞에서 소개한 철학들은 모두 고독의 철학이다.

내가 보기에 이러한 철학들은 모두 그릇된 것이다. 그것들은 그릇된 윤리학일 뿐만 아니라, 인간 본성이 가진 보다 우월한 부분을 표현하는 데 있어서도 부정확하다. 인간은 협력하지 않으면 살 수 없다. 인간은 본능적으로 협력에 필요한 우정을 만들어내는데, 물론 이 본능적인 장치가 완벽하지만은 않다. 하지만 사랑은 협력을 이끌어내는 최초의 감정 형식이자, 가장 보편적인 감정 형식이다. 따라서 강렬한 사랑을 경험해본 적이 있는 사람이라면 최고선은 사랑을 주고받는 인간의 감정과 상관없이 별개로 존재하는 것이라고 주장하는 철학에 찬성할 수 없을 것이다.

이러한 점에서 보면 부모의 사랑이 더 강렬한 것이지만, 부모의 사랑은 기껏해야 부부 사이의 사랑의 결실에 지나지 않는다. 나는 최고의 사랑이 일반적이라고 주장할 생각은 없다. 내가 주장하고자 하는 것은 최고의 형태까지 올라간 사랑이야말로 자칫하면 알려지지 않을 뻔한 사랑의 가치를 드러내주며, 회의주의가 손댈 수 없는 소중한 가치를 지니고 있다는 것이다. 그런데도 사랑을 할 능력이 없는 회의론자들은 자신들이 그럴 만한 능력이 없는 것은 자신들이 가진 회의주의 때문이라는 잘못된 주장을 하고 있다.

참된 사랑은 꺼지지 않는 불꽃,

마음속에서 영원히 타오르네.
병들지도, 죽지도, 식지도 않으며,
자기 자신을 배반하지도 않네.

다음에는 비극에 관한 크러치의 글로 넘어가자. 그는 입센의
「유령Ghosts」이 셰익스피어의 「리어 왕King Lear」보다 못하다고
주장하는데, 이 점에 대해서는 나도 동감이다.

표현 능력이 아무리 늘고, 글재주가 아무리 좋아진다고 하더라도 입
센은 셰익스피어가 될 수 없다. 입센과 같은 시대를 살았던 어느 누
구라도 마찬가지겠지만, 입센에게는 셰익스피어가 창작했던 작품과
같은 소재들이 전혀 없었고, 있을 수도 없었다. 셰익스피어는 인간의
존엄성이라는 개념과 인간의 열정이 중요하다는 생각, 인생의 깊이
에 대한 통찰력을 가지고 있었다. 셰익스피어 이후 여러 세대를 거치
면서 '신'과 '인간', '자연'은 위축되었다. 이렇게 된 것은 우리가 현
대 예술의 사실주의적 신조로 인하여 평범한 인간을 추구했기 때문
이 아니다. 인간 생활의 범상함이 우리들을 엄습해왔기 때문에 우리
의 관점을 정당화할 수 있는 사실주의 예술 이론이 발전해간 것이다.

왕자가 겪는 슬픔을 다룬 구식의 비극이 현대에 적합하지 않다
는 것은 분명하다. 왕자의 슬픔을 다루는 방식으로 평범한 개인들
이 겪는 슬픔을 다룬다면, 그 느낌은 다를 것이다. 우리의 인생관이
타락했기 때문이 아니라, 우리의 인생관이 진보했기 때문에 그런

것이다. 이제 우리는 더 이상 특정한 개인들을 세상에서 가장 위대한 인물로 바라보지 않으며, 그들만이 비극적 열정을 지닐 권리가 있고, 나머지 사람들은 그들 몇몇의 영광을 위하여 악착같이 일만 해야 하는 존재로 여기지 않기 때문이다. 셰익스피어는 이렇게 말한다.

거지가 죽을 때는 혜성이 보이지 않는다.
왕자가 죽으면 하늘은 알아서 불꽃을 뿜는다.

셰익스피어 시대의 이러한 감상을 글자 그대로 믿을 수는 없지만, 실제로 당시의 일반적인 견해를 표현한 것으로 셰익스피어 자신도 진지하게 받아들였던 사고방식이었다. 따라서 시인인 시나[15]의 죽음은 희극적이지만, 시저, 브루투스, 카시우스[16]의 죽음은 비극적이다. 외면적인 형식뿐만 아니라 내면의 신념에 있어서도 민주화된 우리들은 한 개인의 죽음이 우주에서 차지하는 의미에 대해서는 아무런 신경도 쓰지 않는다. 오늘날의 위대한 비극은 개인보다는 오히려 사회와 관련된 것이다.

---

15) 로마사를 배경으로 한 셰익스피어의 작품인 「줄리어스 시저Julius Caesar」에 나오는 인물이다. 시저가 암살당한 후 안토니우스는 브루투스 일당을 로마에서 몰아내기 위해 평민들을 부추긴다. 시인인 시나는 모반자들의 일당 중 한 명과 이름이 같아 오해를 사게 되는데 결국 분노한 평민들에게 찢겨서 죽음을 당한다.
16) 모두 셰익스피어의 작품인 「줄리어스 시저Julius Caesar」에 나오는 인물들이다. 브루투스와 카시우스가 모의하여 시저를 살해하지만, 시저의 심복부하인 안토니우스에 의해 그 둘 또한 전투에서 패하고 죽게 된다.

내 견해를 뒷받침하는 사례로 에른스트 톨러[17]의 「군중인 Massemensch」(영어로 '대중과 인간Masses and Men'으로 오역되어 있다)을 들어보자. 이 작품이 지난날 황금기에 창작된 최고의 걸작만큼 훌륭하다는 이야기는 아니다. 하지만 나는 이 작품이 충분히 비교가 될 만한 작품이라고 생각한다. 이 작품은 고상하고 진지하고 현실적이다. 또한 영웅적인 행위를 다루고 있고, 아리스토텔레스가 비극에 대해 내린 정의처럼, "연민과 공포에 의해 독자의 마음을 정화시켜"준다. 요즘에는 이런 현대적 비극은 좀처럼 찾아볼 수가 없다. 옛날의 기법과 전통은 버려야 할 낡은 것으로 취급되고, 그 빈 자리에는 진부한 교양만 들어서고 있기 때문이다.

비극을 쓰기 위해서는 비극을 느껴야 한다. 비극을 느끼기 위해서는 그저 마음으로만이 아니라, 피와 근육으로 자신이 살고 있는 세계를 인식해야 한다. 크러치는 그의 저서에서 여러 번 절망에 대해 말하고 있다. 사람들은 냉혹한 세상을 받아들이는 그의 영웅적 태도를 보고 감동한다. 그러나 크러치를 비롯한 대부분의 문필가들은 새로운 자극이 올 때 옛 감정을 느끼는 방법을 아직 배우지 못했기 때문에 세상이 냉혹하다고 보는 것이다. 분명 자극은 존재하지만 문필가 그룹 속에는 존재하지 않는다. 문필가 그룹은 공동체의 삶과 생생한 접촉을 하지 못하고 있는 것이다. 인간의 감정이 비극과 참된 행복이 전개될 수 있을 만큼의 진지함과 깊이를 지니려면, 공동체의 삶과 긴밀하게 접촉하는 것이 필수적이다. 이 세상

17) 에른스트 톨러Ernst Toller(1893~1939)는 독일의 표현주의 극작가이다.

에는 할 만한 일이 하나도 없다는 생각 때문에 고민하는 모든 재능 있는 젊은이들에게 나는 이렇게 충고하겠다.

"글을 쓰려는 생각을 버려라. 그 대신 글을 쓰지 않으려고 노력해보라. 세상으로 나가라. 해적도 되어보고, 보르네오의 왕도 되어보고, 소련의 노동자도 되어보라. 기본적인 신체적 욕구를 충족시키기 위해서 모든 에너지를 쏟아야 하는 생활을 해라."

모든 사람들에게 이러한 생활 방식을 권하는 것은 아니다. 나는 크러치가 진단한 병으로 괴로워하는 사람들에게만 이렇게 살아보도록 권한다. 예전에 지식인이었던 사람들은 몇 년 동안 이렇게 생활하고 나면, 더 이상 글을 쓰지 않고는 견딜 수 없다는 것을 깨닫게 될 것이다. 또한 이러한 시기에 도달하면 글을 쓰는 것이 무의미하다는 생각은 들지 않을 것이다.

3. 경쟁의 철학에 오염된 세상

꽃 이름 따위를 알아봐야 무슨 소용이 있겠나?
돈벌이에는 보탬이 안 될 텐데.

미국에서 만난 모든 사람들에게 혹은 영국에서 사업하는 모든 사람들에게, 즐겁게 생활하는 것을 가장 방해하는 것이 무엇이냐고 물어보라. 그들은 '생존 경쟁'이라고 대답할 것이다. 그들은 진심에서 우러나서 이렇게 말할 것이고, 또 그렇다고 믿고 있다. 어떤 측면에서 보면 이것은 옳은 말이다. 그러나 중요한 다른 측면에서 보자면, 이것은 대단히 잘못된 말이다.

물론 생존 경쟁은 실제로 존재하고 있다. 만일 우리가 불행한 처지에 빠진다면 우리들 중 누구에게나 생존을 위한 치열한 경쟁이 일어날 수 있다. 예를 들면 콘래드 소설의 주인공인 포크[18]가 그런 경우였다. 정신을 차려보니 배가 난파당했는데, 포크와 또 다른 선원, 두 사람에게만 총이 있었다. 그 배에는 먹을 것이라곤 하나도 없었다. 두 사람이 사이좋게 식사를 할 수 없게 되자, 진정한 의미의 생존 경쟁이 시작되었다. 결국 포크가 이겼고, 그 후 평생을 채식주의자로 살았다.

하지만 사업가가 사용하는 '생존 경쟁'이라는 말은 이런 의미가 아니다. 그가 사용하는 생존 경쟁이란 말은 부정확한 표현이다. 사업가는 사소한 일에도 위엄을 갖추기 위해서 이 표현을 즐겨 쓴다. 하지만 사업가에게 이런 질문을 던져보라. 같은 부류의 사람들 중에서 굶어 죽은 사람이 얼마나 있는가? 파산한 친구들에게 어떤 일이 일어났는가?

물질적 안락의 문제만 따진다면, 아무리 사업가가 파산했다고 하더라도 파산할 수 있을 만큼의 돈을 가져본 적이 없는 사람들보다 훨씬 풍족한 생활을 한다는 것은 누구나 아는 사실이다. 사람들이 흔히 쓰는 생존을 위한 경쟁이란 말은 실제로는 성공을 위한 경쟁을 의미한다. 사람들은 경쟁을 하면서 내일 아침을 먹지 못할까봐 두려워하는 것이 아니라, 옆 사람을 뛰어넘지 못할까봐 두려워한다.

그들은 빠져나갈 구멍이 전혀 없는 쳇바퀴에 갇혀 있는 신세가 아니다. 그들이 쳇바퀴에서 벗어나지 못하는 것은 그 쳇바퀴가 자신을 더 높은 곳으로 끌어올려 줄 수 없다는 사실을 알아차리지 못하고 있기 때문이다. 이상하게도 이런 사실을 올바로 인식하고 있

---

18) 포크는 조셉 콘래드Joseph Conrad(1857~1924)의 단편소설 「포크Falk」의 주인공이다.

는 사람은 거의 없다. 물론 이것은 대규모 사업을 하면서 이미 상당한 수입을 거두고 있고, 원하기만 하면 현재 가지고 있는 재산만으로도 충분히 살아갈 수 있는 사람들 이야기다. 그런데도 이들은 현재 가진 재산만으로 생활하는 것을 적군을 만나서 싸우지 않고 도망하는 것만큼이나 수치스러운 일로 여긴다. 하지만 사업을 통해서 공익에 어떻게 이바지하는가 물으면, 이들은 근면성실한 생활의 가치를 선전하는 광고 문구에서 흔히 볼 수 있는 상투적인 답변들을 늘어놓다가 그것이 바닥나고 나면 뭐라고 답해야 할지 몰라서 쩔쩔맬 것이다.

이런 사업가의 생활을 생각해보라. 그에게는 아름다운 집에 매력적인 아내와 귀여운 아이들이 있을 것이다. 그는 아내와 아이들이 단잠에 빠져 있을 이른 아침에 일어나서 급히 사무실로 달려간다. 사무실에서 그가 할 일은 뛰어난 사무처리 능력을 발휘하는 것이다. 확고한 표정으로 단호하게 말하고, 급사를 제외한 모든 사람들에게 깊은 인상을 주기 위해 일부러 약삭빠르고 과묵한 태도를 꾸민다. 편지를 구술하고, 전화를 걸어 각계각층의 주요 인사들과 이야기하고, 시장조사도 하고, 현재 거래하고 있거나 앞으로 거래를 트고 싶어하는 사람과 점심을 먹는다. 오후에도 내내 같은 종류의 일이 계속된다. 그는 피로에 지쳐 집으로 돌아오자마자 만찬회에 나가기 위해 옷을 갈아입어야 한다. 만찬회에서 그를 비롯한 피로에 지친 많은 남자들은 피로를 느낄 일이라고는 전혀 하지 않는 숙녀들과 어울리며 즐거운 척하지 않으면 안 된다. 이 가엾은 사람이 만찬회에서 벗어나려면 몇 시간이 걸릴지 알 수 없는 노릇이다.

드디어 그는 잠자리에 들어서 잠시 동안 긴장을 푼다.

이 사람은 회사 일을 하는 동안 백 미터 경주에 나선 사람과 비슷한 심리 상태에 있다. 하지만 그가 달리고 있는 경주의 목적지는 무덤이므로, 백 미터 경주를 하는 데 어울리는 집중적인 노력은 결국 좀 지나친 것이 되고 만다. 그는 자신의 아이들에 대해 무엇을 알고 있는가? 평일은 사무실에서 보내고, 일요일은 골프장에서 지낸다. 그는 아내에 대해서는 무엇을 알고 있는가? 아침에 아내 곁을 떠날 때 그의 아내는 자고 있다. 저녁 시간 내내 그와 아내는 사교상의 의무를 감당해야 하기 때문에 개인적인 대화는 나누지도 못한다.

친밀한 관계를 맺고 싶어서 서로 친절을 주고받는 상대는 많이 있지만, 소중한 친구는 아마 한 명도 없을 것이다. 그가 봄과 여름에 대해서 아는 것은 계절이 시장에 미치는 영향에 관한 것뿐이다. 그는 여러 나라를 둘러보았겠지만 몹시 지루한 눈으로 구경했을 것이다. 그는 책은 무익한 것, 음악은 고상한 척하는 것으로 여긴다. 해가 갈수록 그는 점점 외로워진다. 그의 관심은 점점 사업으로만 집중되고 그 밖의 생활은 점점 무기력해진다.

나는 아내와 딸들을 데리고 유럽에 온 이런 유형의 중년 미국인을 만난 적이 있다. 아내와 딸들은 이 가엾은 남자에게 이번 여행이 휴식을 취하면서 딸들에게 유럽을 경험하게 할 수 있는 좋은 기회라며 설득한 것이 틀림없었다. 기쁨에 젖은 아내와 딸들은 그 남자를 에워싸고는 독특하다 싶은 새로운 것들을 볼 때마다 남자에게 이것 좀 보라며 야단이었다. 그러나 가장은 몹시 지치고 따분한 표정을 지으면서 지금 회사 사람들은 무엇을 하고 있는지, 야구는 어떻게 되고 있는지 궁금해하고 있었다. 결국 아내와 딸들은 그를 단념하고 남자란 죄다 속물이라고 단정한다. 이들은 그가 자신들의 탐욕을 위한 희생양이라는 생각은 털끝만큼도 하지 않는다.

유럽 여행객들이 죽은 남편을 따라 죽는 인도 여성을 도저히 이해하지 못하는 것처럼, 이들 역시 가장이 자신들의 탐욕 때문에 희생을 감수한다는 것은 결코 있을 수 없는 일이라고 생각한다. 남편을 여읜 인도 여성은 명예를 지키기 위해서, 그리고 종교적 규율을 지키기 위해서 타죽을 각오를 하고 기꺼이 자신의 목숨을 내놓았으리라.

사업가의 종교와 명예는 그에게 엄청난 돈을 모을 것을 요구한다. 그러므로 그는 남편을 여읜 힌두교도 여성처럼 기꺼이 고통을 감수한다. 더 행복하게 살고 싶다면 이 미국인 사업가는 우선 종교를 바꿔야 한다. 단순히 성공을 갈망하는 데서 그치지 않고, 성공을 추구하는 것은 남자의 의무이므로 성공을 추구하지 않는 남자는 가없은 존재라는 확고한 신념을 가지고 있는 한, 이 사업가는 지나치게 사업에 집중하고 지나치게 걱정거리가 많은 생활을 계속하느라 결코 행복을 누릴 수 없을 것이다.

투자와 같이 간단한 문제를 생각해보자. 대부분의 미국인들은 안전한 투자를 해서 4퍼센트의 이익을 거두기보다 위험한 투자를 해서 8퍼센트의 이익을 얻는 것을 선호한다. 결국 이들은 경제적인 타격을 자주 입게 되고, 끊임없는 근심과 걱정에 시달린다. 나는 돈이 있으면 생계를 걱정하지 않으면서 여가를 즐기고 싶다는 생각을 한다. 하지만 일반적으로 현대인들은 돈이 있으면 그것을 이용해 더 많은 돈을 벌고, 돈이 많은 것을 과시하면서 이제껏 엇비슷하게 살던 사람들을 따돌린 채 호사스럽게 살기를 원한다.

　미국의 경우, 사회 계층이 고정되어 있지 않고 계속 변화하기 때문에, 사회 계층이 고정되어 있는 사회에 비해서 속물성이 훨씬 강하다. 돈이 있다고 품위 있는 인간이 되는 것은 아니지만, 돈이 없는 사람이 품위 있게 사는 것도 어려운 일이다. 더욱이 벌어들인 돈의 규모는 그 사람의 두뇌를 측정하는 척도가 된다. 돈을 많이 번 사람은 똑똑한 사람이고, 그렇지 못한 사람은 똑똑하지 못한 사람이다. 바보 취급받는 것을 좋아하는 사람은 아무도 없다. 그렇기 때문에 시장의 상태가 불안정해지면, 사람들은 시험을 앞둔 학생들이 느끼는 것과 똑같은 감정에 시달린다.

　사업이 망한 뒤에 빚어질 결과에 대한 비합리적이지만 진심 어린 공포가 사업가들을 불안하게 만든다. 아놀드 베넷의 '클레이행어'[19]는 엄청난 부자가 되어서도 늘 노숙자 수용소에서 죽을지도 모른다는 두려움에 시달렸다. 어린 시절 가난 때문에 심한 고생을 겪었던 사람들은 자기 자식들도 똑같은 고통을 겪지 않을까 하는 두려움을 떨쳐버리지 못하고, 아무리 많은 돈도 이런 불행을 막을 만한 든든한 보루가 될 수는 없다고 느낀다. 이러한 두려움은 가난의 고통을 겪었던 첫 세대로서는 피할 수 없는 것이지만, 심한

---

19)　영국 작가 아놀드 베넷Arnold Bennett(1867~1931)의 작품인 『클레이행어 *Clayhanger*』의 주인공이다.

가난을 모르고 자란 다음 세대들은 첫 세대만큼 가난에 대한 두려움에 시달리지 않는다. 행복을 앗아가는 경쟁의 문제에 있어서 이런 가난에 대한 두려움은 사소하고도 상당히 예외적인 요소에 불과하다.

문제는 경쟁에서 이기는 것이 행복의 주요한 원천이라고 지나치게 강조하는 것이다. 성취감이 행복한 삶에 도움을 준다는 것을 부정하지는 않는다. 젊었을 때 세간의 이목을 끌지 못하던 화가는 사람들로부터 재능을 인정받게 되면 더 행복해질 것이다. 나는 일정한 시점까지는 돈이 행복을 증진시킬 수 있다는 사실도 부정하지 않는다. 하지만 내가 생각하기에는 일정한 시점을 넘어선 경우에는 그렇지 않다. 나는 성공은 행복의 한 가지 요소에 불과하기 때문에 성공하기 위해서 나머지 요소들을 모두 희생한다면 지나치게 비싼 대가를 치른 셈이라고 생각한다.

이런 문제는 사업계에 널리 퍼져 있는 생활 철학에서 비롯된 것이다. 유럽에는 사업계 말고도 명망을 얻고 있는 계층이 여럿 있고, 귀족이 있는 나라도 있다. 나라마다 성직, 법률, 의학 등에 종사하는 지식계층이 있으며, 몇몇 작은 나라를 제외한 대부분의 나라에서 육군과 해군이 대단한 존경을 받고 있다. 어떤 직업을 가진 사람이든 성공하려면 경쟁이라는 요소가 필수적이다. 하지만 사람들은 단순히 성공 그 자체를 존경하는 것이 아니라, 성공을 가능하게 한 뛰어난 능력에 대해 존경심을 갖는 것이다.

돈을 버는 과학자도 있지만 돈을 벌지 못하는 과학자도 있다. 하지만 사람들은 어떤 과학자가 돈을 벌지 못한다고 해서 돈을 버는 다른 과학자보다 덜 존경하지는 않는다. 위대한 장군이 가난하다는 것을 알았다고 해서 놀라는 사람은 없다. 이런 직업을 가진 사람이 가난하다는 것은 어떤 의미에서는 명예로운 일이다. 이런 이유 때문에 유럽에서는 단순히 돈을 버는 것에 대한 경쟁은 특정 계층에 한정되는데, 그렇다고 해서 그 계층이 가장 영향력이 있거나 가장 존경받는 것은 아니다.

그러나 미국에서는 사정이 다르다. 군인들이 국가적 활동에서 담당하는 역할이 대단히 미미하기 때문에 그들의 생활수준은 영향력을 행사하지 못한다. 지식계층의 경우에는, 전문가가 아닌 사람들은 어느 의사가 의학에 정통한지, 어느 법률가가 법률에 정통한지 알 수가 없다. 그러므로 그들의 실력을 판단하는 손쉬운 방법은 그들의 생활수준으로 미루어 소득을 추측해보는 것이다. 교수들은 사업가에게 고용되어 일을 하는 사람이므로, 전통이 깊은 나라에서만큼 존경받지 못하고 있다.

이런 사정 때문에, 미국의 전문직 종사자들은 유럽의 전문직 종사자들처럼 나름의 생활양식을 확립하지 못하고 사업가들을 따라가고 있다. 그러므로 부유한 계층의 경우, 경제적 성공을 위한 살벌하고 강력한 경쟁을 완화시킬 만한 것은 찾아볼 수 없다. 미국 소년들은 아주 어릴 때부터 경제적 성공만이 중요한 문제라고 생각하며, 경제적으로 볼 때 가치가 없는 교육에는 신경 쓰려고 하지 않는다.

교육은 즐겁게 사는 능력을 훈련하는 것이라고 여기던 때가 있었다. 이때의 즐거움은 교양이 없는 사람은 누릴 수 없는 매우 고상한 즐거움을 일컫는다. 18세기에는 문학, 미술, 음악을 이해하면서 즐기는 것이 '신사'의 특징 중 하나였다. 요즘 사람들은 이런 취미가 체질에 맞지 않겠지만, 당시만 해도 그런 취미는 진심에서 우러난 것이었다.

요즘 부유한 사람들의 생활양식은 대체로 이와는 전혀 다른 것 같다. 그들은 책을 읽지 않는다. 이름을 알릴 목적으로 화랑을 세우려고 할 때도, 그림을 고르는 일은 전문가에게 맡긴다. 그가 그림 때문에 얻는 즐거움은 그림을 감상하는 데서 오는 즐거움이 아니라, 돈 많은 다른 사람이 그 그림을 소유할 수 없게 됐다는 데서 오는 즐거움이다. 이번에는 음악을 보자. 미국인 부자 중에서도 유대인계 미국인은 조금 나을지도 모르겠다. 하지만 대부분의 부자들은 다른 예술에 대해서도 그렇듯이 아무것도 아는 것이 없다. 형편이 이러하니 부자들은 여가가 있어도 무엇을 해야 할지 모르는 처지가 된다.

돈이 많아질수록 돈 버는 일은 점점 쉬워진다. 이런 사람은 하루에 5분만 일해도 어떻게 써야 좋을지 모를 정도로 돈이 굴러들어온다. 이 불쌍한 사람은 경제적인 성공 덕분에 자신을 주체할 수 없게 된다. 성공, 그 자체를 인생의 목표로 삼고 있는 한 이런 사태는 피할 수 없다. 성공한 것을 가지고 무엇을 할지 배워두지 않은 사람은 성공한 후에 권태의 먹이가 될 수밖에 없다.

습관화된 경쟁심은 경쟁과는 아무런 관계가 없는 분야까지 쉽사리 침투한다. 독서 문제를 예로 들어보자. 책을 읽는 동기는 두 가지가 있다. 하나는 책을 읽는 것이 좋아서 읽는 것이고, 또 하나는 책을 읽었다고 자랑할 수 있어서 읽는 것이다. 미국에서는 여성들이 이달의 책을 읽는 것(또는 읽는 척하는 것)이 유행이 되었다. 책을 다 읽는 사람도 있지만 첫 장만 읽는 사람, 서평만 읽는 사람도 있다. 어쨌든 이들의 책상 위에는 한결같이 각 기관들에서 추천한 이달의 책들이 있다.

하지만 이들이 고전을 읽는 법은 결코 없다. 독서 클럽이 『햄릿』이나 『리어왕』을 이달의 책으로 선정한 적은 한 번도 없었고, 단테가 꼭 알아야 하는 이달의 작가로 지정된 적도 없었다. 결국 이들이 읽은 책은 한결같이 평범한 현대물로 고전은 하나도 없다. 이것 역시 경쟁 때문에 빚어진 현상이다. 하지만 이런 일이 전적으로 나쁜 것만은 아니다. 이런 부류의 여성들은 대부분 알아서 읽으라고 하면 고전을 읽기는커녕 문학계의 지도자들이나 대가들이 골라주는 것보다 훨씬 낮은 수준의 책을 읽을 테니까.

현대 사회에서 경쟁이 강조되는 것은 아우구스투스 황제 이후 로마에서 일어난 것이 확실한 교양 수준의 전반적인 저하와 관련되어 있다. 모든 사람들이 여러 가지 지적인 즐거움을 누릴 능력을 상실하게 된 것이다. 일반적인 대화 기술인 회화술(會話術)을 예로 들어보자. 18세기 프랑스의 살롱에서 완성된 회화술은 40년 전까지만 해도 살아 있는 전통이었다. 그것은 덧없이 사라져버릴 말을 위해 수준 높은 지적 능력을 발휘하는 대단히 훌륭한 기술이었다. 그러나 요즘 세상에 그렇게 한가한 일에 신경을 쓸 사람이 누가 있겠는가? 중국에서는 10년 전까지만 해도 이 기술이 번성하고 있었다. 그 후 국민당원들은 열렬한 사명감으로 이 기술의 뿌리를 완전히 뽑아버렸다. 50년 혹은 백 년 전에 교양 있는 사람이라면 누구나 가지고 있었던 훌륭한 문학에 대한 지식은 이제는 소수 교수들의 몫이 되어버렸다. 사람들은 보다 평온한 즐거움을 주는 일들은 모두 던져버렸다.

어느 봄날, 나는 미국 대학생들 몇몇과 함께 캠퍼스 기슭의 숲을 거닐었다. 숲에는 아름다운 야생화들이 만발해 있었지만 그 야생화들 중에서 어느 것 하나의 이름이라도 제대로 아는 학생은 아무도 없었다. 하기야 그런 지식이 무슨 소용이 있겠는가? 꽃 이름 따위를 알아봐야 돈벌이에는 아무런 보탬이 되지 않을 텐데.

이것은 단순히 개인적인 문제가 아니다. 또한 어떤 개인이 단독으로 막아낼 수 있는 문제도 아니다. 이 문제는 삶이란 승자만이 존경받는 승부요, 경쟁이라는 일반화된 생활 철학에서 비롯된 것이다. 이러한 관점은 감성과 지성을 포기하고 의지만을 지나치게 키우는 결과를 불러온다. 이런 관점을 입에 올리면서 우리는 말 앞에 마차를 매고 있는지도 모른다. 처음에는 신앙을 강조했던 청교도적 도덕주의자들이 현대에 와서는 늘 의지를 강조하고 있다. 청교도주의 시대가 만들어낸 경주는 의지만을 과도하게 발전시키고 감성과 지성을 쇠약하게 만들었으며, 경쟁의 철학을 자신의 본성에 가장 적합한 철학으로 택했다.

선사 시대의 공룡들처럼 지성보다는 근력을 선호한다는 점에서, 지성과 감성을 배제하고 의지와 경쟁을 강조하는 사람들을 현대판 공룡이라고 불러도 좋을 것 같다. 이 현대판 공룡의 놀라운 성공 때문에 현대인들은 너도나도 이 공룡의 행동을 따라하고 있다.

이 공룡은 전 세계 백인들의 모범이 되고 있는데, 아마 앞으로 백 년 간은 이러한 경향이 더욱 심해질 것이다. 그러나 이 유행을 따르지 않는 사람들은 이 공룡들이 서로 살육하며 결국 멸종할 것이므로 최후의 승자가 되지는 못할 것이며, 결국 지혜로운 구경꾼들이 공룡들의 왕국을 물려받게 될 것이라고 생각하며 위안을 받을 것이다.

현대판 공룡들은 서로 살육을 자행하고 있다. 이들 한 쌍의 공룡들이 낳는 자녀는 평균적으로 두 명에 못 미친다. 그들은 행복한 삶을 누리지 못하고 있기 때문에 자녀를 낳으려는 생각도 없다. 이러한 점은 청교도 조상으로부터 물려받은 지나치게 경쟁적인 철학이 현대에 적합하지 않다는 것을 드러내는 것이다. 이런 인생관 때문에 이들이 느끼는 행복은 너무나 미미하고, 자녀를 낳는 것에는 관심이 없어진다. 결국 그들은 생물학적으로 멸종될 운명에 처해 있는 셈이다. 머지않아 이들 대신 보다 쾌활하고 즐거운 사람들이 뒤를 잇게 될 것이다.

인생에서 중요한 것으로 간주되는 경쟁은 지나치게 냉혹하고 집요하며, 필요 이상으로 근육을 혹사시키고 의지 또한 지나칠 정도로 집중하도록 만든다. 이런 경쟁이 삶의 근본 철학이 될 수 있는 시기는 기껏해야 한두 세대에 지나지 않는다. 그 기간이 지나고 나면 경쟁은 신경의 피로를 초래하고, 여러 가지 도피현상을 일으키며, 쾌락 추구를 사업만큼이나 긴장되고 어려운 일로 만들어버려 (휴식이 불가능해지기 때문이다), 마침내 재생산이 이루어지지 못해 재고가 바닥나는 지경에 도달할 것이다.

경쟁의 철학 때문에 오염되는 것은 일만이 아니다. 여가도 마찬가지로 오염된다. 조용히 신경을 안정시키는 여가는 권태로운 것으로 여기게 된다. 결국 여가의 경우에도 끊임없는 가속이 필요하게 될 것이고, 그 종착점은 마약복용과 탈진상태가 될 것이다. 이 병을 치료할 수 있는 방법은 바로 건전하고 조용한 즐거움을 인생의 균형 잡힌 이상형의 하나로 받아들이는 것이다.

4. 인생의 끝, 권태

행복한 인생이란 대부분 조용한 인생이다.

인간 행위의 중요한 요인인 권태는 그 중요성에 비해 그리 관심의 대상이 되지 못했다. 권태는 인간의 역사 전체를 통틀어 볼 때 중요한 원동력의 하나였으며 오늘날에는 다른 어느 시대보다도 그 중요성이 커지고 있다.

사람들은 권태를 인간 특유의 감정으로 생각해왔다. 사실 짐승도 우리에 갇히면 무기력해져서 이리저리 돌아다니며 하품을 하기도 한다. 하지만 자연에서 활동하는 짐승들은 권태와 비슷한 것을 경험하지 못한다. 짐승들은 적을 경계하는 일이나 먹이를 찾는 일, 혹은 두 가지 일을 모두 하는 데 대부분의 시간을 보내고, 때로 짝짓기를 하거나 몸을 따뜻하게 하기 위해서 노력한다. 그러나 짐승들은 불행할 수는 있겠지만 권태롭지는 않을 것 같다. 사람과 비슷한 면이 많은 유인원들은 이런 점에서도 우리와 상당히 유사할 것 같다. 하지만 나는 그들과 함께 지낸 적이 없어서 그런 실험을 할 만한 기회를 갖지 못했다.

권태가 생겨나게 되는 필수조건 중 하나는 어쩔 수 없이 상상하게 되는 지금보다 바람직한 상황과 현재 상황의 대조에 있다. 또한 자신의 능력을 충분히 발휘할 필요가 없을 때에도 사람은 권태를 느끼게 된다. 자신의 목숨을 노리는 적에게서 도망치는 일은 불쾌한 일이지, 분명 권태로운 일은 아닐 것이다. 초인적인 담력을 가진 사람이 아니라면, 사형을 당하는 순간 권태를 느끼는 사람은 없을 것이다. 마찬가지로 상원에서 첫 연설을 하다가 하품을 하는 사람은 고(故) 데본셔 공작을 빼고는 아무도 없었다. 그는 덕분에 다른 상원의원들로부터 존경받는 인물이 되었다.

권태는 꼭 즐거운 일이 일어나지 않아서 생기는 것이 아니다. 이 날이 다른 날과 다르다는 것을 깨달을 수 있을 정도의 사건이 생긴다면 권태로부터 벗어날 수 있지만, 이런 사건들이 일어나지 않는다면 사람은 권태에 빠지게 된다. 간단히 말하자면 권태의 반대는 즐거움이 아니라 자극이다. 자극에 대한 욕망은 인간, 특히 남성에게 있어 매우 뿌리 깊은 것이다. 수렵시대에는 그 이후보다 자극에 대한 욕망이 쉽사리 충족되었을 것 같다. 동물을 추적하는 것도 자극적이었고, 전쟁도 자극적이었으며, 구애 역시 자극적이었다. 원시인은 옆에서 자고 있는 남편이 깨어나면 당장 죽게 될 것을 알면서도 잠든 남편 옆에 누운 여자와 정을 통하려고 했을 것이다. 이런 상황이라면 결코 권태롭지 않을 것이다.

그러나 농경시대가 되면서 삶은 지루해지기 시작했다. 물론 귀족들은 예외였다. 귀족들은 당시에도 수렵시대의 삶을 영위했고 지금도 그런 삶의 방식을 유지하고 있기 때문이다. 기계를 다루는 일이 지루하다는 말을 많이 듣는데, 내 생각에는 전통적인 방식으로 농사짓는 일의 지루함 또한 그에 못지않을 것이다. 대부분의 박애주의자들은 다른 주장을 하고 있지만, 기계시대가 되면서 전 세계적으로 볼 때 권태는 많이 줄어들었다는 것이 내 생각이다. 임금 노동자들은 근무시간에 혼자가 아니며, 또한 저녁 시간에는 옛날 시골 마을에서는 불가능했던 여러 가지 오락을 즐길 수 있게 되었다.

중하류 계층의 삶의 변화를 다시 살펴보자. 옛날에는 저녁 식사 후에 아내와 딸들이 설거지를 끝내고 나면 모두 둘러앉아 이른바 '단란한 가족 시간'을 보냈다. 이 시간에 가장은 잠들고, 아내는 바느질을 하며, 딸들은 차라리 죽어버리거나 팀북투[20]에 살았으면 하는 생각에 잠겼다. 그 시대에는 아버지가 딸과 이야기를 나누는 것이 서로에게 즐거움이 된다고 생각했기 때문에 딸들은 책을 읽을 수도 없었고, 방을 떠날 수도 없었다. 운이 좋으면 딸들은 결혼을 하고 자기 아이들에게 자신이 겪었던 젊은 시절과 똑같은 우울한 청춘을 강요할 수 있었다. 하지만 운이 따르지 않으면 노처녀로 늙어가다가 결국은 늙어빠진 노부인이 되기 십상이었다. 이런 운명은 미개인들이 희생 제물로 쓰려고 포로로 잡아온 사람들에게 강요한

---

20) 팀북투Timbuktu는 아프리카 서부의 말리 중부에 있는 도시 이름이다. 여기서는 멀리 떨어진 어떤 곳의 의미로 쓰였다.

운명만큼이나 끔찍한 것이다.

　백 년 전의 세계를 평가할 때는 이와 같은 권태의 중요성을 고려해야 한다. 백 년 전의 과거로 거슬러 올라갈수록 사람들이 느끼는 권태감은 더욱 심해진다. 중세의 어느 마을에서 겨울을 맞은 사람들의 단조로운 삶을 상상해보라. 사람들은 읽고 쓰기도 할 줄 몰랐으며, 어둠을 밝힐 수 있는 것은 촛불밖에 없었고, 지독한 추위를 막기 위해 화롯불이 놓인 유일한 방 안에는 화롯불에서 나온 연기가 가득 차 있었다. 길은 거의 통행이 불가능한 상태였기 때문에 다른 마을에서 찾아온 사람은 거의 볼 수가 없었다. 당시의 생활은 이루 말할 수 없이 지루했으며 마녀 사냥의 관습만이 겨울 저녁에 생기를 불어넣을 수 있는 유일한 소일거리였을 것이다.

　조상들에 비해 우리가 겪고 있는 권태의 정도는 덜하지만, 권태에 대한 두려움은 훨씬 깊다. 우리는 권태란 인간이 당연히 겪어야 하는 운명의 일부가 아니며, 자극을 찾아나설 정도의 단호함만 있으면 피할 수 있다는 것을 알게 되었다. 아니 그렇게 믿게 되었다고 하는 편이 더 정확할 것이다. 요즘 여성들은 생활비를 벌기 위해 직장에 다니는데, 그 이유 중 상당 부분은 저녁 시간에 흥밋거리를 찾아다닐 수도 있고 자신의 할머니들이 견뎌내야 했던 '단란한 가족시간'을 피할 수도 있다는 데 있다.

　형편이 되는 사람들은 누구나 도회지에서 산다. 미국에서 도회지에 살 형편이 되지 않는 사람들은 자동차 아니면 하다못해 오토바이라도 가지고 있고, 그것을 타고 영화를 보러 간다. 그리고 집집마다 라디오도 있다. 젊은 남녀가 만나는 것도 예전에 비하면 상당히 쉬운 일이 되었다. 가정부들도 적어도 일주일에 한 번은, 제인 오스틴[21]의 여주인공이 소설 속에서 내내 즐겼던 정도의 자극을 기대한다.

사회적 계층이 높을수록 자극의 추구는 점점 강렬해진다. 형편이 되는 사람들은 끊임없이 이곳저곳으로 옮겨다니고, 가는 곳마다 춤도 추고 술도 마시며 즐거움을 만끽한다. 하지만 이들은 어떤 이유에선지 늘 새로운 곳에서 이런 즐거움을 누리고 싶어한다. 생활비를 벌어야 하는 사람들은 근무시간 중에는 권태에서 헤어나지 못한다. 일을 할 필요가 없을 만큼 여유가 있는 사람들은 조금도 권태롭지 않은 삶을 이상으로 여긴다. 그것은 멋진 이상이며, 나도 그것을 비난할 생각은 조금도 없다. 하지만 걱정스러운 것은 다른 이상들도 마찬가지겠지만, 이상주의자들이 생각하는 것에 비해서 그런 이상을 달성하기가 상당히 어렵다는 점이다. 전날 밤의 즐거움이 크면 클수록 아침의 권태는 더 깊어지게 마련이다. 결국 중년 시절도 오고, 노년 시절도 올 것이다. 스무 살 때는 서른 살이 되면 인생은 끝날 거라고 생각한다. 쉰여덟 살이 된 나로서는 그런 생각은 받아들일 수 없다. 그런 생각은 인생이라는 자본을 금전적인 자본처럼 소비하는 것으로 결코 현명하지 못하다.

권태의 어떤 요소는 인생의 필수적인 구성요소라고 할 수 있다. 또한 권태에서 벗어나고자 하는 욕구도 자연스러운 것이다. 사

---

21) 제인 오스틴Jane Austen(1775~1817)은 영국의 여류 소설가로 『오만과 편견 Pride and Prejudice』, 『이성과 감성Sense and Sensibility』 등의 대표작이 있다.

실 인류는 기회가 있을 때마다 이 욕구를 표현해왔다. 백인들이 전해준 술을 처음으로 맛보았을 때, 미개인들은 술이야말로 오랫동안 겪어왔던 지루함으로부터 벗어나는 길임을 깨달았다. 그들은 정부의 규제가 있을 때를 제외하고는 늘 고주망태가 되도록 술을 마셨다. 전쟁, 학살, 박해 등은 모두 부분적으로는 권태로부터 도망치기 위한 방편이었다. 아무것도 안 하느니보다 이웃과 말다툼하는 편이 차라리 낫다고 여겨졌다. 인류가 저지르는 죄의 절반 이상은 권태에 대한 두려움에서 비롯된 것이라는 점에서, 도덕주의자들은 권태를 심각한 문제로 여긴다.

그렇지만 권태가 전적으로 나쁜 것만은 아니다. 권태에는 삶을 풍요롭게 하는 것과 황폐하게 하는 것, 두 종류가 있다. 삶을 풍요롭게 하는 권태는 약물이 없는 곳에서 자라나고, 삶을 황폐하게 하는 권태는 활기찬 행동이 없는 곳에서 자라난다. 약물이 삶에 있어서 어떤 긍정적인 역할도 할 수 없다는 이야기는 아니다. 능숙한 의사는 아편이 든 진정제를 처방하기도 한다. 이런 경우는 약물반대론자들이 생각하는 것보다 흔히 있는 일이다. 그러나 약물 탐닉은 결코 제멋대로 움직이는 자연적 충동에만 맡겨둘 수 없다. 나는 약물에 중독된 사람이 약물을 빼앗겼을 때 느끼는 권태에 대한 치료법은 시간밖에 없다고 생각한다. 그리고 약물에 적용되는 이러한 원리는 일정 범위 내에서 모든 종류의 자극에 대해 똑같이 적용될 수 있다.

자극이 지나치게 많은 삶은 밑 빠진 독이나 다름없다. 이런 상태에서 사람들은 환희에 가까운 감격이야말로 즐거움의 필수요소라고 여기기 때문에, 끊임없이 감격을 느끼기 위해서 점점 더 강력한 자극을 찾을 수밖에 없다. 지나친 자극에 익숙해져버린 사람은 후추를 병적으로 좋아해서 결국 남들이 보기에는 숨이 막힐 정도로 많은 후추를 먹어도, 정작 본인은 별맛을 느끼지 못하게 된 사람과 비슷하다. 권태의 어떤 요소는 지나치게 많은 자극을 피하는 것과 깊은 연관성을 가지고 있다.

지나치게 많은 자극은 건강을 해칠 뿐 아니라 모든 종류의 즐거움에 대한 감각을 무디게 만들고, 근본적인 만족감을 표면적인 쾌감으로, 지혜를 얄팍한 재치로, 아름다움을 생경한 놀라움으로 바꾸어버린다. 나는 극단적으로 자극에 반대하는 사람은 아니다. 일정한 양의 자극은 건강에도 이롭다. 하지만 모든 것이 그렇듯이 문제는 그 양에 있다. 자극이 너무 적으면 병적인 갈망을 자아내고, 너무 많으면 심신을 황폐하게 한다. 그러므로 어느 정도 권태를 견딜 수 있는 힘은 행복한 삶에 있어서 필수적인 것이다. 이것은 젊은 사람들이 배워야 하는 것 가운데 하나다.

훌륭한 책들은 모두 지루한 부분이 있고, 위대한 삶에도 재미없는 시기가 있다. 현대의 한 미국인 출판업자가 새로운 원고를 받았는데 그것이 구약성경이었다고 상상해보자. 가령 창세기의 계보에 대해서 그 출판업자가 했을 만한 말을 짐작하기는 어렵지 않다. 그는 이렇게 말할 것이다.

"선생님, 이 장은 활기가 없군요. 독자들이 등장인물에 대한 이야기는 거의 하지 않고 사람들 이름만 잔뜩 늘어놓은 것을 읽으며 흥미를 느끼지는 않을 겁니다. 당신이 훌륭한 문체로 이야기를 시작하고 있다는 건 나도 인정합니다. 처음에는 나도 상당히 깊은 인 상을 받았습니다. 하지만 전체적으로 보면 당신은 하나도 빠짐없이 이야기하려는 지나친 생각을 갖고 있습니다. 중요한 부분을 골라내 고 필요 없는 부분은 빼십시오. 원고를 적당한 분량으로 줄인 다음 에 다시 가져오십시오."

출판업자가 이렇게 말하는 것은 현대의 독자들이 권태를 두려 워한다는 것을 알고 있기 때문이나. 그는 공자의 『논어』나 『코란』, 마르크스의 『자본론』은 물론이고 베스트셀러가 되었던 다른 모든 성전(聖典)들에 대해서도 똑같은 말을 할 것이다.

이것은 비단 성전에만 해당되는 이야기가 아니다. 아무리 훌륭 한 소설이라도 지루한 대목은 있는 법이다. 첫 페이지부터 마지막 페이지까지 시종일관 재치가 넘치는 소설은 훌륭한 소설이라고 할 수 없다. 위인들의 생애 역시 몇몇 위대한 시기를 빼놓고는 흥밋거 리가 없다. 소크라테스는 때때로 연회를 즐겼고, 독약의 효과가 퍼 져나가는 동안에도 사람들과 대화를 나누면서 상당한 만족을 얻었 을 것이다. 하지만 그는 생애의 대부분을 크산티페와 함께 조용히 지내면서, 오후에는 건강을 위해 산책을 하기도 하고, 산책길에 친 구들을 만나기도 하면서 지냈을 것이다. 칸트는 평생 동안 쾨니히 스베르크에서 16킬로미터 밖으로 나가본 적이 없다고 한다. 다윈 은 세계일주를 한 뒤 남은 생애를 자신의 집에서 보냈다. 마르크스 는 몇 차례의 혁명을 선동한 뒤에는 여생을 대영박물관에서 보내 기로 했다.

전체적으로 보자면 조용한 삶이 위인들의 특징이며, 위인들이

70

누렸던 기쁨은 외부인의 입장에서는 결코 흥미진진하게 보이지 않는 것이었다. 끈질긴 노력이 없이는 위대한 성취를 이룰 수 없다. 위대한 성취를 이루는 일은 고도의 정신 집중을 필요로 하는 어려운 일이다. 그렇기 때문에 위인들에게는 많은 정열을 요구하는 오락에 쏟아부을 만한 활력이 남아 있을 턱이 없다. 예외가 있다면 시간 여유가 있을 때 건강회복을 위해서 하는 오락 정도로 알프스 등반을 예로 들 수 있을 것이다.

사람은 어린 시절부터 단조로운 삶을 견디는 능력을 길러야 한다. 현대의 부모들은 이런 점에서 크게 비난받아 마땅하다. 요즘 부모들은 아이들에게 영화 구경이나 맛 있는 음식 같은 수동적인 오락거리를 너무 많이 제공하고 있다. 부모들은 특별한 때를 제외하고는 날마다 비슷한 생활을 하는 것이 아이에게 얼마나 중요한지 깨닫지 못하고 있다. 어린아이는 주로 자신의 노력과 창조력에 의지해서 스스로 환경으로부터 즐거움을 찾아야 한다. 영화 구경처럼 재미는 있지만 육체적인 활동이 전혀 수반되지 않는 오락거리를 어린아이들에게 자주 제공해서는 안 된다.

자극은 약물과 같은 성질을 가지고 있기 때문에 점점 더 많은 양의 자극이 필요하게 된다. 또 육체를 전혀 사용하지 않으면서 자극만 받아들이는 것은 인간의 타고난 본성에 어긋나는 것이다. 어린 식물은 계속 같은 토양에 가만히 놔둘 때에 가장 잘 자라는 법인데, 어린아이도 마찬가지다. 지나치게 잦은 여행을 하고 지나치게 다양한 인상을 심어주는 것은 어린아이들에게 좋지 않다. 이런 아이들은 자라서 어떤 성과를 얻기 위해서 반드시 견뎌야 하는 지루함조차 참지 못하는 어른이 될 수도 있다.

지루함 자체가 유익하다는 이야기는 아니다. 하지만 어느 정도의 지루함을 참아내지 않고서는 유익한 성과를 거둘 수 없는 경우가 있다. 영국의 낭만주의 시인인 워즈워스의 「서곡」[22]을 예로 들어보자. 이 시를 읽은 독자라면 누구나 워즈워스의 사상과 감정에서 가치 있는 것들은 약삭빠른 도시 젊은이들에게는 도저히 가치 있는 것이 될 수 없다는 점을 분명히 알게 될 것이다. 어떤 어린이나 젊은이가 진지하고도 건설적인 목적을 가지고 있고, 권태가 반드시 견뎌내야 하는 것임을 이해하게 된다면 아무리 엄청난 양의 권태라도 자진해서 참아낼 것이다.

그러나 가벼운 흥밋거리나 오락에 빠져 생활하고 있는 젊은이의 마음속에 건설적인 목적이 들어서기란 쉽지 않은 일이다. 이런 젊은이의 생각은 늘 멀리 있는 목적보다는 눈앞에 보이는 즐거움에 쏠리기 쉽기 때문이다. 이런 이유 때문에 지루함을 견디지 못하는 세대는 소인배들의 세대, 자연에서 볼 수 있는 느린 변화의 섭리와는 지나치게 멀어진 세대, 모든 생명력이 마치 꽃병에 꽂힌 꽃처럼 서서히 시들어가는 세대가 될 것이다.

나는 상징적인 언어를 좋아하지 않는 사람이지만, 과학적인 표현이 아닌 시적인 표현을 빌리지 않고서는 내 의도를 제대로 표현할 수 없을 것 같다. 인정하고 싶지 않더라도 우리는 대지의 창조물

---

22) 「서곡The Prelude」은 영국의 시인인 윌리엄 워즈워스William Wordsworth(1770 ~1850)의 자전적 장시다.

이며, 우리의 생명은 대지의 생명의 일부분이다. 우리는 동물들이나 식물들과 마찬가지로 대지에서 자양분을 얻는다. 대지의 생명의 흐름은 매우 더디다. 대지에게는 봄과 여름도 중요하지만, 마찬가지로 가을과 겨울도 중요하다. 활기찬 활동도 중요하지만 마찬가지로 평온한 휴식 역시 중요하다. 차고 기우는 대지의 생명과 어느 정도 접촉하는 것은 어른들보다 아이들에게 훨씬 중요한 일이다. 인간의 신체는 수세기에 걸쳐 대지의 생명의 흐름에 적응해왔으며, 종교는 이런 생명의 흐름을 부활절 축제로 표현해냈다.

나는 런던에만 갇혀 살다가 처음으로 시골 초원에 산책을 나가게 된 두 살짜리 아이를 본 적이 있었다. 때는 겨울이어서 모든 것이 축축하고 진흙투성이였다. 어른들이 보기에는 기쁨이 샘솟게 할 만한 것이 아무것도 없었다. 그러나 그 아이에게는 신비한 황홀감이 솟아올랐다. 아이는 젖은 땅바닥에 꿇어 앉아 얼굴을 풀 속에 파묻고 거의 알아들을 수 없는 환호성을 터뜨렸다. 아이가 경험했던 기쁨은 소박하고 단순하지만, 강력한 것이었다. 이때 충족되었던 생명의 욕구는 매우 근원적인 것이기 때문에 이런 욕구에 굶주려 있는 사람은 절대로 정신적으로 건강해질 수 없다.

쾌락 중에는 이렇게 대지와 접촉을 할 여지가 없는 것들이 많이 있는데, 좋은 예로 도박을 들 수 있다. 이런 쾌락의 경우에는 쾌락이 끝나는 바로 그 순간 그 사람은 답답함과 불만, 그리고 무언지 알 수 없는 허기를 느끼게 된다. 이런 쾌락은 기쁨이라고 할 만한 감정을 이끌어내지 못한다. 반대로 대지의 생명과 접촉할 기회를 주는 쾌락은 깊은 충족감을 준다. 이런 쾌락의 강도는 자극적인 오락이 주는 쾌락의 강도에 비하면 훨씬 약할 수도 있지만, 이런 쾌락이 이끌어낸 행복감은 쾌락이 끝난 뒤에도 계속 남아 있다.

내가 제시한 쾌락의 구별 방법은 가장 단순한 일에서부터 가장 문명화된 일에 이르기까지 두루 적용된다. 내가 방금 이야기했던 두 살짜리 아이의 경우는 대지의 생명과 혼연일체가 될 수 있는 가장 단순한 방법을 보여주고 있다. 더 높은 수준의 방법을 찾자면 시(詩)에서도 동일한 쾌락을 찾을 수 있다. 셰익스피어의 서정시들이 최고의 찬사를 받는 것은 그 속에 두 살 먹은 아이가 풀을 가슴에 품게 만든 것과 똑같은 기쁨이 가득 넘치기 때문이다. 「들어라, 종달새의 노래를Hark, hark, the lark」이라든가 「여기 노란 모래밭으로 오라Come unto these yellow sands」와 같은 시를 생각해보라. 이 시들에서는 두 살 난 아이가 불명확한 외침으로밖에 나타낼 수 없었던 것과 똑같은 감정이 세련되게 표현되어 있는 것을 볼 수 있다.

이번에는 사랑과 단순한 성적 매력의 차이를 생각해보자. 사랑이란 경험은 가뭄 끝에 단비로 식물이 되살아나듯이 우리에게 원기를 불어넣고 우리의 존재를 새롭게 만든다. 사랑이 없는 성관계를 통해서는 결코 이런 경험을 할 수 없다. 순간적인 쾌락이 끝나면 피로감과 혐오감, 그리고 인생이 공허하다는 느낌만 남는다. 사랑은 대지의 생명의 일부이지만, 사랑이 없는 성관계는 그렇지 않다.

현대의 도시인들이 느끼는 특별한 권태는 대지의 생명으로부터 분리되어 있다는 것과 깊이 연관되어 있다. 대지의 생명으로부

터 분리되어 있는 삶은 사막을 여행할 때처럼 뜨겁고 답답하고 갈
증에 시달린다. 돈이 많아서 마음대로 생활 방식을 선택할 수 있는
사람들의 경우를 보자. 역설적으로 들릴지도 모르지만, 이들이 겪
는 권태 가운데는 권태를 두려워하는 데서 비롯된 특이한 권태가
있다. 그들은 생산적인 권태로부터 벗어나려고 하다가 훨씬 나쁜
종류의 권태에 빠지고 만다. 행복한 인생이란 대부분 조용한 인생
이다. 진정한 기쁨은 조용한 분위기 속에만 깃들기 때문이다.

5. 걱정의 심리학

사람을 상하게 하는 것은 과로가 아니라,
걱정이나 불안이다.

피로에는 여러 가지가 있는데, 그 중에는 다른 어떤 것보다 행복을 심각하게 방해하는 피로가 있다. 순전히 육체적인 피로는 지나치지만 않으면 행복을 느끼게 하는 원인이 되기 마련이며, 깊은 잠과 알맞은 식욕을 불러오고 휴일에 즐길 수 있는 즐거움에 대한 열의를 북돋아준다. 그러나 지나친 육체적 피로는 아주 심각한 불행을 가져온다. 고도로 발전한 사회를 제외하면, 농촌의 여성들은 한결같이 과도한 노동에 지쳐서 서른 살만 돼도 늙어버린다. 산업혁명 초기의 어린이들은 어린 나이에 과도한 노동 때문에 발육이 부진했고, 일찍 죽는 일이 많았다. 산업혁명이 갓 시작된 중국과 일본에서도 비슷한 상황이 벌어지고 있고, 미국 남부의 여러 주들에서도 어느 정도 이런 경향이 보인다. 일정한 한계를 넘은 육체노동은 무서운 고통이다. 인생을 견딜 수 없는 고통으로 여기게 할 정도로 육체노동이 지나치게 강요된 적도 많았다. 하지만 오늘날 대부분의 선진국에서는 산업 환경의 개선 덕분에 육체적 피로는 상당히 감소되었다.

요즘 선진국에서 가장 심각한 문제가 되고 있는 것은 정신적인 피로다. 이상한 일이지만, 정신적 피로는 부유한 계층에서 가장 두드러지며, 육체노동자들이 사업가들이나 정신노동자들보다 정신적 피로가 훨씬 덜한 경향이 있다.

현대를 살면서 정신적 피로에서 벗어난다는 것은 매우 어려운 일이다. 무엇보다도 먼저, 도시노동자들은 줄곧 소음에 시달리고 있다. 소음으로 인한 정신적 피로는 근로 시간 동안은 물론이고 출퇴근길에는 훨씬 심해진다. 의식적으로 소음을 듣지 않으려고 애쓰지만, 소음 때문에 정신적인 피로를 느끼는 것은 물론이고, 소음을 듣지 않으려고 무의식적으로 노력을 하느라 더욱 피곤해진다.

미처 의식하지 못하는 사이에 사람들을 피곤하게 만드는 또 한 가지는 늘 낯선 사람과 대면해야 한다는 사실이다. 다른 동물들도 그렇지만, 인간은 자연적 본능 때문에 낯선 상대를 만날 때마다 우호적인 태도를 취할 것인지 적대적인 태도를 취할 것인지를 결정하기 위해 상대를 탐색한다. 혼잡한 출퇴근 시간에 전철을 타고 다니는 사람들은 이러한 본능을 억제해야 하고, 본능을 억제하다보면 본의 아니게 만나게 되는 낯선 사람들 일반에 대해서 분노를 느끼게 된다. 출근 전철을 놓치지 않으려고 서두르다 보면 소화가 되지 않아 속이 더부룩하다. 결국 사무실에 도착해 하루 일과를 시작할 때가 되면 이들 사무직 노동자들은 신경이 날카로워져 사람을 성가신 존재로 여기게 된다. 사장도 같은 기분으로 출근했으니 노동자들의 기분을 풀어줄 도리가 없다. 노동자들은 해고가 두려워 공손하게 행동할 수밖에 없는데, 이렇게 부자연스럽게 행동하다 보면 정신적 긴장은 더욱 심해질 뿐이다. 만일 일주일에 한 번씩 노동자들에게 사장의 코를 잡아당긴다거나, 사장에 대해 생각하고 있는 바를 말할 수 있도록 허용한다면, 노동자들은 정신적 긴장을 완화시킬 수 있을 것이다.

　사장도 노동자들과 마찬가지로 문제를 안고 있지만, 앞서 말한 방법으로는 문제가 해결되지 않는다. 노동자들이 해고를 두려워하는 것처럼, 사장은 파산을 두려워한다. 물론 파산을 두려워할 필요가 없을 만큼 잘나가는 사람들도 있다. 하지만 그런 사람들도 대개는 그처럼 확고한 지위에 도달하기까지 몇 년 동안 격렬한 몸부림을 해왔을 것이다. 그들은 세계 각지에서 일어나는 사건들을 날카롭게 파악하는 한편, 경쟁자들의 음모도 물리쳐야 했다. 이렇게 열심히 노력한 끝에 확실한 성공에 도달하고 나면, 그들은 이미 신경쇠약 상태가 되어 있고, 늘 걱정하는 버릇이 몸에 배어 걱정할 필요가 없을 때에도 그 버릇을 떨쳐버리지 못한다.

　물론 부자 아버지 슬하에 태어나 이런 고통을 겪을 필요가 없는 사람들도 있다. 그러나 대개는 그들도 걱정거리를 만들어내게 마련이다. 그들이 만들어내는 걱정거리는 부잣집 아들로 태어나지 못한 사람들이 시달려야 하는 걱정거리에 못지않다. 내기와 도박에 빠져 아버지의 노여움을 사고, 놀이판을 벌이느라 잠을 설쳐서 몸은 쇠약해진다. 이들이 마음을 잡을 즈음이면, 행복을 누릴 능력은 사라지고 만다. 예전에 그들의 아버지들이 그랬던 것처럼.

자신이 원한 것이냐 타의에 의한 것이냐, 선택의 결과냐 필연적인 결말이냐의 차이가 있긴 하겠지만, 대부분의 현대인들은 신경을 혹사하는 생활을 하고 있으며, 계속되는 과로 때문에 술의 도움을 받지 않고서는 즐거움을 느끼지 못한다.

어리석은 생활을 하고 있는 부자들 이야기는 그만두고, 생계를 위해 고된 노동을 하면서 피로를 느끼는 일반인들 이야기로 넘어가자. 이런 피로는 대부분 걱정에서 비롯되는데, 좀 더 낙관적인 인생관을 가지고 정신적 훈련을 조금만 한다면 지나친 걱정을 예방할 수 있다. 대부분의 사람들은 자신의 생각을 통제하는 데 몹시 서투르다. 도저히 어쩔 도리가 없는데도 걱정거리에 매달려 끊임없이 고민하는 사람들이 바로 그런 사람들이다.

남자들은 사업상의 고민을 잠자리까지 끌고 들어간다. 밤은 내일의 문제에 대처하기 위해 원기를 회복해야 하는 시간이다. 그런데도 그 시간 동안 당장 아무것도 할 수 없는 문제들을 마음속에서 되새긴다. 그것도 내일을 대비한 건전한 행동 노선을 구상하는 것이 아니라, 불면증 환자의 불안한 상념에서 특징적으로 나타나는 것처럼 반쯤 제정신을 잃고 고민한다. 깊은 밤중의 광기는 아침까지 그대로 남아 판단을 흐리게 하고 기분을 상하게 하며 사사건건 격분하게 만든다.

현명한 사람은 고민을 하는 것이 효과가 있을 때에만 고민하고, 고민을 해도 효과가 없을 때에는 다른 생각을 하며, 밤에는 아무 생각도 하지 않는다. 물론 파산이 임박한 경우, 혹은 아내가 자기를 속인다고 의심할 만한 이유가 있는 경우처럼 엄청난 위기를 맞았을 때에는 지금 당장 그 문제에 대해서 아무것도 할 수 없다고 해서 아예 고민을 하지 않는다는 것은 불가능하다. 그렇게 할 수 있는 사람은 특별한 정신적 훈련을 쌓은 몇 사람에 지나지 않을 것이다.

하지만 일상생활에서 일어나는 일상적인 문제에 대한 고민은 그 문제에 맞닥뜨려야 할 때를 제외하면 털어버릴 수 있는 것이다. 한시도 쉬지 않고 지나치게 고민하는 것보다 꼭 필요할 때에 적당하게 고민하는 침착한 태도를 기르면 행복과 능률을 엄청나게 증진시킬 수 있다. 곤란하거나 심각한 결정을 내려야 할 경우에는 모든 자료를 이용할 수 있을 때 즉시 그 문제를 깊이 숙고해서 결정을 내려라. 일단 결정을 내린 다음에는 새로운 사실이 밝혀지지 않은 이상 결코 그 결정을 번복하지 마라. 망설임만큼 심신을 지치게 하면서 쓸데없는 것은 없다.

걱정하고 있는 문제가 대단치 않은 것임을 깨닫는 것만으로도 상당히 많은 걱정을 줄일 수 있다. 나는 지금까지 상당히 많은 대중연설을 해왔다. 처음에는 청중 앞에 서기만 해도 겁을 먹고 긴장해서 형편없는 연설을 했다. 연설을 하는 것이 너무 무시무시해서 나는 늘 연단으로 나가기 전에 내 다리를 부러뜨리고 싶은 심정이었다. 그리고 연설을 마치고 나면 신경을 곤두세웠던 탓에 녹초가 되곤 했다. 차츰 나는 연설을 잘하든 못하든 우주는 전혀 변함이 없으며, 연설의 성공 여부가 큰 의미를 가지는 것은 아니라는 점을 터득

해갔다. 게다가 연설을 잘하느냐 못하느냐에 신경을 덜 쓸수록 연설 솜씨가 더 나아진다는 것도 깨달았다. 이렇게 차츰 정신적 긴장이 덜해지면서 마침내는 거의 긴장을 느끼지 않게 되었다.

정신적 피로 중에는 이런 방식으로 해결할 수 있는 경우가 많다. 나의 행동은 내가 흔히 생각하는 것만큼 중요한 것은 아니며, 결국 내가 성공하느냐 실패하느냐 또한 그리 중요한 일이 아니다. 인간은 아무리 큰 슬픔도 이겨낼 수 있다. 마치 인생의 행복을 끝장나게 할 것처럼 보이던 심각한 고민도 시간이 지남에 따라 차츰 사그라져, 나중에는 그 고민이 얼마나 강렬했는지조차 거의 기억할 수 없게 된다.

자기중심적 사고에서 벗어나면 자신의 자아는 세상에서 그리 큰 부분을 차지하지 못한다는 것을 알게 된다. 자신의 생각과 희망을 자아를 넘어선 어떤 것에 집중할 수 있는 사람은 일상생활의 걱정거리 속에서도 어느 정도 평화를 얻을 수 있다. 이것은 완전히 자기중심적인 사람에게는 불가능한 일이다.

신경위생학이라고 부를 만한 분야에 대한 연구는 거의 이루어지지 않고 있다. 산업심리학은 피로에 대해 정밀한 연구를 진행해 왔으며, 상당히 오랫동안 어떤 일을 계속하다보면 피로해진다는 사실을 통계를 통해 입증하고 있다. 이런 결론은 과학적인 연구가 많이 이루어지지 않더라도 충분히 짐작할 수 있는 것이다. 학습과 관련된 아동의 피로에 관한 연구는 많이 있는 편이지만, 심리학자들이 진행해온 피로에 관한 연구는 주로 육체적인 피로와 관련된 것들이다.

그러나 이러한 학계의 연구가 건드리지 않고 있는 중요한 문제가 하나 있다. 현대 사회에서 중요한 감성적인 피로에 대한 것이다. 두뇌 활동을 많이 해서 피곤한 것은, 근육 활동을 많이 해서 피곤한 것과 마찬가지로 수면을 통해 해결할 수 있다. 치밀한 계산 작업처럼, 감성과는 전혀 관계없는 두뇌 활동을 많이 하는 사람은 잠으로 하루를 마감하면서 하루 동안 쌓인 피로를 털어낸다. 사람을 상하게 하는 것은 과로라고 하지만, 실제로 사람을 상하게 하는 것은 과로가 아니라, 특정한 종류의 걱정이나 불안이다.

감성적 피로가 가진 문제는 그것이 휴식을 방해한다는 점이다. 사람은 피곤할수록 그 피곤에서 벗어나는 것이 점점 더 어려워진다. 자신의 일이 몹시 중요하기 때문에 쉬기라도 하면 큰일이 날 거라고 생각하는 것은 신경쇠약에 가까워지고 있다는 징조다. 내가 의사라면 자신의 일이 중요하다고 생각하는 환자들에게 일에서 벗어나 휴가를 얻으라고 처방할 것이다. 일 때문에 빚어진 듯이 보이는 신경쇠약의 실제 원인은 바로 감성적인 문제에 있다.

내가 개인적으로 알고 있는 경우들은 모두 다음과 같은 공식이 적용될 수 있다. 신경쇠약을 앓고 있는 환자는 일이라는 수단을 통해서 감성적인 문제에서 벗어나려고 애쓰는 사람이다. 이런 사람은 일을 중단하는 것을 몹시 싫어한다. 만약 일을 중단하게 되면 어떤 종류의 불행을 겪고 있는 자신이 겪고 있는 불행에서 마음을 돌리게 할 수 있는 것이 사라지기 때문이다. 물론 그 문제가 파산에 대한 두려움일 수도 있다. 이 경우에 그의 일과 걱정은 직접적인 관련을 가지고 있다. 이런 경우에도 그는 걱정 때문에 쉬지도 않고 일하게 되고, 이렇게 되면 판단력이 흐려져서 오히려 일을 덜 할 때보다 더 파산을 앞당기게 된다. 언제나 문제를 일으키는 것은 일이 아니라 감정적인 병이다.

걱정의 심리학은 결코 단순하지 않다. 나는 이미 정신적 훈련, 즉 적절한 때에 문제를 생각하는 습관에 대해 말한 바 있다. 정신적 훈련이 중요한 이유는, 첫째 지나치게 많은 생각을 하지 않으면서도 그날의 일을 해낼 수 있게 한다는 점, 둘째 불면증을 고쳐준다는 점, 셋째 결정을 내리는 순간에 효율성과 분별력을 증진시켜준다는 점이다. 하지만 이러한 방법으로는 잠재의식 또는 무의식까지 건드리지는 못한다. 심각한 걱정거리를 안고 있을 때는 의식의 저 아래에 있는 잠재의식과 무의식까지 뚫고 들어가는 방법이 아니고서는 그다지 효과가 없다.

심리학자들은 무의식이 의식에 끼치는 영향에 대해 상당히 많은 연구를 해왔다. 그에 비하면 의식이 무의식에 끼치는 영향에 대한 연구는 훨씬 적은 편이다. 하지만 후자는 정신 건강의 면에서 대단히 중요하다. 이성적 확신이 무의식의 영역에서 효과를 나타내기 위해서는 후자에 대한 이해가 필수적이다.

특히 걱정과 관련된 경우에도 이 문제가 적용된다. 불행한 일이 생긴다고 해도 그렇게 심각하지는 않을 거라고 자기 자신에게 타이르기는 쉬운 일이다. 그러나 그것이 그저 의식적 확신에만 머무른다면 밤에는 아무런 도움이 되지 못하고, 악몽을 꾸는 것을 막을 수도 없을 것이다. 나는 의식적인 생각에 대해 충분한 힘과 집중력을 기울인다면 의식적인 생각이 무의식 속에 뿌리내리게 할 수 있다고 믿는다.

대부분의 무의식은 한때 매우 감정적이었던 의식적 생각들로 이루어져 있으며, 지금은 다만 숨겨져 있는 것이다. 이처럼 의식적 생각들을 무의식 속에 숨기는 과정은 충분히 계획적으로 진행시킬 수 있는 일이며, 이렇게 한다면 무의식의 도움을 받아 여러 가지 유익한 일들을 할 수 있다. 내가 알아낸 사실을 예로 들겠다. 상당히 어려운 주제에 대해 글을 써야 할 경우, 나는 최선을 다해 계획을 세운다. 나는 이 문제에 대해서 몇 시간 또는 며칠 동안 아주 집중적으로 생각한다. 있는 힘을 다해서 최대한 집중적으로 생각하는 것이다. 그렇게 하고 나서 시간이 흐르노라면 일이 보이지 않게 진행되면서 생각이 정돈된다. 내가 몇 달 후에 의식적으로 그 주제로 돌아가 보면 그 일이 이미 완료되어 있는 것을 발견하게 된다. 이 방법을 발견하기 전까지 나는 아무런 진척도 보지 못하고 있다고 걱정하며 몇 달을 보내곤 했다. 그렇게 걱정을 한다고 더 빨리 해결책을 찾는 것도 아니어서, 그 몇 달을 고스란히 허송하기 일쑤였다. 하지만 이제는 헛되이 보냈던 그 몇 달의 시간을 다른 일을 하는 데 쓸 수 있게 되었다.

걱정에 관해서도 이와 비슷한 여러 가지 대처 과정을 적용해 볼 수 있다. 어떤 불행이 닥쳐오면 진지하고 신중한 태도로 앞으로 일어날 수 있는 최악의 경우를 생각해보라. 일어날 수 있는 불행을 직시하고 나서는, 그 불행이 그렇게까지 끔찍한 것은 아니라고 생각할 만한 적절한 이유를 스스로에게 제시해보라. 그럴 만한 이유는 언제나 있기 마련이다. 아무리 최악의 상황이라고 해도 나 자신에게 우주적 중요성을 가지는 일은 일어나지 않는 법이니까. 얼마 동안 최악의 가능성을 꾸준히 응시하면서 진정한 확신을 가지고 "좋아, 그까짓 것 별 문제 아닐 거야"라고 말해보라. 그러고 나면 걱정이 엄청나게 줄어든 것을 깨닫게 될 것이다. 이러한 과정을 서너 번 되풀이해야 할지도 모른다. 하지만 결국 최악의 사태를 직시하면서도 전혀 거리낌을 느끼지 않게 되면, 당신의 걱정은 말끔히 사라지고 대신 일종의 쾌감을 느끼게 될 것이다.

이것은 두려움에서 벗어나기 위한 아주 일반적인 방법 가운데 하나다. 걱정은 두려움의 한 형태이며, 모든 두려움은 피로를 빚어낸다. 두려움에서 벗어나는 방법을 익힌 사람은 일상생활의 피로가 엄청나게 줄어든 것을 깨닫게 될 것이다. 또한 두려움은 우리가 직면하기 싫어하는 어떤 위험이 닥칠 때에도 생기는데, 이것이야말로 가장 해로운 형태의 두려움이다. 밑도 끝도 없이 두려움이 엄습할 때가 있다. 어떤 것에 대한 두려움인가는 사람에 따라 다르겠지만, 거의 모든 사람들의 마음속에는 특정한 것에 대한 두려움이 숨어 있다. 어떤 사람은 암을 두려워하고, 어떤 사람은 경제적 파멸을 두려워하고, 어떤 사람은 수치스러운 비밀의 탄로를 두려워하고, 어떤 사람은 질투어린 의심으로 괴로워하고, 어떤 사람은 밤이 되면 어릴 때 들은 지옥의 불구덩이 이야기가 사실이 아닐까 하는 생각에 두려워한다.

이런 사람들은 두려움을 극복하는 데 잘못된 방법을 사용하고 있다. 이들은 두려운 생각이 들 때마다 다른 일을 생각하려고 노력한다. 오락거리나 사업, 혹은 기타의 일로 생각을 돌린다. 모든 종류의 두려움은 그것을 직시하지 않으면 더욱 심해진다. 생각을 다른 데로 돌리려고 노력하는 것은 시선조차 마주치고 싶지 않은 어떤 무서운 것에 대한 두려움을 오히려 부추기는 꼴이 된다.

　모든 종류의 두려움을 극복하는 올바른 방법은 이성적으로 침착하게, 그러나 매우 집중적으로 그 두려움에 대해서 생각하는 것이다. 그러다 보면 그 두려움에 대해 친숙한 감정이 들게 된다. 이러한 친밀감이 생기면 마침내 두려움의 칼날은 무뎌지고, 모든 문제가 따분한 것이 되고, 두려움에서 벗어나 생각을 할 수 있게 된다. 예전에는 일부러 노력해서 두려움에서 벗어났지만, 이제는 그 문제에 대한 관심이 사라지게 되면서 자연스럽게 두려움에서 벗어나게 된다. 어떤 문제든지 자신이 떨쳐버리지 못하는 문제가 있다는 생각이 들 때, 가장 좋은 방법은 그 섬뜩한 마력이 힘을 잃게 될 때까지 보통 때보다 훨씬 강도 높게 그 문제를 생각하고 또 생각하는 것이다.

　현대의 도덕이 가장 큰 곤란을 겪고 있는 것 가운데 하나가 바로 이 두려움의 문제다. 현대의 도덕은 남자들에게 육체적 용기를 갖출 것을 요구하고, 특히 전쟁 중에는 그런 기대가 심해진다. 하지만 현대의 도덕은 남자들에게 육체적인 용기를 제외한 다른 용기를 요구하지 않으며, 여자들에게는 어떠한 용기도 요구하지 않는다. 남자들에게 사랑받기를 원한다면 용감한 여자는 자신이 용감하다는 사실을 숨겨야 한다. 육체적 위험에 처한 경우 이외의 다른 문제에 대해서 용기를 갖춘 남자 역시 좋지 않은 평가를 받는다. 예를 들어 여론에 무관심한 태도는 도전적인 태도로 평가되기 때문에,

대중은 그들의 권위를 우롱하는 이러한 용기 있는 자를 처벌하기 위해 가능한 모든 수단을 동원한다.

이런 태도는 결코 바람직하지 않다. 남자에게 있어서나 여자에게 있어서나, 모든 형태의 용기는 군인의 육체적 용기와 마찬가지로 존중받아 마땅하다. 젊은이들에게서 육체적 용기를 흔히 발견할 수 있다는 사실은 용기란 이를 요구하는 여론에 따라 생길 수 있다는 점을 입증하는 것이다. 용기가 많으면 걱정은 줄어들 것이고, 따라서 피로도 줄어들 것이다. 현대의 남성과 여성들이 겪고 있는 정신적 피로의 대부분은 의식적인 두려움 혹은 무의식적인 두려움에서 비롯하는 것이기 때문이다.

피로는 대체로 자극에 집착하는 데서 생긴다. 여가 시간을 잠자는 데 투자하는 사람은 피로를 느끼지 않을 것이다. 하지만 따분한 근무 시간을 보내고 난 사람은 자유 시간에는 즐겁게 지낼 필요가 있다고 생각한다. 문제는 쉽게 접할 수 있고 겉보기에 너무나 매혹적으로 보이는 쾌락의 대부분은 신경을 혹사시킨다는 점이다. 자극에 대한 욕구가 한계를 넘는다면 그것은 왜곡된 성격이나 본능적인 불만족의 징후다.

행복한 결혼 생활의 초기에 사람들은 자극이 필요하다는 생각을 하지 않는다. 그러나 현대 사회에서는 결혼을 상당히 오랫동안 미루어야 하는 경우가 많다. 그래서 정작 결혼을 할 수 있을 만큼의 경제력을 갖추게 되면, 자극은 이미 습관이 되어버려 잠시 동안만 그 자극에서 벗어날 수 있을 뿐이다. 만일 요즘처럼 결혼과 관련된 경제적 부담에 허덕이지 않고, 스물한 살에 결혼하는 것이 허용되는 세상이라면, 많은 사람들이 노동과 다름없이 피로를 불러일으키는 쾌락에 빠져들지는 않을 것이다.

하지만 이런 세상이 되어야 한다는 주장은 부도덕하다는 평가를 받을 것이다. 우리는 이런 실례를 린지 판사[23]의 운명에서 보았다. 그는 오랫동안 존경받는 인생을 살았지만, 손윗사람들의 완고함으로 인해 고통받는 젊은 사람들을 불행에서 구해내고자 한 그의 노력은 죄악으로 비난받아야 했다. 하지만 나는 이 장에서는 더 이상 이 문제를 다루지 않고, 9장에서 다루려고 한다.

자신의 생활을 구속하고 있는 법률이나 제도를 바꿀 도리가 없는 개인으로서는, 강압적인 도덕주의자들이 만들어내고 영구화시킨 상황에 맞선다는 것은 어려운 일이다. 인생을 충만하게 만들 수 있는 기쁨을 얻을 수 없기 때문에 현실적으로 자극의 도움 없이 삶을 견디기란 어렵다고 생각하겠지만, 자극적인 쾌락은 행복에 이르는 길이 아니라는 점을 알아둘 필요가 있다. 이러한 상황 속에서 신중한 사람이 취할 수 있는 유일한 방법은 건강을 해치거나, 일에 방해가 될 만큼 과도하고 소모적인 쾌락에 빠져들지 않도록 신중하게 행동하는 것이다.

젊은이들의 고민을 근본적으로 치료하려면 사회의 윤리관이 바뀌어야 한다. 한편 젊은이들의 입장에서는, 자신도 언젠가는 결혼을 해야 하는 입장이므로, 행복한 결혼을 불가능하게 만드는 방

---

23)   린지 판사는 벤자민 린지Benjamin B. Lindsey(1869~1943)를 가리키며 미국의 법률가로 소년법의 권위자다. 그가 주장한 우애결혼Companionate marriage은 피임과 이혼이 자유로운 시험적인 결혼형태다.

식으로 생활하는 것은 현명하지 못하다는 점을 잊지 말아야 한다. 지나치게 신경을 소모하는 쾌락에 빠져 그보다 정도가 약한 쾌락에는 만족하지 못하는 버릇이 들게 되면, 어느덧 행복한 결혼 생활은 그림의 떡이 되고 말 것이다.

신경을 혹사하여 얻게 되는 피로가 주는 위험한 해악으로 그것이 그 인간과 외부 세계 사이에 세워진 차단막 구실을 한다는 점을 꼽을 수 있다. 이런 사람은 외부 세계로부터 귀를 틀어막은 듯 둔탁하게 변한 인상만을 받게 된다. 그에게 있어 주변 사람들은 쓸데없는 장난이나 거슬리는 버릇으로 짜증을 돋우는 대상일 뿐이다. 그는 식사를 하는 즐거움이나 햇볕을 쬐는 즐거움은 느끼지 못한 채 특정 대상에만 강하게 집착하게 되고, 다른 것에 대해서는 무관심해지기 쉽다. 이런 상태가 되면 결코 휴식을 취할 수 없기 때문에, 피로가 계속 쌓이게 되고 마침내 의학적인 치료가 필요한 지경에까지 이르게 된다.

이 모든 것은 근본적으로 보면 앞 장에서 말했듯이 대지와의 접촉을 저버린 데 대한 형벌이다. 하지만 인구가 밀집된 현대의 도시에서 대지와의 접촉을 유지할 방법을 찾아내기란 결코 쉽지 않다. 어쩌다보니 앞 장에서 논의한 사회 문제의 주변부로 되돌아오게 되었는데 이 책에서는 여기에 대해서 더 이상 언급하지 않겠다.

6. 질투의 함정

어린이들은 질투를 표현하는 데 있어서 어른들보다
조금 더 개방적일 뿐이다.

걱정 다음으로 불행의 유력한 원인이 되는 것은 아마 질투일 것이다. 질투는 인간의 감정 가운데서 아주 보편적이고 뿌리 깊은 격정이다. 질투는 한 살짜리 어린아이에게서도 뚜렷하게 드러나는데, 교육자라면 누구나 이 문제를 신중하게 다루어야 할 것이다. 두 아이 중 유독 한 아이만 귀여워하는 모습을 조금이라도 보이면 다른 아이는 금세 알아차리고 화를 낸다. 어린이를 상대하는 사람은 무조건 엄격하게, 그리고 예외 없이 분배의 정의를 지켜 관심이나 사랑을 베풀어야 한다.

그러나 어린이들은 시샘이나, 시샘의 특별한 형태인 질투를 표현하는 데 있어서 어른들보다 조금 더 개방적일 뿐이다. 아이들 사이에서도 그렇지만 어른들 사이에서도 질투는 보편적인 것이다. 하녀들을 예로 들어보자. 우리 집 하녀들 중에 결혼을 한 여자 하나가 임신을 했다. 우리는 그 여자가 무거운 짐을 들게 해서는 안 된다고 말했다. 그 말이 떨어지자마자 하녀들은 어느 누구도 무거운 짐을 들려고 하지 않았다. 결국 무거운 짐을 들 필요가 있는 일은 우리가 손수 해야 했다.

질투는 민주주의의 기초다. 헤라클레이토스[24]는 "우리들 사이에 제일인자가 있어서는 안 된다"고 말했다는 이유로 에페소스의 시민들을 모두 교수형에 처해야 한다고 주장했다. 그리스 도시 국가들의 민주주의 운동은 거의 전적으로 질투라는 감정에 의해 고무된 것이 틀림없다.

현대 민주주의의 경우도 마찬가지다. 민주주의가 최고의 정치 형태라고 주장하는 이상주의적 이론에 대해서 나는 찬동하는 입장이다. 그러나 실제 정치에서는 이상주의적 이론이 거대한 변혁을 일으킬 만큼 강력한 힘을 발휘하는 분야는 존재하지 않는다. 거대한 변혁이 일어났을 때, 그 변혁을 정당화하는 이론은 사람들의 격정을 위장한다. 민주주의 이론에 추진력을 제공해온 격정이란 곧 질투라는 감정이다. 민중을 위해 헌신한 고귀한 여인으로 자주 언급되는 롤랑 부인[25]의 회고록을 읽어보라. 그 여자를 열렬한 민주주

---

24) 헤라클레이토스Herakleitos(기원전 535?~475?)는 그리스 에페소스 출신의 철학자로 만물유전설(萬物流轉說)을 주장하였다.

25) 롤랑 부인Madame Roland(1754~1793)은 프랑스의 정치가인 장 마리 롤랑Jeanne Marie Roland의 아내다. 프랑스혁명 때 남편의 정치 활동에 많은 영향을 미쳤으며 지롱드당의 중심인물이었다. 후에 감옥에 갇혀 자신의 회고록을 썼으며, 단두대에 올라가기 직전에 "오, 자유여. 그대의 이름으로 얼마나 많은 범죄가 저질러지고 있는가!"라는 유명한 말을 남겼다.

의자로 만든 것은 어떤 귀족의 대저택을 방문했다가 하인들의 방을 들여다본 경험이었다.

평범하고 점잖은 여성들 사이에서 질투는 대단히 큰 역할을 한다. 만일 당신이 지하철에 앉아 있는데 근사하게 차려입은 여성이 객차 안을 지나가고 있다면, 당장 다른 여성들의 눈을 살펴보라. 그 여성보다 더 잘 차려입은 여성이라면 예외가 될 수도 있겠지만, 거의 모든 여성들이 그 여성을 적의에 찬 시선으로 쏘아보며 그 여자의 품위를 깎아내릴 만한 구실을 찾으려고 애쓰고 있다는 것을 알아차릴 수 있을 것이다. 좋지 못한 소문을 주고받기 좋아하는 것도 이런 일반적인 적의를 드러내는 것이다. 다른 여성에 대한 좋지 못한 이야기를 들으면, 대부분의 여성들은 근거가 희박하더라도 그것을 사실이라고 믿는다.

고상한 도덕관도 다른 여성에 대한 적의를 표현하는 역할을 한다. 고상한 도덕관에 어긋나는 행동을 할 기회를 가진 여성들은 질투의 대상이 되고, 이런 죄를 처벌하는 것은 덕행으로 간주된다. 이와 같은 특별한 형태의 덕행은 즐거움을 안겨주므로 그 자체로 보상이 된다.

남성들 사이에서도 똑같은 일이 벌어진다. 한 가지 다른 점이 있다면, 여성들은 다른 여성들을 모두 경쟁자로 보는 데 비해 남성들은 대부분 동일한 직업을 가진 다른 남성들에 대해서만 이런 감정을 갖는다는 점이다. 당신은 경솔하게 한 예술가 앞에서 다른 예술가를 칭찬한 적이 있는가? 한 정치가 앞에서 같은 정당에 속한 다른 정치가를 칭찬한 적이 있는가? 어떤 이집트 학자 앞에서 다른 이집트 학자를 칭찬한 적이 있는가? 만일 그런 경우가 있다면, 틀림없이 당신의 이야기는 질투심이 폭발하게 만들었을 것이다.

라이프니츠[26]와 호이겐스[27]가 주고받은 편지들 중에는 뉴턴이 미쳤다는 있지도 않는 사실을 탄식하는 편지가 적지 않다. 그들이 서로 주고받은 편지에는 이렇게 쓰여 있다.

"뉴턴과 같은 뛰어난 천재가 이성을 잃고 정신이 흐려졌다니, 슬픈 일 아닙니까?"

이 두 명의 뛰어난 남성들은 편지를 주고받는 동안 악어의 눈물[28]을 흘리면서 재미있어 했던 것이 틀림없다. 비록 뉴턴이 몇 가지 이상한 행동을 하는 바람에 그런 소문이 떠돈 것은 사실이지만, 실제로는 이들 두 사람이 거짓으로 탄식했던 사건은 일어나지 않았다.

질투는 평범한 인간 본성이 가진 여러 가지 특징 중에서 가장 불행한 것이다. 질투가 강한 사람은 다른 사람에게 불행을 안기고 싶어하고, 또 처벌을 받지 않고 그렇게 할 수 있을 때는 반드시 행동으로 옮긴다. 그리고 질투하는 자신 역시 불행하게 된다. 그는 자신이 가지고 있는 것에서 즐거움을 얻는 대신, 다른 사람이 가지고 있는 것을 보면서 괴로워한다. 그는 가능하다면 다른 사람들에게서

---

26) 라이프니츠Gottfried Wihelm von Leibniz(1646~1716)는 독일의 철학자이자 수학자로 미적분의 창시자로 유명하다

27) 호이겐스Christiaan Huygens(1629~1695)는 네덜란드의 수학자이자 물리학자, 천문학자로 빛의 파동이론을 세웠고 동역학에 독창적인 공헌을 했다.

28) 악어의 눈물은 거짓 눈물을 의미하는데, 악어가 사람을 잡아먹으면서 눈물을 흘린다는 고대 전설에서 유래하였다. 위선자나 교활한 정치가의 거짓 눈물 등을 뜻하는 말로 쓰인다.

그들이 가진 장점, 자신이 가지고 싶었던 그들의 장점을 빼앗는다.

이런 격정이 제멋대로 날뛰도록 방치할 경우 모든 장점에 대해서, 심지어는 남다른 능력을 가장 유용하게 사용하는 것에 대해서조차 치명적인 해를 끼칠 것이다. 노동자는 걸어서 일터로 가는데, 의사는 왜 환자를 보러 갈 때 차를 타고 가는가? 다른 사람들은 험악한 비바람에 시달리고 있는데, 과학자들은 왜 따뜻한 방안에서 시간을 보내도록 놓아두는가? 세계적으로 중대한 의미가 있는 비범한 재능을 가진 사람은 왜 귀찮은 집안일을 하지 않고 지내는가? 질투하는 사람의 입장에서 보면 이러한 물음에 대한 해답은 존재하지 않는다. 그러나 다행스럽게도 인간 본성에는 질투를 상쇄할 만한 다른 격정, 즉 탄복이라는 감정이 있다. 인류 행복의 증진을 바라는 사람은 틀림없이 탄복은 증가시키고 질투는 감소시키고 싶어 할 것이다.

질투에는 어떠한 치료법이 있는가? 성자들에게는 무욕(無慾)이라는 치료법이 있다. 그러나 성자들도 다른 성자에 대한 질투심이 전혀 없을 수는 없다. 성 시메온[29]이 자기가 서 있던 기둥보다 더 좁은 기둥 위에, 자기보다 더 오랫동안 서 있었던 성자가 있다는 것을 알았다면 마음이 편할 수는 없었을 것이다. 그러나 성자들을 논외로 한다면, 평범한 남녀의 질투를 치료할 수 있는 유일한 방법은 행복뿐이다. 하지만 질투 그 자체가 행복을 가로막는 무서운 장

---

29) 성 시메온Saint Simeon Stylites(390?~459)은 시리아의 수사로 최초의 주상(柱上) 고행자였다. 30년 간 높은 돌기둥 위에서 살면서 설교를 했으며 많은 수사와 수녀들이 그의 금욕생활을 본받으려고 애썼다.

해물이라는 점이 문제를 어렵게 한다.

내가 생각하기에 질투는 어린 시절에 겪었던 여러 가지 불행에 의해 많은 영향을 받는다. 자신의 눈앞에서 형제나 누이가 더 귀여움받는 것을 목격한 어린아이는 질투하는 버릇이 몸에 배게 된다. 이런 아이가 사회로 나오게 되면 자기가 희생양이 되는 불공평한 대우에 눈을 치켜뜨게 되고, 실제로 그런 일이 생기면 당장 알아차리며, 그런 일이 일어나지 않더라도 실제로 일어난 것처럼 상상한다. 이런 사람은 반드시 불행해진다. 자신이 경멸당한다고 상상하지 않도록 친구들이 항상 조심할 수는 없는 노릇이기 때문에 친구들에게도 귀찮은 존재가 된다. 이런 사람은 처음에는 아무도 자신을 좋아하지 않는다고 생각할 뿐이지만, 결국에는 자신의 행동으로 인해 이러한 생각을 사실로 만들어버리게 된다.

자식에 대한 사랑이 상당히 부족한 부모의 슬하에서 어린 시절을 보내는 것도 같은 결과를 가져온다. 부당하게 편애를 받는 형제나 자매가 없다고 하더라도, 어린아이는 다른 가정의 아이들은 자기보다 부모에게 더 많은 사랑을 받는다고 생각하기 쉽다. 그렇게 되면 그 아이는 다른 아이들과 자신의 부모를 미워하게 되고, 어른이 되어서는 자신이 이스마엘[30]과 같은 존재라고 느낀다. 부모에게서 사랑받는 것과 같은 특별한 종류의 행복은 만인이 당연히 누려

---

30) 이스마엘은 아브라함과 하갈 사이에서 태어난 아들로, 하갈은 아브라함의 부인인 사라의 시녀였다. 사라는 하갈을 남편에게 들여보내 이스마엘을 낳게 하지만, 후에 자신이 이삭을 갖게 되자 하갈과 이스마엘 모자를 쫓아내려고 한다. 결국 두 모자는 쫓겨나 광야에서 방황하게 된다.

야 할 타고난 권리다. 따라서 이러한 권리를 빼앗긴 사람은 자연히 마음이 상하고 비뚤어지게 된다. 그러나 질투심이 많은 사람은 이렇게 항변할지도 모른다.

"질투에 대한 치료법이 행복이라는 것이 나에게 무슨 도움이 되는가? 나는 질투를 느끼는 동안에는 결코 행복하지 않은데, 당신은 내게 행복해지지 않으면 질투에서 벗어날 수 없다고만 말하고 있다."

그러나 현실적인 삶이 이처럼 논리적이지는 않다. 자신이 질투하는 이유가 무엇인가를 깨닫는 것만으로도 그것을 고칠 수 있는 방향으로 큰 진전을 하고 있는 셈이다.

매사를 비교하는 습관은 대단히 잘못된 버릇이다. 즐거운 일이 생기면 그 일을 충분히 즐겨야지, 그 일이 다른 사람에게 일어나는 일에 비하면 즐겁지 않을 것이라고 생각하면서 머뭇거려서는 안 된다. 질투심이 많은 사람은 이렇게 말한다.

"그래, 오늘은 햇볕이 좋은 봄날이야. 새들이 지저귀고 꽃이 활짝 폈어. 하지만 시실리의 봄은 천 배쯤 더 아름다울 테고, 헬리콘³¹⁾ 숲 속에서는 새들이 더 아름답게 노래할 테고, 샤론의 장미는 내 정원에 핀 장미보다 훨씬 예쁠 테지."

이런 생각을 하노라면 태양은 흐려지고, 새들의 노래는 아무런 의미도 없는 지저귐이 되고, 꽃들은 잠시 들여다볼 가치도 없는 초라한 것이 되고 만다. 이런 사람은 인생의 다른 모든 즐거움에 대해

---

31) 그리스 신화에 나오는 산으로 학문과 예술의 여신인 뮤즈들이 거처하는 곳이다.

서도 같은 방식으로 생각하고, 이렇게 중얼거릴 것이다.

"그래, 내 애인은 사랑스러워. 나는 그 여자를 사랑하고 그 여자도 나를 사랑하지. 하지만 시바의 여왕은 틀림없이 훨씬 더 우아했을 거야. 아, 내게 솔로몬이 누렸던 행운이 있다면 얼마나 좋을까!"

이러한 비교는 아무런 의미도 없는 어리석은 짓이다. 자신의 애인에게 만족하지 못하는 원인이 시바의 여왕에 있든, 이웃집 여인에 있든 아무런 차이가 없다. 시바의 여왕이나 이웃집 여인 모두 허망한 것은 마찬가지다. 현명한 사람은 누군가가 가지고 있는 어떤 것 때문에 자신의 즐거움을 망치지 않는다.

사실 질투는 도덕적으로나 지적으로나 일종의 나쁜 버릇이다. 질투는 사물을 있는 그대로 보지 않고 사물 사이의 관계를 통해 보려는 데서 생긴다. 내가 내 자신의 요구를 충분히 만족시킬 만큼의 월급을 받는다고 치자. 그렇다면 나는 만족을 느껴야 마땅하다. 그런데 결코 나보다 뛰어나지 않다고 생각하는 사람이 나보다 두 배나 많은 월급을 받는다는 사실을 알게 되었다고 하자. 질투가 많은 사람의 경우에는 그 사실을 알게 되자마자 자신이 지닌 것에 대한 만족감이 희미해지고 불공평하다는 생각이 눈앞을 가리게 된다.

이러한 모든 증상에 대한 적절한 치료법은 정신 수양을 통해 쓸데없는 생각을 하지 않도록 버릇을 들이는 것이다. 궁극적으로 보자면 행복보다 더 탐나는 것이 어디 있겠는가? 질투하는 버릇을 고칠 수 있다면, 행복을 얻을 수 있고 남들의 부러움의 대상이 될 수 있다. 나보다 두 배나 많은 월급을 받는 그 사람도 그 나름대로 다른 사람이 자신보다 두 배나 많은 월급을 받는다는 생각을 하면서 틀림없이 속을 끓일 것이다.

명예욕을 가진 사람이라면 누구나 나폴레옹을 부러워할 것이다. 그러나 나폴레옹은 카이사르를 부러워했고, 카이사르는 알렉산드로스를 부러워했으며, 알렉산드로스는 틀림없이 실재하지 않는 인물인 헤라클레스를 부러워했을 것이다. 어떤 일에 성공했다는 것만으로는 질투에서 벗어날 수 없다. 역사나 전설 속에는 늘 당신보다 더 성공한 사람이 있을 테니까 말이다. 자신에게 찾아오는 즐거움을 누리면서, 자신이 마땅히 해야 할 일을 하면서, 대부분 착각이겠지만 자신보다 훨씬 행복할 거라고 상상하는 사람들과 비교하는 버릇을 버려라. 이렇게 한다면 당신은 질투에서 벗어날 수 있다.

불필요한 겸손은 질투와 관계가 깊다. 사람들은 흔히 겸손을 미덕으로 여기지만, 극단적인 형태의 겸손이 미덕으로 칭송받을 만큼 가치가 있는 것인가에 대해서 나는 상당히 회의적이다. 겸손한 사람은 자신감이 상당히 부족하기 때문에, 자기 능력으로 충분히 할 수 있는 일인데도 불구하고, 감히 엄두를 내지 못하는 경우가 많다. 겸손한 사람은 자신이 버릇처럼 들먹이는 사람들에 비해 뒤떨어진다고 생각한다. 그렇기 때문에 이런 사람은 질투를 느끼기 쉽고, 이 질투로 인해서 불행하다는 생각과 악의를 품기 쉽다.

나는 어린아이들이 자기 자신을 훌륭한 사람이라고 여기게끔 키우는 것에 찬성하는 입장이다. 공작새들은 다른 공작새의 꼬리를 부러워하지 않는다. 공작새들은 저마다 자기 꼬리가 세상에서 가장 훌륭하다고 믿을 테니까. 그렇기 때문에 공작새는 온순하다. 만일 자화자찬은 나쁜 짓이라고 배운 공작새가 있다면 그 새의 삶은 얼마나 불행할까? 그 공작새는 다른 공작새가 꼬리를 펼치는 것을 볼 때마다 이렇게 중얼거릴 것이다.

"나는 내 꼬리가 저 새의 꼬리보다 더 훌륭하다고 생각해서는 안 된다. 그것은 자만이다. 그러나 만일 그렇다면 얼마나 좋을까? 저 밉살스러운 새는 자신이 화려하다고 확신하고 있다. 만일 저 새의 털을 몇 개 확 뽑아버린다면? 그러면 아마도 나는 저 새와 비교하는 것을 두려워하지 않게 될 거야."

어쩌면 그 공작새는 자신이 질투하는 공작새를 함정으로 몰아넣어 공작새답지 못한 행동을 한 나쁜 공작새임을 입증하고, 그 공작새를 지도자들의 회의에서 비난할지도 모른다. 이렇게 해서 그 공작새는 특별히 훌륭한 꼬리를 가진 공작새는 거의 예외 없이 사악하기 때문에, 공작새 왕국의 현명한 통치자로는 더러운 꼬리깃털 서너 개만 가진 초라한 새를 찾아야 한다는 원칙을 세울지도 모른다. 이러한 원칙이 받아들여지면, 그는 훌륭한 꼬리를 가진 새들을 모두 사형에 처할 것이다. 이렇게 해서 결국 화려한 꼬리는 그저 과거의 희미한 기억으로만 남게 될 것이다.

이것은 질투가 도덕으로 위장하여 승리를 얻는 예다. 그러나 공작새들이 저마다 자신이 어떤 공작새보다도 훌륭하다고 생각하는 곳에서는 이러한 탄압이 먹혀들어갈 리가 없다. 공작새들은 저마다 겨루기를 하면 자신이 일등상을 타리라고 기대할 것이고, 저마다 자신의 암컷을 소중히 여기기 때문에, 이미 일등상을 탔다고 여길 것이다.

당연한 이야기지만 질투는 경쟁과 밀접한 관계가 있다. 우리는 결코 손에 넣을 수 없는 것으로 여기는 행운에 대해서는 질투하지 않는다. 사회적 신분제도가 확고하게 지켜지고 있는 시대를 생각해 보자. 부자와 가난한 자의 구별은 신이 정해준 운명이라고 생각하고 있는 동안에는 결코 신분이 낮은 계급이 신분이 높은 계급을 질투하지 않는다. 거지들은 자신보다 형편이 나은 다른 거지들을 질투하기는 해도 백만장자를 질투하지는 않는다.

현대에는 사회적 지위의 불안정성과 민주주의 및 사회주의가 주창하고 있는 평등주의 이론이 질투의 대상이 되는 영역을 크게 넓혀놓았다. 질투의 영역을 넓혀놓은 것은 지금 현재로서는 폐단이다. 하지만 이것은 보다 공정한 사회 제도에 도달하기 위해서 반드시 참고 견뎌야 하는 폐단이다. 이성적으로 따져볼 때 특별 대우를 해주는 누군가에게 그럴 만한 어떤 뛰어난 공로가 있지 않는 한 불평등은 부당하게 보인다. 그리고 그 불평등이 부당하다는 생각이 드는 순간 부당함을 없애는 것 말고는 불평등으로 인한 질투를 치료할 방법이 없게 된다.

그러므로 현대는 특별히 질투가 만연해 있는 시대다. 가난한 사람은 부자를, 가난한 나라는 부유한 나라를, 여자는 남자를, 정숙한 여자는 정숙하지 않으면서도 처벌받지 않는 여자를 질투한다. 질투가 다른 계급과 민족, 다른 성(性) 간의 정의를 이룩하는 주요한 원동력인 것은 사실이다. 하지만 질투의 결과로 빚어진 정의는 자칫하면 최악의 것, 즉 불행한 사람들의 즐거움을 증가시키기보다 오히려 행복한 사람들의 즐거움을 감소시키는 결과를 낳는 정의가 되기 쉽다.

개인 생활을 파괴하는 격정은 사회생활 역시 파괴하게 마련이다. 질투처럼 나쁜 것으로부터 좋은 결과가 나오리라고 기대할 수는 없는 노릇이다. 그러므로 이상주의적 입장에서 현대 사회제도의 근본적인 변화와 사회 정의의 증대를 바라는 사람들은 질투가 아닌 다른 힘이 변화를 일으키는 데 도움이 되기를 바라야 한다.

나쁜 일은 저마다 서로 관련되어 있고, 한 가지 나쁜 일은 다른 나쁜 일을 불러오는 원인이 되기 쉽다. 특히 피로가 질투의 원인이 되는 경우가 많다. 자신이 맡고 있는 일이 부당하다고 생각하는 사람은 모든 일에 대해서 불만을 느끼는데, 이런 불만은 힘이 덜 드는 일을 하는 사람들을 질투하는 방식으로 표출되기 쉽다. 그러므로 질투를 줄이는 방법 중의 하나는 피로를 줄이는 것이다.

그러나 무엇보다 중요한 것은 본능을 만족시키는 생활을 확립하는 것이다. 순전히 직업적인 문제처럼 보이는 질투도 실제로는 성(性)적인 원인을 가지고 있는 경우가 많다. 결혼 생활과 자녀에 대해 만족을 느끼면서 자신이 옳다고 생각하는 방법으로 자녀를 기를 만한 경제적 능력을 가지고 있는 사람은, 자신보다 재산이 많다거나 더 성공을 했다고 해서 남들을 질투하지는 않을 것이다.

행복의 필수조건은 단순하다. 너무나 단순해서 약삭빠른 사람들조차도 자신에게 부족한 게 뭔지 모를 정도다. 앞에서 이야기했듯이 화려하게 차려입은 여자들을 볼 때마다 질투의 눈빛으로 바라보는 여자들은 사실 본능적 생활에 있어서 불행한 사람들이다. 본능적인 행복이란 영어를 사용하는 국가들, 특히 여성들 사이에서는 보기 드물다. 이러한 관점에서 볼 때 문명은 잘못된 방향으로 엇나

101

가고 있는 것 같다. 질투를 줄이기 위해서는 이러한 사태를 개선하기 위한 방법을 찾아내야 한다. 그런 방법을 찾아내지 못하면, 우리의 문명은 물불을 가리지 않는 증오심 속에서 파멸의 길로 접어드는 위험에 놓이게 될 것이다.

옛날 사람들의 질투의 대상은 이웃 사람들뿐이었다. 이웃 사람들 말고 다른 사람들에 대해서는 아는 것이 거의 없었기 때문이다. 그러나 요즘 사람들은 교육과 언론을 통해 실제로 아는 사람은 하나도 없지만, 추상적으로나마 여러 계층의 사람들에 대해서 많은 것을 알고 있다. 영화를 통해서 부자들이 어떻게 살고 있는가를 알고 있고, 신문을 통해서 다른 국가들의 사악함에 대해서 자세하게 알고 있으며, 선전 활동을 통해서 자신과 다른 색깔의 피부를 가진 사람들이 자행하는 악랄한 행동에 대해서도 잘 알고 있다. 황인종은 백인종을 미워하고, 백인종은 흑인종을 미워한다.

이러한 증오는 모두 선전 활동이 부추기는 것이라고 말하는 사람들도 있지만, 이것은 피상적인 설명에 불과하다. 왜 선전 활동은 우애를 선동하려고 할 때보다 증오를 선동할 때 훨씬 더 성공적인가? 그 분명한 이유는 현대 문명이 만들어낸 인간의 심리가 우애보다는 증오 쪽으로 더 쉽게 기울어진다는 데에 있다. 현대인의 심리는 불만에 가득 차 있고, 이미 삶의 의의를 상실했다. 자신은 자연이 인간에게 선사하는 여러 가지 혜택을 누리지 못하는데 다른 사람들은 누리고 있을 것이라는 생각이 무의식 속에서 깊이 작용하고 있기 때문에 현대인의 심리는 증오로 더 쉽게 기울어진다.

현대인이 누리는 즐거움의 총량은 원시 사회에 비하면 엄청나게 커졌다. 그러나 동시에 어떤 즐거움을 반드시 누려야 한다는 의식 또한 훨씬 증대되었다. 자녀들을 동물원에 데리고 갈 때마다 잘 관찰해보라. 체조 묘기도 부리지 않고, 나무 열매도 깨뜨리지 않는 원숭이들의 눈에서 이상하게 부자연스러운 슬픔을 볼 수 있을 것이다. 그 원숭이들은 인간이 되고 싶은데 그 방법을 발견할 수 없어서 그러는 것이라고 상상할 수도 있다. 진화 도상에서 원숭이는 길을 잃었고 원숭이의 사촌 격인 인간은 진화를 계속해 결국 원숭이만 뒤에 처지게 된 것이다.

원숭이들이 느꼈을 것 같은, 긴장과 슬픔이 깃든 무언가가 문명인의 영혼에 스며 있는 것 같다. 문명인은 자기의 손이 미치는 곳에 자신보다 훌륭한 것이 있음을 알고 있지만, 그것을 어디서, 어떻게 찾아야 하는지는 전혀 알지 못하고 있다. 절망에 빠진 그는 자신의 동료인 인간에 대해 분노한다. 그의 동료도 길을 잃고 불행해하는 것은 마찬가지인데 말이다. 우리는 진화의 특정한 단계에 도달했지만, 이 단계는 최종 단계가 아니다. 우리는 이 단계를 빨리 넘어서야 한다. 그렇지 않으면 우리들 대부분은 중도에서 멸망하고 말 것이며, 살아남은 나머지 사람들도 의혹과 두려움의 숲에서 길을 잃게 될 것이다.

이렇듯 질투는 나쁜 것이며, 그 결과는 무서운 것이다. 하지만 질투가 악의 화신인 것만은 아니다. 질투는 깜깜한 밤길을 걸어가고 있는 사람들이 겪고 있는 영웅적 고통의 표현이다. 그 길은 어쩌면 더 나은 보금자리에 이르는 길이 될 수도 있고, 죽음과 멸망에 이르는 길이 될 수도 있다. 이러한 절망에서 벗어나 올바른 길을 찾아내기 위해서, 문명인은 지성을 확대했던 것처럼 감정 또한 확대해야 한다. 문명인은 자기를 뛰어넘는 법을 배워야 하고, 그렇게 함으로써 우주를 자유롭게 이용할 수 있는 특권을 손에 넣는 법을 배워야 한다.

7. 불합리한 죄의식

우리의 주님도 사도들과 포도주를 마시지 않았던가!
그런 술을 죄악시하다니.

　죄의식에 관해서는 이미 1장에서 언급할 기회가 있었다. 죄의식은 성인들의 삶을 불행하게 만드는 근본적인 심리 원인 가운데 하나이므로. 이 장에서 좀 더 깊이 살펴보겠다.

　현대의 심리학자들은 인정하지 않겠지만 전통적인 의미의 종교적 죄의식이라는 것이 있다. 특히 신교도들의 견해에 따르면 양심이란 죄받을 일을 저지르고 싶은 충동을 느끼는 사람들에게 나타나며, 그런 행동을 저지른 뒤에는 후회 혹은 회개의 두 가지 고통스러운 감정이 뒤따르는데, 후회는 아무런 가치도 없는 것이지만 회개는 죄를 씻어 없앨 수 있다는 생각이다. 신교도 국가에서는 종교적 확신을 잃은 사람들도 죄악에 대한 전통적인 관념을 버리지 못하고, 그것을 확대 또는 축소하여 오랫동안 지니고 있었다.

오늘날 이러한 사정은 정반대가 되었다. 전통적인 신앙을 갖고 있지 않은 사람들은 물론이고, 전통적인 신앙을 가지고 있다고 자처하는 수많은 사람들도 죄악에 관한 낡은 이론을 거부한다. 이렇게 된 데는 정신분석학의 영향도 크다. 예전에 양심은 신비로운 것, 즉 신의 목소리로 여겨졌다. 하지만 요즘 사람들은 더 이상 양심을 신비로운 것으로 여기지 않는다. 우리는 세계의 어느 곳에 있느냐에 따라 양심이 각기 다른 행동 방식을 요구한다는 것을 알고 있다. 일반적으로 말하자면 양심은 어디를 가든 그 종족의 관습과 일치한다. 그렇다면 양심의 가책을 받을 때 우리에게는 과연 어떤 일이 일어나는 걸까?

'양심'이라는 말은 여러 가지 다른 감정들과 관련되어 있다. 그중에서 가장 단순한 감정은 발각되지 않을까 하는 두려움이다. 이 글을 읽는 당신은 완벽한 삶을 살아온 덕분에 그런 두려움을 느껴보지 못했을지도 모르겠다. 하지만 만약 발각되면 처벌을 받게 되는 행동을 한 경험이 있는 사람들에게 물어보면, 그들은 곧 발각될 것 같은 순간이 닥쳐서야 죄를 뉘우치게 되더라고 말할 것이다. 물론 전문적인 도둑들은 감옥살이를 각오하고 다니기 때문에 발각되는 것을 겁내지 않을 수도 있다. 하지만 다급한 나머지 공금을 횡령한 은행 지점장이라든가, 격정에 못 이겨 세속적인 부정을 저지른 목사라든가 하는 점잖은 죄인들은 으레 발각될지도 모른다는 두려움에 떨게 마련이다. 이들은 발각될 가능성이 거의 없을 때에는 자신이 저지른 죄를 잊을 수도 있지만, 자신의 죄가 밝혀지거나 밝혀질 위험이 커지면 청렴하게 행동할 걸 그랬다며 후회하고, 그제서야 자신이 얼마나 나쁜 죄를 저질렀는지 생생히 자각하게 된다.

발각되지 않을까 하는 두려움은 집단에서 추방당하지 않을까 하는 두려움과 밀접히 관련되어 있다. 카드놀이에서 부정한 짓을 하거나, 신용이 깎일 정도로 빚을 지고도 갚지 않았다는 사실을 들킨 사람은 주위 사람들의 비난에 맞설 면목이 없다. 하지만 종교개혁가나 무정부주의자, 혁명가는 다르다. 이들은 오늘 자신의 운명이야 어떻게 되든지 간에 결국 역사는 자신의 편이 될 것이며, 지금 자신이 비난을 받는 만큼 미래에는 존경을 받게 될 것이라고 생각한다. 이들은 세상 사람들의 비난에 시달리면서도 죄의식을 느끼지 않는다. 하지만 그 사회의 도덕관을 인정하면서도 그것에 어긋나는 행동을 하는 사람은 사회적 위신을 잃는 것을 커다란 불행으로 여긴다. 이런 사람들은 불행이 닥칠지 모른다는 두려움 때문에, 혹은 그 불행이 현실이 되었을 때 겪는 고통 때문에, 아주 쉽게 자신의 행동을 죄악으로 여기게 된다.

그러나 가장 중요한 것은 더 깊은 곳에 자리잡은 죄의식이다. 이런 죄의식은 무의식 속에 뿌리를 내리고 있으며, 다른 사람들의 비난을 두려워하는 의식으로 나타나지도 않는다. 의식 속에서는 아무리 생각해보아도 뚜렷한 이유가 없는데, 죄라고 단정하게 되는 행동들이 있다. 이런 행동을 하는 사람은 까닭 모를 불안감에 시달린다. 그는 자신이 죄라고 단정하고 있는 행동을 삼갈 능력을 가진 사람을 부러워하고, 마음이 깨끗하다고 믿는 사람들만을 도덕적으로 존경한다. 그는 자신이 성자와 같은 생활을 하지 못한다는 것을 인정하고 낙담한다. 하지만 그가 생각하는 성자의 생활은 평범한 사람이라면 거의 실행에 옮길 수 없는 것이다. 결국 이런 사람은 성자의 삶은 자신의 몫이 아니며, 눈물을 흘리며 참회하는 순간이 가장 고결하다고 생각하면서 평생 동안 죄의식을 느끼며 살아간다.

이와 같은 죄의식은 대부분 여섯 살이 되기 전에 어머니나 유모에게 받은 도덕 교육에서 비롯된다. 이 사람은 채 여섯 살도 되기 전에 욕을 하는 것은 못된 짓이며, 가장 고상한 말만 써야 하고, 술은 나쁜 사람들만 먹는 것이고, 담배는 최고의 미덕과는 어울리지 않으며, 거짓말을 해서는 안 된다고 배웠다. 그 중에 으뜸가는 가르침은 성에 대한 관심은 더럽다는 것이었다. 그는 이런 가르침이 어머니의 생각이며, 하나님의 생각이라고 믿었다.

그의 삶에 있어서 가장 큰 즐거움은 어머니의 애정 어린 손길을 받거나, 만약 어머니가 무관심한 사람인 경우에는 유모의 애정 어린 보살핌을 받는 것이었다. 그는 도덕적 원칙에 어긋나는 죄를 짓지 않았을 때에만 그런 애정 어린 보살핌을 받을 수 있었다. 따라서 그는 어머니나 유모가 마땅찮아 하는 행위들에 대해서 막연한 두려움을 느끼게 되었다. 나이가 들어가면서 그는 자신이 품고 있는 도덕적 규칙들이 어디에서 온 것인지, 그것을 거역했을 경우 치러야 하는 대가가 어떤 것인지를 차츰 잊어갔다. 그럼에도 불구하고 그의 마음속에는 그 도덕적 원칙은 물론이고, 그것을 어겼다가는 큰일이 날 거라는 생각이 지워지지 않고 남아 있었다.

이렇듯 유아기에 배운 도덕적 가르침 중에는 합리적인 근거가 없으며, 평범한 사람들의 일상적 행위에는 적용할 수 없는 것들이 많다. 합리적인 관점에서 보면, '나쁜 말'을 사용하는 사람이라고 해서 그렇지 않은 사람에 비해서 도덕적으로 타락한 것은 아니다. 대부분의 사람들은 욕설을 하지 않는 것이 성자의 가장 중요한 특징이라고 생각하고 있는데, 합리적인 관점에서 보면 이것 역시 대단히 어리석은 생각이다. 술이나 담배도 마찬가지다. 남부 유럽의 사람들은 술을 나쁜 것으로 여기지 않는다. 사실 우리의 주님도 사도들과 포도주를 마시지 않았던가! 그런 술을 죄악시하다니, 이거야말로 불경스러운 생각이다.

담배를 좋지 않게 평가하는 것은 훨씬 쉬울 것이다. 위대한 성자들은 담배가 널리 알려지기 전에 살았지만, 그것이 담배가 나쁘다는 합리적인 근거가 될 수는 없다. 성자는 담배를 피우지 않는다는 생각을 분석해보면, 성자는 단순히 쾌락만을 목적으로 하는 일은 하지 않는다는 생각에 그 근거를 두고 있다. 이런 금욕주의적 요소는 일상적인 도덕에서 거의 무의식적인 것이 되었지만, 그것이 발현되는 여러 가지 상황들을 살펴보면 우리의 무의식 속에 박힌 도덕적 원칙이 얼마나 비합리적인가를 확실히 알 수 있다.

합리적인 도덕 원칙의 관점에서 보자면, 다른 사람이나 자기 자신에게 즐거움을 주는 행동은 칭찬받아야 할 일이다. 물론 이런 논리가 성립되려면, 그런 행동은 결코 자신이나 다른 사람에게 고통을 주지 않는 행동이어야 한다는 전제가 충족되어야 한다. 금욕주의를 제쳐두고 이야기한다면, 이상적인 도덕군자란 즐거움의 효과를 능가할 만한 나쁜 결과가 생기지 않는 한도 내에서, 모든 즐거움을 누릴 줄 아는 사람이다.

거짓말에 대해서 살펴보자. 나는 세상에는 지나치게 많은 거짓

말들이 판을 치고 있고, 따라서 세상의 진실성을 확대하기 위해서는 더 정직해져야 한다는 것을 부인하지는 않는다. 하지만 나는 경우에 따라서는 거짓말이 용납될 수도 있다고 생각한다. 합리적인 사람이라면 누구나 내 의견에 동의할 것이다. 언젠가 나는 시골길을 걷다가 여우 한 마리를 보았는데, 그 여우는 옴짝달싹할 수 없을 만큼 지친 몸을 이끌고 힘겹게 달려가고 있었다. 몇 분 후에 나는 사냥꾼들을 만났다. 그들이 내게 여우를 보았느냐고 묻기에 그렇다고 대답했더니, 그들은 여우가 어디로 가더냐고 다시 물었다. 그때 나는 거짓말을 했다. 하지만 나는 그때 거짓말을 한 것이 나쁜 짓이었다고는 결코 생각하지 않는다.

어릴 때의 도덕적 가르침 가운데 가장 나쁜 영향을 끼치는 것은 성과 관련된 가르침이다. 엄격한 부모나 유모에게서 인습적인 교육을 받으면서 자란 아이는, 여섯 살 쯤 되면 생식기를 죄악과 동일시하는 생각이 확고해져서 평생토록 거기에서 벗어나지 못하는 경우가 많다. 이러한 생각은 오이디푸스 콤플렉스에 의해 더욱 견고해진다. 그가 어릴 적에 가장 사랑했던 여자는 성적으로 자유로운 관계를 가질 수 없는 사람이었다. 그 결과 성인 남성 중에는 여성이 성에 눈을 뜨면 타락했다고 생각하고, 성관계를 혐오하지 않는 아내에 대해서는 존경심을 느끼지 못하는 경우가 많다. 성적으로 냉담한 아내를 둔 남자는 본능적으로 다른 곳에서 성적인 만족을 추구하지만, 죄의식 때문에 본능적인 욕구는 결코 충족되지 못한다. 결국 이런 사람은 아내와의 관계에서도, 다른 여자와의 관계에서도 행복을 느낄 수 없게 된다.

지나친 '순결' 교육을 받은 여성도 마찬가지 일을 겪게 된다. 이런 여성은 남편과의 성관계에서 본능적으로 위축되고, 쾌락을 느끼는 것을 두려워한다. 50년 전과 비교해본다면 요즘에는 이런 경향이 상당히 줄어들었다. 요즘 교육받은 계층의 경우에는, 죄의식으로 인해 왜곡되고 문란해진 남성들의 성생활이 여성들의 성생활보다 훨씬 심각한 문제를 안고 있다.

전통적인 성교육은 아이들에게 해롭다는 인식이 널리 퍼져가고 있다. 물론 공공기관들은 이런 사실을 인정하지 않는 경우가 많지만 말이다. 성교육의 올바른 원칙은 간단하다. 사춘기가 되기 전에는 어떠한 성도덕도 가르치지 말고, 자연스러운 신체 기능에 대해 혐오감을 주입하지 말아야 한다. 성교육이 필요한 시기가 되면 합리적인 교육을 하고, 관련된 논점에 대해서 타당한 근거를 제시할 수 있어야 한다. 나는 여기서 교육 문제에 관해서 논할 생각은 없다. 내가 이야기하려는 것은 현명하지 못한 교육이 불합리한 죄의식을 빚어내는 폐단을 극복하기 위해서 어른들이 취해야 할 태도에 관한 것이다.

여기서 우리는 앞 장에서 마주쳤던 것과 똑같은 문제에 부딪히게 된다. 다시 말하자면 무의식이 의식적인 사고를 지배하는 합리적인 신념들에 대해서 억지로라도 주목하도록 만드는 것이다. 어떤 때에는 이것이 옳다고 믿다가, 또 다른 때에는 저것이 옳다고 믿는 식으로 기분에 따라 다른 태도를 보여서는 안 된다. 죄의식은 피곤하거나, 아프거나, 술에 취했거나, 그 밖의 여러 가지 원인에서 의식적인 의지가 약화되는 순간에 가장 활발하게 움직인다. (음주에서 비롯된 것이 아닌 경우) 이런 순간에 사람들은 그런 감정이 고귀한 자아로부터 오는 계시라고 여기게 된다.

"악마는 병들었고, 이제 병든 악마는 성자가 되리라."

그러나 약해지는 순간에야말로 우리가 건강할 때보다 훨씬 강력한 통찰력을 발휘할 수 있을 것이라고 생각한다면 그것은 어리석은 생각이다. 약해진 순간에는 유아기의 암시에 저항하는 것이 매우 어렵다. 그렇지만 이런 유아기의 암시가 여러 가지 능력을 충분히 갖춘 성인의 확고한 신념보다 나은 것이라고 생각할 만한 근거는 없다. 오히려 우리는 어떤 상황에 처하더라도, 원기를 잃지 않은 순간에 건전한 이성이 판단을 내린 신중한 확신을 규범으로 삼아야한다.

올바른 방법을 사용한다면, 무의식에 잠재해 있는 유아적 암시를 물리칠 수 있고 심지어는 무의식의 내용을 바꿀 수도 있다. 만일이성에 비추어 나쁘지 않다고 생각하는 행동에 대해서 양심의 가책을 느낀다면, 그 죄책감의 원인을 파헤치고 낱낱이 따져서, 그 죄의식이 아무런 근거가 없는 것임을 확실히 믿어야 한다. 어렸을 때 어머니나 유모에 의해 각인된 인상들을 물리칠 수 있을 만큼 무의식을 강하게 압박하기 위해서는, 의식적인 확신을 강력하고 생생하게유지해야 한다. 어떤 때는 합리적으로 생각하다가, 또 어떤 때는 비합리적으로 생각하는 태도에 안주해서는 안 된다. 비합리적인 생각을 허용하지 않겠다는 확고한 결심을 가지고 그것을 깊이 있게 관찰하고, 그것이 자신을 지배하지 못하게 해야 한다. 비합리적인 생각이 의식 속으로 어리석은 생각이나 감정을 밀어넣으려고 하면,

그 어리석은 생각이나 감정을 뿌리째 뽑아내어 낱낱이 파헤친 다음에 내던져버려야 한다.

이성과 유아기의 우둔함 사이에서 우물쭈물 방황하는 인간이 되어서는 안 된다. 자신의 어린 시절을 지배했던 사람들이 안겨준 기억에 대해서 불손하게 구는 것을 겁내서는 안 된다. 그때는 당신이 약하고 무지했기 때문에, 그들이 힘이 세고 현명하다고 여겼던 것이다. 이제 당신은 약하지도 않고 무지하지도 않다. 지금 당신이 할 일은 그들이 가진 외견상의 힘과 지혜를 신중히 검토해서, 당신이 그들에 대해서 습관적으로 표하고 있는 존경심이 과연 그들에게 어울리는가를 생각해보는 일이다.

어린아이들에게 인습적인 도덕을 가르친다고 해서 세상이 더 살기 좋아지는가? 흔히들 말하는 도덕군자의 모습 속에는 얼마나 많은 미신이 투사되어 있는가? 우리 사회가 어리석은 금지사항들을 동원해서 온갖 가상의 도덕적 위험들로부터 아이들을 보호하려고 애쓰면서도, 성인들에게 노출되어 있는 실재하는 도덕적 위험들은 전혀 거론하지 않고 있는 현실을 생각해보라. 무엇이 평범한 사람들을 유혹하는 진짜 해로운 행위들인가? 법의 제재에서 벗어난 사업상의 악랄한 관습, 피고용인에 대한 가혹한 대우, 아내와 자녀들에 대한 잔혹한 행동, 경쟁자에 대한 악의적인 행동, 정치권력을 둘러싼 잔인한 싸움, 이런 것들이야말로 점잖은 사람들이 흔히 저지르고 있는 참으로 해로운 죄악이다.

이러한 죄악을 저지르는 인간은 자신과 직접적인 관련을 가진 사람들에게 불행을 안기며, 문명 파괴에서 한몫을 담당한다. 하지만 이런 행동은 이 사람이 병들었을 때 하나님의 은총을 받을 자격을 잃고 버림받은 신세가 되었다고 여기게 할 정도의 죄의식으로 작용하지 않는다. 또한 이런 행동은 꾸짖는 듯한 눈초리로 굽어보는 어머니의 영상을 만나는 꿈을 꿀 정도의 죄의식으로 작용하지도 않는다.

이 사람이 잠재의식 속에 이성과 분리된 도덕성을 가지고 있는 이유는 뭘까? 그 이유는 어린 시절 그를 기른 사람들이 믿었던 도덕적 원칙이 어리석었기 때문이다. 그것은 사회에 대한 개인의 의무를 연구한 끝에 나온 것이 아니라, 비합리적인 금기사항들이 남겨놓은 낡은 찌꺼기들이었다. 그것은 멸망해가는 로마 제국을 괴롭힌 정신적 질병으로부터 유래한 병적 요소를 포함하고 있었다. 우리의 유명무실한 도덕적 원칙은 성직자들, 그리고 정신적으로 노예나 다름없는 여성들에 의해 형성되어 온 것이다. 이제 세상의 평범한 생활에서, 평범한 역할을 담당하는 남성들이 이 역겹고 터무니없는 도덕적 원칙에 저항해야 할 때가 되었다.

그러나 개인이 이런 저항을 통해서 두 가지 기준 사이에서 동요하지 않고 한 가지 기준에 의지해서 일관된 삶을 살고 행복을 누릴 수 있으려면, 우선 자신의 이성이 말하는 내용에 대해 깊이 느끼고 생각해야 한다. 대부분의 사람들은 어린 시절의 미신들을 표면적으로 벗어던지고 나서 이제 할 일을 다했다고 생각할 뿐, 이런 미신들이 의식의 밑바닥에 여전히 숨어 있다는 것을 깨닫지 못한다. 합리적인 확신에 도달했으면 그것을 곰곰이 생각하고 그 확신의 결과물을 철저히 추구하여, 자기에게 새로운 확신과 일치하지 않는 낡은 확신이 남아 있지 않은지 탐색해볼 필요가 있다.

때때로 죄의식이 심해질 때가 있는데, 그럴 때는 그것을 신의 계시나 더 고귀한 행동을 하라는 요구로 받아들일 것이 아니라, 질병이자 약점이라고 생각해야 한다. 물론 여기서 말하는 죄의식은 합리적인 도덕 원칙에 비추어볼 때 비난받을 만한 행위를 했기 때문에 생기는 죄의식과는 전혀 다른 것이다. 내가 주장하는 바는 도덕 원칙을 지니지 말라는 것이 아니라 미신적인 도덕 원칙을 지니지 말라는 것이다. 이 두 가지는 전혀 다른 것이므로 혼동하지 않기 바란다.

설사 합리적인 도덕 원칙에 어긋나는 일을 한 사람이라고 해도, 죄의식을 느끼는 것은 삶의 방식을 개선한다는 목적에 비추어볼 때 결코 좋은 방법이 아니다. 죄의식 안에는 절망감과 자존심을 갉아먹는 감정이 존재한다. 자존심을 잃는 것은 좋지 않은 일이다. 합리적인 사람은 자신이나 다른 사람이 좋지 못한 행동을 한 것은 상황 때문이라고 생각하고, 그런 행동이 좋지 않다는 것을 확실히 깨닫거나, 그런 행동을 하게 될 만한 상황을 되도록 피해가는 데 해결책이 있다고 생각한다.

죄의식은 바람직한 생활의 원동력이 되지 못한다. 실제로 죄의식을 느끼는 사람은 불행하다. 이런 사람은 죄의식 때문에 괴로워하고 자신을 열등한 존재로 여긴다. 또한 자신의 불행 때문에 다른 사람들에게 무리한 요구를 하기 쉽고, 그렇기 때문에 대인관계에서 기쁨을 얻기 어렵다. 열등감을 느끼는 사람은 자신보다 우월해 보이는 사람들에게 원한을 품으며, 남을 칭찬하기는 망설이면서 쉽게 남을 시샘한다. 이런 사람은 다른 사람에게 불쾌감을 주기 때문에 갈수록 외톨이가 된다.

다른 사람을 열린 마음으로 대하는 관대한 태도를 가진 사람은 다른 사람들을 행복하게 하고, 자신도 남들에게서 호감을 얻기 때문에 무한한 행복을 누린다. 그러나 죄의식에 사로잡힌 사람은 마음이 불안하고 자신감이 부족하기 때문에 이런 태도를 갖지 못한다. 이른바 정신적 통합이 이루어진 사람만이 이런 태도를 가질 수 있다. 정신적인 통합이란 의식, 잠재의식, 부의식 등 인간 의식의 다양한 층들이 갈등하지 않고, 조화를 이루어 끊임없이 활동하는 상태를 가리킨다.

대부분의 경우에는 현명한 교육을 통해서 이런 조화를 만들어낼 수 있다. 하지만 현명하지 못한 교육을 받아온 사람이 이런 조화를 이루려면 훨씬 어려운 과정이 요구된다. 이것이 바로 정신분석학자가 개입하는 과정이다. 하지만 나는 극단적인 경우에만 전문가의 도움이 필요하고, 대부분의 경우에는 혼자서 이런 과정을 진행할 수 있다고 생각한다.

"나는 그런 마음고생에 허비할 시간이 없다. 나는 할 일이 산더미같이 많고 바쁜 사람이다. 나는 내 무의식이 제멋대로 하도록 내버려둘 수밖에 없다." 이런 말은 하지 마라. 분열된 인격이야말로 행복을 갉아먹고 효율성을 깎아먹는 가장 주된 요인이다. 인격의 여러 부분들 간에 조화를 이끌어내기 위해서 들이는 시간은 쓸모 있는 시간이다. 그렇다고 자기 성찰을 위해서 하루에 한 시간씩 시간을 내라는 이야기는 아니다. 그것은 내가 생각하는 최선의 방법이 아니다. 조화를 이룬 인격은 바깥을 향하는데, 자기 성찰의 시간은 고쳐야 할 질병인 자아몰입의 기회를 늘리기 때문이다.

내가 제안하는 방법은 자신이 이성적으로 판단한 것에 대해서 확고한 결심을 세움으로써 근거 없는 비합리적인 생각이 아무런 거리낌 없이 출몰하지 못하도록 하는 것, 그리고 그런 생각에 단 한 순간도 마음을 빼앗기지 않는 것이다. 그러기 위해서는 어린아이로 돌아가고 싶다는 유혹을 느끼는 순간에 자신을 합리적으로 설득할 수 있어야 하는데, 단호한 설득이라면 그리 어렵지 않게 성공할 것이다. 따라서 조화로운 인격을 만들려면, 시간이 필요하다는 생각은 전혀 할 필요가 없다.

합리성을 혐오하는 사람들이 많다. 이런 사람들에게는 내가 이제껏 해온 이야기가 아무런 설득력도 없는 시시한 이야기로 들릴 것이다. 개중에는 합리성이 제멋대로 활개를 치도록 내버려두면, 마음속 깊은 곳에 깃든 감정들은 모조리 메말라버린다고 주장하는 사람도 있다. 내가 보기에 이런 생각은 이성이 인간 생활에서 담당하고 있는 기능에 대한 그릇된 견해에서 비롯된 것이다.

감정을 싹트게 하는 것은 이성의 기능이 아니다. 물론 이성의 기능 중에는 행복으로 이어지는 길을 가로막는 감정들이 출현하지 못하게 하는 기능도 있다. 미움과 질투의 감정을 최소화하는 방법을 찾는 것은 분명히 합리적인 심리학의 기능에 속한다. 하지만 이성이 이런 감정들을 최소화하는 과정에서, 이성이 규탄하는 대상이 아닌 감정들이 가진 힘까지 함께 약화시킬 것이라고 생각하는 것은 옳지 않다. 정열적인 사랑이나 자식에 대한 사랑, 우정, 자비심, 과학이나 예술에 대한 열정 속에는 이성이 약화시킬 만한 대상은 아무것도 없다. 합리적인 사람이라면 이 감정들 가운데 일부 혹은 전부를 느끼게 된다면 그 사실 자체에 기뻐할 것이고, 이 감정들이 가진 힘을 약화시키는 일은 결코 하지 않을 것이다. 이런 감정들은 모두 행복한 인생을 구성하는 한 부분이다. 이런 감정이 충만한 인생은 자신은 물론 남들에게도 행복을 가져다준다. 이런 감정들 가운데는 비합리적인 것이 있을 수 없으며, 비합리적인 사람들은 가장 보잘 것 없는 감정만을 느끼는 경우가 많다.

합리적인 인간이 되면 무미건조한 생활을 하게 되지 않을까 걱정할 필요는 전혀 없다. 합리성은 내면 조화의 중심부이기 때문에 합리적인 사고를 하는 사람은, 내면의 갈등으로 늘 시달리고 있는 사람보다 훨씬 자유롭게 세상일에 대해 깊이 있게 생각하고, 외적인 목적을 성취하는 데 열정을 쏟을 수 있다. 자기 안에 갇히는 것은 대단히 따분한 일이지만, 바깥 세계를 향해서 관심과 정력을 돌리는 것은 대단히 즐거운 일이다.

인습적인 도덕 원칙은 지나치게 자아에 집중해왔다. 죄악의 개념은 자아에 어리석을 만큼 관심을 집중한 결과로 빚어진 산물 가운데 하나다. 이런 그릇된 도덕이 빚어낸 주관적인 기분을 경험해본 적이 없는 사람이라면 굳이 이성의 힘을 빌릴 필요가 없다. 하지만 죄의식에 감염된 사람이 병을 완치하려면 이성의 도움이 반드시 필요하다. 어쩌면 이 병은 정신이 발전하려면 반드시 거쳐야 하는 단계일지도 모른다. 이성의 도움을 받아 이 병을 극복한 사람은 병에 걸려본 적도 없고, 치료한 적도 없는 사람에 비해 정신적으로 더 높은 경지에 도달하게 된다는 것이 내 생각이다. 우리가 사는 시대에 이성에 대한 혐오가 흔히 나타나는 가장 중요한 이유는 이성의 작용에 대한 이해가 철저하고 근본적으로 이루어지지 않고 있기 때문이다.

자아가 분열되어 있는 사람은 자극과 오락거리를 찾게 된다. 그는 강렬한 감정을 느끼는 것을 좋아하지만, 건전한 이유 때문에 그런 것이 아니라 그런 감정이 순간적으로나마 자신을 내면에서 벗어나게 하고, 고통스러운 생각을 없애주기 때문이다. 그에게 있어서 열정은 모두 도취의 한 형태이며, 그는 근본적인 행복을 이해할 수 없기 때문에 고통에서 벗어나는 방법은 오직 도취의 형태로만 가능하다고 생각한다. 하지만 이런 태도는 심각한 병적 증상이다. 이런 병이 없는 사람만이 자신의 능력을 최대로 발휘하면서 최대의 행복을 느낄 수 있다.

정신이 최고로 활발하게 움직이고, 잊어버리는 것이 가장 적은 순간에 사람은 가장 강렬한 기쁨을 느낀다. 이것이 바로 자신이 누리는 행복이 참된 행복인지를 시험할 수 있는 가장 좋은 방법이다. 뭔가에 도취해야만 느낄 수 있는 행복은 거짓된 행복이며, 충족감을 줄 수 없는 행복이다. 자신의 능력을 충분히 발휘하고 자신이 몸담고 있는 세상을 완전히 인식하면서 느끼는 행복이야말로 진정한 충족감을 주는 행복이다.

8. 모두가 나만 미워해

아무리 운이 나빠도
늘 그렇게 많은 악당을 만난다는 게 가능할까?

　극단적인 피해망상은 정신질환이라고 알려져 있다. 다른 사람
들이 자기를 죽이거나 감옥에 가두거나, 아니면 어떤 다른 방법으
로 심각한 해코지를 하려 한다고 상상하는 사람들이 있다. 이들은
가상의 박해자들로부터 자신을 방어하겠다는 생각에서 걸핏하면
폭력적인 행동을 하고, 이 때문에 자유를 제한당하는 처지에 놓이
게 되는 경우가 많다. 다른 종류의 정신질환도 마찬가지지만, 극단
적인 피해망상은 정상적인 사람들에게서도 흔히 발견되는 경향이
악화된 것일 뿐이다.

　이런 극단적인 피해망상은 정신의학 전문가가 관여해야 할 일
이므로 여기서는 논의하지 않겠다. 내가 관심을 가지는 것은 가벼
운 피해망상이다. 가벼운 피해망상은 불행의 원천이 되는 경우가

많은데, 극단적인 정신질환이 아닌 가벼운 피해망상은 환자 스스로 극복할 수 있다. 물론 환자가 혼자 힘으로 이 문제를 극복하기 위해서는, 문제를 올바로 진단하고 문제의 원인은 자신에게 있으며 자신이 가상으로 지어낸 다른 사람들의 적의나 불친절에 있는 것이 아니라는 사실을 깨달아야 한다.

우리는 주위에서 자신은 늘 다른 사람들의 배은망덕하고 무자비하고 배신적인 행위에 피해를 입고 있다고 주장하는 사람들을 흔히 볼 수 있다. 이런 사람들은 가끔 말주변이 매우 좋아서, 알게 된 지 얼마 되지 않은 사람들에게 따뜻한 동정을 받기도 한다. 대체로 그들이 하는 이야기를 하나하나 들어보면 이상한 구석이 전혀 없다. 사람들에게 해코지를 당했다는 그의 이야기가 사실인 경우도 가끔은 있다. 그런데 이야기를 다 듣고 나면, 아무리 운이 나빠도 늘 그렇게 많은 악당을 만난다는 게 가능할까 싶은 생각이 든다.

개연성의 법칙에 입각한다면, 사회에서 살고 있는 사람들이 생활하면서 겪게 되는 냉대는 그 양에 있어서 엇비슷하기 마련이다. 그 사람의 주장처럼, 특정한 상황에 처한 어떤 사람이 혼자서 세상의 모든 사람들에게서 해코지를 당한다면, 그 사람 자신이 그런 일을 자초할 만한 원인을 가지고 있을 가능성이 크다. 즉 자신이 실제로는 입지도 않은 피해를 입고 있다고 가상하고 있거나, 아니면 무의식중에 남들이 참을 수 없을 정도로 짜증나는 행동을 하고 있을 가능성이 높다.

그래서 이런 사람들을 만났던 경험이 있는 사람들은 세상 사람들이 하나같이 자기만 해코지한다고 주장하는 사람들의 이야기에 의구심을 품게 된다. 그러면 이들에게 동정을 받지 못한 이 불행한 사람들은, 이로 인해 온 세상이 자신들의 반대편에 서 있다는 견해를 더욱 굳히게 되는 것이다. 그래서 사실 이 문제는 다루기 어렵다. 상대방이 동정을 하거나, 하지 않거나 똑같이 피해망상 증상을 악화시키기 때문이다.

피해망상증의 경향이 있는 사람들은 자신의 불우한 이야기가 먹혀들어가는 것 같으면 그 이야기를 있는 대로 과장해서 도저히 믿을 수 없을 정도로 만들어버리고, 남들이 자기 이야기를 믿지 않는다고 느끼면 자신에게 유난히 매정하게 구는 사람이 또 있구나 하고 생각할 뿐이다. 이 병을 치유할 수 있는 것은 분별력뿐이다. 분별력이 제대로 효과를 발휘하려면 환자 자신이 상대방의 분별력을 인정해야 한다.

이 장에서 나는 자신에게서 피해망상증의 요소를 찾아내는 방법, 그리고 찾아낸 요소를 없앨 수 있는 방법을 제시하고자 한다. 사실 정도의 차이는 있지만 거의 모든 사람이 피해망상증에 걸려 있다. 모든 사람들이 자기만 해코지한다고 생각한다면 결코 행복한 삶을 살 수 없다. 그러므로 피해망상을 극복하는 것은 행복을 달성하는 데 있어서 중요한 한 부분이다.

거의 모든 사람들이 험담에 대해서 비합리적인 태도를 취하는데, 이런 태도는 비합리적인 태도 중에서 가장 흔한 종류에 속한다. 자신이 아는 사람들에 대한, 심지어는 자신의 가까운 친구들에 대한 험담을 입 밖에 내지 않고 버티는 사람은 아주 드물다. 하지만 사람들은 자신을 헐뜯는 이야기를 들으면 억울하고 화가 나서 어쩔 줄을 모른다. 사람들은 자신이 다른 사람들에 대해서 입방아를 찧 듯이, 다른 사람들도 자신에 대해서 입방아를 찧고 있다는 생각은 전혀 하지 않는다. 그래도 이런 태도는 비합리적 태도 중에서 그리 심하지 않은 편에 속한다. 하지만 이 증상이 심해지면 피해망상증 으로 이어진다.

사람들은 자신에 대해서 따뜻한 애정과 깊은 존경심을 가지고 있으며, 다른 사람들도 역시 자신에 대해서 그런 따뜻한 애정과 깊 은 존경심을 가지고 있기를 바란다. '남들이 나에 대해서 가지고 있 는 생각이 내가 남들에 대해서 가지고 있는 생각보다 더 나은 것이 기를 바랄 수는 없다'고 생각하는 사람은 아무도 없다. 누구나 자신 의 눈에는 자신의 미덕이 크고 분명하게 보이지만, 남들이 가진 미 덕은 만의 하나 있다 하더라도 아주 너그럽게 보지 않으면 결코 눈 에 들어오지 않기 때문이다.

아무개가 당신을 두고 끔찍한 험담을 했다는 소리를 들었다고 하자. 당신은 그 사람이 받아 마땅한 비난이 입 밖으로 나오려는 걸 아흔아홉 번이나 참았던 사실만 기억하고, 백 번째에 가서는 방심 하는 순간 자신도 모르게 그 사람에 대해 사실이라고 믿고 있던 비 난을 했다는 사실을 기억하지 못한다. 당신은 그렇게 오랫동안 마 음속에 담아두면서 참았던 것에 대한 보답이 겨우 이것인가 하고 생각한다. 당신은 그가 한 행동이 못마땅하겠지만, 그 사람의 입장 에서 보면 당신이 한 행동이 못마땅하기는 마찬가지다. 그는 당신 이 입을 열지 않았던 아흔아홉 번에 대해서는 전혀 모르고, 당신이 입을 열었던 백 번째 일에 대해서만 알고 있기 때문이다.

모든 사람이 마술처럼 상대방의 생각을 훤히 읽을 수 있는 능력을 가지게 되었다고 가정해보자. 처음에는 거의 모든 친구 관계가 깨지는 일이 일어날 것이다. 하지만 그 다음에는 멋진 일이 일어날 것이다. 사람들은 친구 한 명 없는 세상은 도저히 참고 살 수 없다고 생각하고, 서로를 흠잡을 데 없이 완벽한 인간이라고 생각하지 않는다는 것을 숨기기 위한 눈속임을 할 필요 없이, 서로를 좋아하는 법을 배우게 될 것이다.

사람들은 자신의 친구들이 단점을 가지고 있긴 하지만, 전체적으로 보면 마음에 드는 좋은 사람이라는 것을 알고 있다. 그러면서도 친구들이 자신에 대해서 똑같은 태도를 취하는 것을 보면 참지 못하고, 자신을 보통 사람들과는 달리 아무런 결점도 없는 사람으로 봐주기를 바란다. 자신에게 결점이 있음을 부인할 수 없는 상황에 놓이게 되면, 이 당연한 사실을 지나치게 심각한 문제로 받아들인다. 완벽한 인간이 되고 싶다는 희망을 버려야 한다. 그렇지 않으면 자신이 완벽하지 않다는 사실 때문에 심한 고통을 겪게 될 것이다.

피해망상은 늘 자신이 가진 장점을 지나치게 과장하는 태도에서 비롯한다. 예를 들어 내가 극작가라고 가정해보자. 아무런 편견이 없는 사람이라면, 틀림없이 나를 당대에 가장 뛰어난 극작가라고 평가할 것이다. 그런데 어찌된 일인지 내가 쓴 희곡은 좀처럼 상연되지 않고, 상연되더라도 성공을 거두지 못한다. 이 이상한 사태를 어떻게 설명할 것인가? 극장경영인들과 배우들, 평론가들이 이런저런 이유를 들어 나에게 좋지 않은 일을 공모하고 있는 게 틀림없다.

물론 그들이 제시하는 이유는 나로서는 대단히 명예로운 것이다. 나는 극장계의 거물들에게 빌붙지 않고, 평론가들에게 아부하지 않는 사람이다. 내 작품은 사람들이 도저히 견뎌내지 못할 만큼 가차 없이 진실을 까발리고 있다. 따라서 아무도 따라올 수 없을 만큼 탁월한 나의 진가는 제대로 인정받지 못하고 시들어가고 있다.

다음에는 발명한 성과물이 사람들의 이목을 끌지 못하는 발명가가 있다고 해보자. 제조업자들은 자기 방식을 고집하면서 혁신에 대해서는 생각조차 하지 않으려고 한다. 회사 내에 발명가들을 고용하고 있는 진보적인 제조업자들은 거의 찾아보기 힘든 실정인데, 이들조차 공인받지 못한 천재가 끼어드는 것을 철저하게 막고 있다. 이상하게도 학회에서는 그의 원고를 분실하거나, 읽지도 않고 돌려보낸다. 사람들을 직접 만나 설명을 해주어도 웬일인지 반응이 미적지근하다. 이런 사태를 어떻게 설명해야 할까? 사람들이 발명으로 의한 소득을 자기들끼리만 나누어 먹으려고 똘똘 뭉쳐있는 게 틀림없다. 그러니까 자기 조직에 속하지 않는 사람의 이야기에는 귀를 기울이지 않는 것이다.

이번에는 다른 경우를 살펴보자. 실제 사실을 바탕으로 볼 때 불만을 품을 만한 사실이 분명히 있다. 그는 자신이 경험한 사실을 일반화하고, 자신의 불행이 세계의 핵심적인 사안이라는 결론에 도달한다. 예를 들어 그가 비밀경찰의 비위(非違)를 알게 되었는데 정부로서는 그 일을 숨겨두는 편이 유리하다고 하자. 그에게는 자신이 알아낸 사실을 세상에 알릴 방도가 없다. 가장 고결한 체하는 사람들조차 그를 분개하게 만든 죄악을 뜯어고치는 일에는 손가락

하나 까딱하지 않는다. 여기까지는 그의 이야기가 사실 그대로다. 그의 절망감은 마음 깊이 각인되고, 결국 그는 모든 권력자들은 권력 유지를 가능하게 하는 범죄들을 감추기에만 급급하다고 생각한다.

이와 비슷한 상황들은 표면적으로 일면의 진리를 지니고 있기 때문에 특별히 고질적이 된다. 어떤 사람이 직접 겪은 한 가지 사실은 그가 직접 경험해보지 못한 수많은 문제들에 비해서 그의 마음속에 훨씬 깊이 각인된다. 이로 인해서 이 사람은 잘못된 균형감각을 가지게 되고, 일반적인 사실보다 예외적인 사실에 지나친 중요성을 부여하게 된다.

흔히 볼 수 있는 피해망상의 또 한 종류는 박애주의적인 유형으로, 원치 않는 사람들에게 선행을 베풀고는 그들이 전혀 고마워하지 않는 것에 대해 놀라고 당황한다. 사람들이 선행을 베푸는 동기는 자신들이 상상하는 것처럼 순수하지 않다. 권력욕은 쉽게 드러나지 않고 여러 가지 위장을 한다. 우리가 남들에게 유익할 거라고 믿는 어떤 행동을 하면서 느끼는 즐거움은 권력욕에서 비롯된 경우가 많다.

그런데 선행을 하는 즐거움에는 또 다른 요소가 들어 있는 경우가 적지 않다. 누군가에게 '선행을 베푼다'는 것은 넓은 시각에서 보면 그 사람에게서 술, 도박, 게으름 따위의 즐거움을 빼앗는 것이다. 이런 사례 속에는 많은 사회 윤리의 특징이라고 할 수 있는 요소가 들어 있다. 그것은 바로 친구들의 존경을 잃지 않기 위해서 나쁜 행동을 할 수 없는 사람들이, 그런 행동을 할 수 있는 입장에 있는 사람들에게 느끼는 질투심이다.

예를 들어 금연법(금연법은 미국의 몇몇 주에서 시행 중이거나 과거에 시행된 적이 있다)에 찬성표를 던지는 사람들은 담배를 피우지 않는 사람들인데, 남들이 담배를 피우면서 얻는 즐거움이 이들에게는 고통이 된다. 만약 과거 담배 중독자였던 사람들이 대표단을 보내서 역겨운 악습에서 해방시켜준 데 대해 감사할 줄 알았다면, 그들은 아마 실망할 것이다. 결국 자신들은 공공의 이익을 위해서 인생을 바쳤는데, 그런 자비로운 행위에 대해서 마땅히 감사를 표해야 할 사람들은 감사해야 할 이유조차 모르고 있다는 생각을 하기 시작할 것이다. 집안일을 하는 하인들을 거느리는 여주인들 역시 자신들이 하인들의 도덕성을 보호하고 있다는 식으로 하인들에 대해서 똑같은 태도를 취하던 때가 있었다. 그러나 요즘은 하인에 관계된 문제는 매우 까다로운 것이 되어서 하인들에 대한 이런 식의 자상한 태도는 크게 줄어들고 있다.

더 차원 높은 정치 세계에서도 이와 똑같은 일이 벌어진다. 숭고한 목표를 수행하기 위해서 안락한 생활을 포기하고 공직 생활의 무대에 들어서서 모든 권력을 차근차근 장악해온 정치가는 자신에게 등을 돌리는 국민들의 무례한 태도를 보면서 깜짝 놀란다. 이 정치가는 자신의 행동이 공적인 동기가 아닌 다른 동기에서 비롯한 것이었을 수도 있다거나, 혹은 자신의 행동에 정사를 좌지우지하면서 느끼는 즐거움이 어느 정도는 스며들어 있을 수도 있다고는 결코 생각하지 않는다. 그가 연설을 할 때나, 당의 기관지에 투고를 할 때 습관적으로 쓰는 구절들이 서서히 그의 머릿속으로 파고들어, 그는 점차로 그것들이 진실을 표현하고 있다고 믿게 된다. 그는 미사여구로 가득 찬 당론이 자신의 동기를 정확하게 분석하고 있다고 오해하게 된다. 세상이 그에게 등을 돌릴 때에야 그는 환상에서 깨어나 환멸 속에서 물러나면서, 공익 추구와 같이 남이 인정해주지도 않는 일을 하려고 했던 것을 후회한다.

이들 실례로부터 네 가지의 일반 원칙을 이끌어낼 수 있다. 이 원칙들에 포함된 진리를 충분히 깨달으면 피해망상을 적절히 예방할 수 있다. 첫째, 당신의 동기는 당신 자신이 생각하는 것처럼 반드시 이타적인 것만은 아니라는 사실을 기억하라. 둘째, 당신의 장점을 과대평가하지 마라. 셋째, 다른 사람들이 당신에 대해 당신 자신과 마찬가지로 관심을 가지고 있다고 상상하지 마라. 넷째, 대부분의 사람들이 당신을 해코지하고 싶다는 생각을 가질 만큼 당신에 대해 골몰하고 있다고 상상하지 마라. 이 네 가지 원칙에 대해 순서대로 간단히 언급해보고자 한다.

자신의 동기를 의심해보는 것은 특히 자선가와 정치가에게 필요한 일이다. 이런 사람들은 이 세상 또는 이 세상의 일부가 어떠해야 하는가에 대한 전망을 가지고 있고, 이 전망을 실현하면서 인류 전체 또는 그 일부에 은혜를 베풀겠다고 생각한다. 이런 생각은 때로는 옳고, 때로는 옳지 못하다. 그러나 이들은 자신들의 행동으로 인해 영향을 받는 사람들도, 저마다 자기가 바라는 세상에 대한 나름대로의 견해를 가질 수 있는, 자신들과 똑같은 권리가 있다는 사실을 충분히 인식하지 못한다.

정치가 유형의 사람들은 자신의 생각이 전적으로 옳고 이와 반대되는 생각은 모두 잘못되었다고 확신한다. 그러나 그의 주관적인 확신이 그가 객관적으로 옳다는 증거가 될 수 없다. 게다가 그의 신념은, 자신이 주요 원동력이 되는 사회적인 변화를 생각하면서 얻는 쾌락을 은폐하는 것에 불과한 경우가 많다. 그리고 여기에는 권력욕뿐 아니라 또 다른 동기가 있는데, 그것은 바로 다름 아닌 허영심이다.

숭고한 이상을 가지고 국회의원에 출마하는 사람은 ─ 이 이야기는 내가 겪은 일이다 ─ 유권자들이 자신을 보고 자기 이름 뒤에 '국회의원'이라는 직함을 쓰는 영광을 누리기 위해서 출마한 사람이라고 비웃는 것을 보면 깜짝 놀란다. 그러나 선거를 마치고 조용히 생각할 시간을 갖게 되면, 그는 결국 냉소적인 유권자들의 말이 옳은 것이 아닌가 하는 생각을 해보게 된다. 이상주의는 단순한 동기에다 여러 가지 이상한 분장을 시키기 때문에 몰아치는 현실주의적 냉소도 정치가들에게는 별다른 영향을 주지 못한다.

인습적인 도덕은 어느 정도 이타주의를 강요하고 있지만, 인간의 본성으로 보아 이타주의는 거의 불가능하다. 자신의 덕을 자랑스럽게 여기는 사람들은 흔히 자신이 이와 같이 도달할 수 없는 이상에 도달했다고 상상한다. 가장 고상한 사람의 행동도 거의 대부분 이기적인 동기에서 나온 것인데, 이것을 유감스럽게 생각할 필요는 없다. 만약 이런 이기적인 동기가 없다면 인류는 존속하지 못할 것이다. 남들을 먹이는 데만 시간을 쓰고, 자신은 먹을 생각은 하지 않는 사람이 있다면 그 사람은 곧 죽고 말 것이다. 물론 그는 악과의 싸움에 다시 뛰어드는 데 필요한 힘을 기르기 위해서 영양을 섭취할 수도 있다. 하지만 그런 동기에서 음식을 먹으면 소화가 잘 될지 의문이다. 식욕이 돌아야 침도 제대로 나오고 소화도 잘 될 텐데 말이다. 그러므로 공익을 위한 일이라는 생각으로 식사를 하는 것보다는 음식을 즐기면서 식사를 하는 것이 더 좋다.

식사에 적용되는 이런 원칙은 다른 일에도 똑같이 적용된다. 무슨 일을 하든 확실한 열정의 도움이 있을 때에만 일이 제대로 이루어진다. 이기적인 동기가 없으면 열정은 생기지 않는다. 나는 이런 관점에서, 예컨대 처자를 적으로부터 보호하려는 본능처럼 자기 자신과 생물학적인 관련을 가지고 있는 사람들에 대한 관심도 이기적 동기에 포함시킨다. 이 정도의 이타심은 평범한 인간 본성의 하나다. 하지만 인습적인 윤리가 강요하는 이타심은 그렇지 않으며, 사실상 거의 도달할 수 없는 경지다. 자기 자신의 도덕적 우월성에 대해서 자랑하고 싶어하는 사람들은 자신이 거의 불가능해 보일 정도의 이타심에 도달했다는 확신을 가져야만 한다. 따라서 성자처럼 살아보려는 노력은 일종의 자기기만과 연관되고, 자기기만은 쉽게 피해망상으로 이어진다.

앞에서 소개한 두 번째 원칙, 즉 자신의 장점을 과대평가하는 것은 현명하지 못하다는 원칙은 도덕적 문제에 한해서 이미 논한 적이 있다. 그러나 도덕과 상관없는 다른 장점들 역시 마찬가지로 과대평가해서는 안 된다. 자신이 쓴 희곡이 성공을 거두지 못한다면 작가는 자기 작품이 나쁜 작품이라는 가설을 냉정히 생각해볼 필요가 있다. 이 가설을 말도 안 된다며 간단히 물리쳐버려서는 안 된다. 그래서 이 가설이 사실에 부합한다는 것을 발견하게 된다면 이 가설을 받아들여야 하는데, 이것은 바로 귀납적인 철학자가 취하는 태도다. 역사에는 제대로 인정받지 못한 업적들이 있는 것이 사실이지만, 잘못이 잘못으로 인정된 경우보다는 훨씬 적다.

만일 어떤 사람이 천재인데도 그 시대에 인정받지 못하고 있다면, 그는 인정을 받지 못하더라도 자신의 길을 꿋꿋이 걸어가는 것이 옳다. 반대로 그가 허영심에 들뜬 재능 없는 사람이라면, 자신의 길을 고집하지 않는 편이 낫다. 어떤 사람이 인정받지 못하더라도 걸작을 쓰고 싶다는 충동에 시달리고 있다면, 이 사람이 앞에 말한 두 가지 경우 중 어디에 속하는지는 알 수 없다. 만일 그가 첫 번째 경우에 속한다면, 그의 고집은 영웅적인 것이다. 그러나 만약 두 번째 경우에 속한다면, 그는 웃음거리에 지나지 않는다. 그가 죽고 나서 백 년쯤 지나서야, 그가 어느 경우에 속하는 사람이었는지 짐작할 수 있을 것이다.

만일 당신은 스스로 천재라고 생각하는데 친구들은 그렇지 않다고 생각한다면, 이때 적용할 수 있는 한 가지 평가 기준이 있다. 물론 백이면 백, 다 들어맞지는 않을 것이다. 그 평가 기준은 다음과 같다. 즉 어떤 관념이나 감정을 표현하고 싶은 강한 충동을 느껴서 작품을 쓰는가?, 아니면 갈채를 받고 싶은 욕구 때문에 작품을 쓰는가? 진정한 예술가에게 갈채를 받고 싶다는 욕구는 대부분 강렬하지만, 그것은 엄연히 이차적인 동기다. 예술가는 어떤 종류의 작품을 쓰고 싶어하고 또 그 작품이 갈채를 받기를 바라지만, 비록 갈채를 받지 못할 것 같더라도 자신의 스타일을 바꾸려고 하지는 않는다는 의미에서 그렇다. 반대로 갈채를 받고 싶다는 욕구가 일차적 동기인 사람은 어떤 특별한 종류의 표현을 하고 싶다는 강한 충동이 없으며, 따라서 전혀 다른 종류의 일도 무리 없이 해낼 수 있을 것이다. 이런 사람은 자신의 예술이 갈채를 받지 못한다면 예술을 포기하는 편이 낫다.

이야기를 더 일반화시켜보자. 어떤 직업을 가졌든 상관없다. 당신이 생각하는 것만큼 다른 사람들이 당신의 재능을 높게 평가하지 않는다는 사실을 당신이 알고 있다고 하자. 오해를 하고 있는 것은 바로 다른 사람들이라고 지나치게 확신하지 마라. 만약 당신이 그런 확신을 방치하게 되면, 당신의 재능이 인정받지 못하도록 방해하는 음모가 있다는 믿음을 가지게 될 것이고, 이런 믿음은 당신의 삶을 불행하게 만드는 원인이 될 것이 틀림없다. 당신 자신의 재능이 생각했던 것만큼 대단하지 않다는 사실을 인정하는 편이 낫다. 이렇게 인정하는 것이 당장은 고통스럽겠지만, 결국 그 고통에는 끝이 있게 마련이다. 그 고통의 끝을 넘어서면 다시 행복한 삶을 시작할 수 있다.

세 번째 원칙은 다른 사람들에게 너무 많은 것을 기대하지 말라는 것이다. 예전 같으면 병든 부인이 자신의 딸들 가운데 적어도 하나쯤은 어머니를 돌보기 위해서 결혼을 포기할 정도로 자신을 희생해주기를 기대하는 경우가 드물지 않았다. 이타주의자가 입는 손실이 이기주의자가 얻는 이득보다 훨씬 크다는 점에서 이것은 다른 사람에게 이성에 어긋날 정도의 이타심을 기대하는 것이다. 다른 사람들, 특히 가장 가깝고 가장 사랑하는 사람들을 대할 때, 우리가 반드시 잊지 말아야 하지만, 늘 기억하기는 쉽지 않은 것이 있다.

그것은 바로 그들은 그들의 입장에서 인생을 바라보고, 그들을 움직이는 것은 그들의 입장일 뿐, 그들이 당신의 입장에서 인생을 바라봐주지는 않는다는 점이다.

어떤 사람에게 다른 사람을 위해서 인생의 근본 노선을 어그러뜨리기를 기대해서는 안 된다. 경우에 따라서는 가장 큰 희생조차도 자연스럽게 만드는 두터운 사랑이 있기는 할 것이다. 하지만 자연스럽지 못한 희생을 강요하거나, 희생을 하지 않았다고 해서 어떤 사람을 비난해서는 안 된다. 사람들은 다른 사람들의 행동에 대해서 불평을 하지만, 그러한 행동은 어떤 사람이 적절한 한계를 넘어설 정도로 자아를 확장하려고 할 때, 상대방이 자연스러운 이기심으로 그 사람의 지나친 탐욕에 대항하여 보이는 건강한 반응인 경우가 대부분이다.

네 번째 원칙은 다른 사람들이 당신에 대해서 생각하는 시간은, 당신이 자신에 대해 생각하는 시간에 비해서 훨씬 적다는 점을 깨달으라는 것이다. 병적인 피해망상에 시달리는 사람은 모든 사람들이 낮이나 밤이나 할 것 없이 불쌍한 정신병자에게 해코지하는 데만 집중하고 있다고 상상한다. 실제로 모든 사람들은 각자 나름대로 직업과 관심거리를 가지고 있기 때문에 남을 해코지하는 데 집중할 여력이 없다. 마찬가지로 비교적 온건한 피해망상에 시달리는 사람도 실제로는 자신과 아무 관련이 없는 모든 행동들을 자신과 관련된 것으로 본다. 물론 이런 태도는 자신의 허영심을 만족시켜 주는 것에 지나지 않는다. 만일 그가 모든 사람의 관심을 끌 만큼 위대한 인물이라면 모든 행동이 그와 관련되어 있다는 것이 사실일 수도 있다. 오랫동안 영국 정부의 활동이 주로 나폴레옹 타도에 집중되어 있었던 것이 분명한 사실이듯이 말이다.

그러나 별로 중요하지도 않는 인물이 사람들이 모두 자신에 대해 생각하고 있다고 상상한다면, 그는 정신병으로 향하는 길목에 있는 셈이다. 예를 들어, 당신이 어떤 공식 만찬회에서 연설을 한다고 하자. 다른 연사들 몇몇의 사진은 여러 신문에 실렸는데 당신의 사진은 실리지 않았다고 하자. 이것을 어떻게 설명할 것인가? 분명히 다른 연사들이 더 중요한 인물이어서 그런 것은 아닐 것이다. 틀림없이 신문편집자들이 당신을 무시하라고 명령했을 것이다. 그들은 왜 그런 명령을 했을까? 분명히 당신이 너무 유력한 인물이어서 그들은 당신이 두려웠을 것이다. 이런 식으로 당신의 사진이 실리지 않았다는 사실 때문에 느꼈던 푸대접의 괴로움은 미묘한 자기찬미로 뒤바뀌게 된다.

그러나 이러한 자기기만으로는 확고한 행복을 얻을 수 없다. 그의 마음 깊은 곳에서는 진실은 그렇지 않다는 생각이 솟아날 테고, 이러한 진실을 될 수 있는 한 철저하게 자기 자신에게 감추기 위해서 더 환상적인 가설을 발명해내야 할 것이다. 결국 이러한 가설을 믿느라고 애쓰느라 긴장감은 더욱 커진다. 게다가 이런 가설들 속에는 세상 사람들이 적대감을 품는 대상이 자기라는 생각이 포함되어 있기 때문에, 이런 가설들에 의지해서 자존심을 지킬 수 있는 유일한 방법은 자신은 세상과 맞지 않는다는 고통스러운 감정에 빠져드는 것이다.

자기기만에 기초한 만족은 결코 확고하지 못하다. 그러므로 진실이 아무리 불쾌한 것일지라도 단호하게 그것을 직시하여 그것에 익숙해지고, 그 진실에 입각하여 자신의 삶을 구축해나가는 것이 바람직하다.

9. 세상과 맞지 않는 젊은이

굶어죽지 않고, 감옥에 가지 않을 정도로만
여론을 존중하면 된다.

일반적으로 자신과 사회적으로 관계를 맺고 있는 사람들이 받아들일 수 없는 생활 방식이나 세계관을 가지고도 행복하게 살 수 있는 사람은 거의 없다. 특히 함께 사는 사람들이 받아들이지 않는 생활 방식이나 세계관을 가진 사람의 경우는 더욱 그렇다.

현대 사회의 특징은 도덕관과 신념이 철저하게 다른 여러 계층으로 갈라져 있다는 것이다. 이러한 사태는 종교개혁과 함께 시작되었다. 어쩌면 르네상스와 함께 시작되었다고 말해야 할지도 모르겠다. 이런 특징은 그 후로 더욱 뚜렷해졌다. 청교도와 가톨릭교도는 신학뿐만 아니라 보다 실제적인 여러 문제에서 견해 차이를 보였다. 귀족들은 부르주아 사이에서는 용인될 수 없는 여러 가지 행동을 허용하기도 했다. 다음에는 종교 의식을 준수하는 의무를 부인하는 광교회주의자(廣敎會主義者)[32]와 자유사상가가 등장했다. 현대에는 전 유럽 대륙에 걸쳐서 사회주의자와 비사회주의자가 정치뿐만 아니라 거의 모든 생활 영역에서 심각하게 분열되어 있다.

영어 사용권 국가에서는 셀 수 없을 만큼 많은 분열이 존재한다. 어떤 계층은 예술을 찬양하고, 어떤 계층은 현대 예술이 사악하다고 생각한다. 어떤 계층은 제국에 대한 충성이야말로 최고선이라고 여기는 데 반해서, 이런 충성을 악덕으로 여기는 계층도 있고, 어리석은 행위라고 여기는 계층도 있다. 인습에 젖은 사람들은 간통을 극악한 범죄 중의 하나라고 생각하지만, 대부분의 사람들은 터놓고 칭찬하지는 못더라도 용서할 수는 있는 일이라고 생각한다. 가톨릭교도 사이에서 이혼은 철저히 금지되지만, 비가톨릭교도 대부분은 이혼을 꼭 있어야 하는 결혼 관계의 수정 정도로 받아들인다.

이렇게 다양한 견해의 차이 때문에, 특정한 취미와 신념을 가진 사람이 어떤 사회에서는 배척당하지만, 다른 사회에서는 그저 평범한 사람으로 받아들여지는 경우도 생기게 된다. 이런 견해 차이로 엄청나게 많은 불행이 빚어진다. 이런 사정은 젊은이들 사이에서 특히 심각하다. 유행하고 있는 사상을 받아들인 젊은이는 그 사상이 자신이 속한 특수한 생활환경 속에서는 저주받은 것이라는 사실을 깨닫는다. 젊은이들은 자신이 알고 있는 환경이 전 세계를

---

32) 영국 국교회 가운데 자유주의적인 경향을 가진 교파로 꼭 준수해야 하는 교리 외에는 자유를 허용했다.

대표한다고 생각한다. 그들은 완전히 잘못된 견해라고 비난받을까
봐 두려워서 내놓고 인정하지 못하는 견해들이 다른 곳이나 다른
계층에서는 평범한 상식으로 받아들여질 수도 있다는 생각은 전혀
하지 못한다. 이들은 세상사에 대해 무지하기 때문에 불필요한 불
행을 수도 없이 감수하고 있다. 청년기뿐만 아니라 평생 동안 이런
불행을 겪어야 하는 경우도 많다. 이러한 고립은 고통을 빚어내는
원천이 되고, 적대적인 환경에 맞서서 정신적 독립성을 유지하는
데 엄청난 정력을 낭비하게 만든다. 또한 이러한 고립은 십중팔구
여러 가지 사상들의 논리적인 결론이 무엇인지 추적하는 것에 대해
서 겁을 집어먹게 만든다.

　　브론테 자매[33]는 자신들의 책이 출판된 뒤에도 같은 견해를 가
진 사람들을 만나지 못했다. 이런 사실은 대담하고 당당했던 에밀
리에게는 전혀 문제가 되지 않았지만, 재능은 있었지만 늘 가정교
사다운 견해에 상당히 치우쳐 있었던 샬럿에게는 상당한 영향을
주었다.

　　블레이크[34]는 에밀리 브론테와 마찬가지로 심한 정신적 고립
속에서 살았지만, 에밀리와 마찬가지로 뛰어난 용기가 있었기 때문
에 고립된 생활로 인한 좋지 못한 결과를 극복할 수 있었다. 그는
자신이 옳고, 비평가들이 틀렸다는 것을 단 한 번도 의심하지 않았

---

33)　브론테 자매는 샬럿 브론테Charlotte Bronte(1816~1855), 에밀리 브론테Emily
Jane Bronte(1818~1848), 앤 브론테Anne Bronte(1820~1849)를 가리킨다. 세 자매가 모
두 소설가로 샬럿의 『제인 에어』, 에밀리의 『폭풍의 언덕』이 유명하다.
34)　블레이크William Blake(1757~1827)는 영국의 낭만주의 시인이자 화가로, 평생 동안
자신의 업적을 인정받지 못해 불우한 삶을 살았다.

다. 다음 시구에는 여론에 대한 그의 태도가 잘 나타나 있다.

내가 만난 사람 중에 오직 한 사람뿐이지,
나를 거의 토할 지경까지 몰아넣지 않은 사람은.
그 사람은 바로 터키인이자 유대인인 푸셀리.
그런데 친애하는 가톨릭 친구들이여, 평안하십니까?

그러나 내면에 이 정도의 힘을 간직하고 있는 사람은 많지 않
다. 거의 모든 사람들의 경우, 행복하기 위해서는 반드시 주위 사람
들과 마음이 맞아야 한다. 물론 대부분의 사람들은 주위 사람들과
마음이 맞는다. 사람들은 어려서부터 그 시대의 지배적인 편견을
수용하고, 본능적으로 주위 사람들의 신념과 관습에 순응한다. 하
지만 이런 순응적인 태도를 결코 받아들일 수 없는 사람들도 아주
드물게 존재한다. 사실상 지적, 또는 예술적 재능을 가진 사람들은
모두 이런 소수의 부류에 포함된다.
예를 들어 작은 시골 읍에 태어난 사람이 있다고 하자. 그가 아
주 어릴 때부터 주위 사람들은 그가 정신적 능력을 발휘하기 위해
서 꼭 필요한 일을 하려고 할 때마다 반감을 드러낸다. 그가 심각한
책을 읽으려고 하면, 다른 소년들은 비웃어대고 교사들은 그런 책
을 읽으면 마음의 평정을 잃게 된다고 말한다. 그가 예술을 좋아하
면, 또래들은 남자답지 못하다고 놀리고 손윗사람들은 부도덕한 짓
이라고 꾸짖는다. 그가 대단히 존경할 만한 것이기는 하지만 자신
이 속해 있는 집단에서는 좀처럼 보기 힘든 직업을 선택하려고 하

면, 사람들은 그를 보고 으스대려 한다고 욕하면서 그 역시 자기 아버지가 했던 직업을 선택하는 게 좋을 거라고 말한다. 만일 그가 부모의 종교적 신념이나 정치적 태도에 대해 비판적인 경향을 보이면 그는 곧 상당히 곤란한 처지에 처하기 십상이다.

이와 같은 여러 가지 이유 때문에, 뛰어난 재능을 가진 대부분의 젊은 남녀들은 몹시 불행한 청소년기를 겪는다. 평범한 친구들은 유쾌하고 즐거운 청소년기를 보낼지도 모른다. 그러나 뛰어난 재능을 가진 사람은 좀 더 진지한 것을 원하는데, 그것은 그가 태어난 사회적 환경에 뿌리를 내리고 있는 손윗사람들이나 또래집단에서는 좀처럼 찾아보기 힘든 것이다.

이런 젊은이는 대학에 들어가서 마음이 맞는 사람을 만나 몇년 동안 대단히 행복한 시절을 보낼지도 모른다. 운만 좋다면 대학을 졸업한 후에도 마음이 맞는 친구를 선택할 가능성이 높은 직업을 얻는 데 성공할 수도 있다. 런던이나 뉴욕 같은 대도시에 사는 지식인은 대부분 마음이 맞는 사람들을 만날 수 있고, 그들 앞에서는 특별히 몸을 사리거나 위선적인 태도를 취하지 않아도 된다. 그러나 직업 때문에 대도시가 아닌 작은 마을에 살아야 하고, 특히 의사나 변호사의 경우처럼, 직업상의 필요 때문에 평범한 사람들로부터 존경받는 신분을 유지해야 하는 처지라면, 그는 일상생활에서 만나는 대부분의 사람들에게 자신의 진짜 취미나 신념을 숨기면서 평생을 살아야 할 것이다.

미국과 같이 넓은 나라의 경우에는 상황이 더 심각하다. 동서남북 어디서나, 그리고 전혀 예기치 않은 곳에, 외로운 사람들이 살고 있다. 그들은 외롭지 않게 지낼 수 있는 곳이 있다는 것을 책에서 읽어 알고는 있지만 그곳으로 옮겨갈 처지도 못 되기 때문에, 마음이 맞는 사람과 이야기를 나누는 일은 가뭄에 콩 나듯 있을 뿐이다. 블레이크나 에밀리 브론테처럼 당당한 태도를 갖추지 못한 사람들이 이러한 환경 속에서 진정한 행복을 누린다는 것은 불가능한 일이다. 이런 사람들이 진정한 행복을 누릴 수 있으려면, 여론의 횡포를 완화시키거나 모면할 수 있어야 하고, 지적 소수파의 성원들이 서로 교제하면서 즐겁게 지낼 수 있는 방안이 모색되어야 한다.

쓸데없는 소심함이 필요 이상으로 문제를 악화시키는 경우가 대단히 많다. 여론을 두려워하는 사람들에게 가해지는 여론의 횡포는 여론에 무관심한 사람들에게 가해지는 여론의 횡포에 비해서 훨씬 난폭하다. 개도 자기를 얕잡아보는 사람을 만났을 때보다 자기를 무서워하는 사람을 만났을 때, 더 큰 소리로 짖고 더 거리낌 없이 물어댄다. 대중 역시 이와 비슷한 성향을 가지고 있다. 대중을 무서워하고 있다는 낌새를 보이는 사람을 발견하면, 대중은 좋은 사냥감을 만났다는 기대에 들뜨게 된다. 반면에 대중에 대해서 무관심한 태도를 보이는 사람을 발견하면, 대중은 자신들의 힘으로는 감당할 수 없는 건 아닌가 하는 생각에 그 사람을 건드리지 않는다.

물론 지금 나는 지나치게 반항적인 태도에 대해서 이야기하는 것이 아니다. 켄싱턴에 가서 러시아에서 일반적으로 통용되는 견해를 고집하는 사람이나, 러시아에 가서 켄싱턴에서 일반적으로 통용되는 견해를 고집하는 사람은 그로 인해서 빚어지는 결과를 감수해야만 한다. 내가 이야기하는 것은 그런 극단적인 경우가 아니라 옷을 단정하게 입지 않았다든가, 특정한 종교를 믿지 않는다든가, 또는 지적인 책들을 읽는 것을 자제하지 못한다든가 하는 따위의, 일반적으로 인정되는 언행에서 벗어난 정도가 훨씬 가벼운 경우를 말하는 것이다.

이런 일탈적 언행이 명랑하고 태평스러운 태도, 즉 반항적인 태도가 아니라 자연스러운 태도로 행해진다면, 아무리 관례를 존중하는 사회라 할지라도 이런 정도의 일탈은 허용될 것이다. 시간이 지남에 따라 사람들은 이 정도의 일탈적 언행을 일삼는 사람에게 세상이 다 아는 괴짜라는 딱지를 붙이고, 다른 사람이 그런다면 결코 용서하지 않을 일도 그 사람이 하면 눈감아줄 것이다. 일탈적인 언행이 용서받느냐 마느냐 하는 문제는, 그 사람이 얼마나 상냥하고 붙임성 있게 행동하느냐에 따라 크게 좌우된다.

관례를 존중하는 사람들은 관례에서 벗어나는 언행을 보면 격분한다. 이들이 격분하는 가장 큰 이유는 그런 일탈적 언행이 자신에 대한 비판이나 다름없다고 보기 때문이다. 하지만 이들도 일탈적인 언행에 대해서 눈감아 주는 경우가 있다. 그것은 일탈적 언행을 일삼는 사람이 아주 명랑하고 붙임성이 있어서, 누가 봐도 자신을 비판하고 있지 않다는 것이 확실해 보이는 경우다.

하지만 대중과 전혀 다른 취미와 견해를 가지고 있는 많은 사람들의 경우에는, 이런 방법으로 비난을 피할 수가 없다. 겉으로는 관례에 순응하면서 예민한 문제는 피해가지만, 대중과 마음이 맞지 않으니 마음이 편치 않고, 따라서 호전적인 태도를 취하게 된다. 결국 자기가 속한 사회의 관습에 적응하지 못하는 사람들은 자연히 신경과민이 되고, 기분이 언짢으며, 느긋하고 기분 좋게 익살을 부리지 못하는 경향이 있다. 이런 사람들은 자신들의 견해를 별종으로 취급하지 않는 다른 계층으로 옮겨가면 완전히 성격이 달라진 사람처럼 보일 것이다. 심각하고 수줍어하며 소심하게 굴던 태도는 사라지고 명랑하고 자신만만한 태도가 나타날 것이고, 까다롭게 굴던 태도는 사라지고 상냥하고 느긋한 태도가 나타날 것이며, 자기 중심적인 태도는 사라지고 사교적이며 외향적인 태도가 나타날 것이다.

그러므로 주위 사람들과 사이좋게 지내지 못하는 젊은이들은 직업을 선택할 때에, 가능하면 마음이 맞는 친구들과 어울릴 수 있는 기회를 잡을 수 있는 직업을 고르기 위해 노력해야 한다. 이것은 수입에서 상당한 손실을 보는 일이 생긴다고 해도, 반드시 생각해야 하는 중요한 사항이다. 세상에 대한 지식이 부족해서, 그렇게 할 수 있다는 생각조차 하지 못하는 젊은이들이 가끔 있다. 그리고 지금까지 자신이 시달렸던 편견은 자신의 고향에만 존재하는 것이 아니라, 세계 어느 곳에 가도 존재할 것이라고 속단하는 젊은이들도 있다. 이런 경우에는 나이 많은 사람들이 젊은이들에게 많은 도움을 줄 수 있다. 이 문제를 해결하려면 인류가 전승해온 풍부한 경험이 반드시 필요하다.

정신분석학이 발달한 요즘에는 젊은이가 환경과 조화를 이루지 못하면 그 원인을 심리적인 장애에서 찾는 것이 일반적이다. 하지만 나는 이것은 완전히 잘못된 진단이라고 생각한다. 예를 들어

진화론은 나쁜 이론이라고 믿는 부모 밑에서 자란 젊은이를 상상해보라. 이러한 경우, 그가 부모와 사이좋게 지내지 못하도록 만든 것은 심리적인 장애가 아니라 바로 지성일 뿐이다. 자신의 환경과 평온한 관계를 이루지 못한다는 것은 분명히 불행한 일이지만, 어떤 대가를 치르더라도 피해야 할 만큼 불행한 경우만 있는 것은 아니다.

주위 사람들이 무지 또는 편견, 잔혹성에 사로잡혀 있는 경우, 주위 사람들과 사이좋게 지내지 못한다는 것은 남다른 재능이 있다는 것을 드러내는 징조다. 그리고 어떤 환경이든 정도의 차이는 있겠지만 무지와 편견, 잔혹성과 같은 특징을 가지고 있다. 갈릴레이[35]와 케플러[36]는 일본식 표현으로 말하자면 '불온사상'을 가지고 있었고, 현대의 지적으로 뛰어난 사람들 역시 불온사상을 가지고 있다. 사회를 바라보는 통찰력을 지나치게 발전시키는 것은 좋지 않다. 그렇게 되면 자신이 어떤 의견을 내놓으면 사회적인 적의에 직면해야 할지도 모른다는 두려움에 떨게 된다. 바람직한 해결책은 바로 이러한 적의를 될 수 있는 한 대수롭지 않은 것, 또한 될 수 있는 한 아무런 영향력도 발휘하지 못하는 것으로 만들어버릴 수 있는 방법이 무엇인지를 찾는 것이다.

현대 사회에서 가장 심각한 문제는 청소년기에 발생한다. 일단

---

35) 갈릴레이Galilei Galileo(1564~1642)는 이탈리아의 천문학자로, 코페르니쿠스의 지동설을 확립하려고 하였다. 이에 로마 교황청은 갈릴레이를 위험한 인물로 간주하고 종교재판에 회부하였다.

36) 케플러Kepler Johannes(1571~1630)는 독일의 천문학자로, 코페르니쿠스의 지동설을 수정, 발전시켰다. 그는 신교도였기 때문에 가톨릭으로부터 심한 배척을 받았다.

적당한 환경에서 적당한 직업에 발을 들여놓은 사람들은 대부분 사회적 박해를 피해갈 수 있다. 하지만 재능을 검증받지 못한 젊은 사람들은 무지한 사람들의 처분만 기다리는 처지에 놓이기 쉽다. 무지한 사람들은 자신들에게는 전혀 알지 못하는 문제에 대해서도 판단할 수 있는 능력이 있다고 생각하기 때문에, 세상 경험이 많은 자신들보다 젊은 사람들이 아는 것이 더 많을 수도 있다는 주장을 들으면 격분하게 된다. 우여곡절 끝에 무지의 횡포에서 벗어난 사람들 중에는, 너무 오랫동안 억압에 시달리면서 어려운 싸움을 치렀기 때문에 결국에는 절망에 빠지고 열정을 손상당하는 경우가 많다.

우여곡절을 겪는 일이 있어도 천재는 당연히 빛을 발하기 마련이라는 태평한 이론이 있다. 이 이론의 힘을 빌어서 재능 있는 젊은 이는 박해를 당하더라도 크게 해를 입지 않는다고 생각하는 사람들이 많다. 그러나 이 이론의 타당성을 입증할 만한 근거는 어디에도 없다. 이것은 살인은 드러나기 마련이라는 이론과 마찬가지로 터무니없는 것이다. 분명한 것은 우리가 알고 있는 살인은 모두 밝혀진 것뿐이라는 사실이다. 그러나 우리는 쥐도 새도 모르게 저질러지는 살인이 얼마나 많은지 알 도리가 없다. 마찬가지로 우리가 알고 있는 천재들은 모두 역경을 극복하고 승리한 사람들이다. 하지만 그렇다고 해서 어린 시절에 재능의 싹을 짓밟힌 천재들이 많지 않다고 주장할 수는 없는 일이다.

더구나 천재들만 이런 문제를 겪는 것이 아니라, 재능이 있는 사람들 역시 이런 문제를 겪는다. 재능 있는 사람들도 천재들과 마찬가지로 이 사회에 필요한 존재다. 문제는 어떻게 해서든 재능의 싹을 틔우게 하는 것도 중요하지만, 절망에 빠지지 않고 열정을 손상당하지 않은 채 재능의 싹을 틔우게 하는 것도 중요하다는 점이다. 지금까지 살펴본 대로 우리는 젊은이들이 지나치게 험난한 길을 걸어가지 않도록 배려해야 한다.

나이 많은 사람들이 젊은이들의 바람을 존중하는 것은 바람직한 일이다. 하지만 젊은이들이 나이 많은 사람들의 바람을 존중하도록 하는 것은 결코 바람직하지 못하다. 그 이유는 간단하다. 어쨌든 중요한 것은 나이 많은 사람들의 삶이 아니라 젊은이들의 삶이기 때문이다. 젊은이들도 나이 많은 사람들의 삶을 좌지우지하려고 시도하는 경우가 있다. 한 젊은이가 홀로 된 아버지나 어머니가 재혼하는 것을 반대하는 경우를 생각해보라. 이것은 옳지 못한 행동이다. 마찬가지로 나이 많은 사람들이 젊은이들의 삶을 좌지우지하려는 것 역시 옳지 못한 행동이다.

일단 사리분별을 할 수 있는 나이가 되면, 나이 많은 사람이든 젊은 사람이든 똑같이 스스로 결정할 권리, 필요하다면 시행착오를 겪을 권리가 있다. 어떤 중요한 문제에 부딪혔을 때, 나이 많은 사람의 압력에 굴복하고 마는 젊은이는 분별력이 부족한 사람이다. 예를 들어 당신은 무대 생활을 동경하는 젊은이인데, 부모는 당신의 희망을 반대하고 있다고 가정해보자. 부모는 무대 생활은 부도덕하다거나 사회적으로 비천하다는 근거를 들 것이고, 온갖 압력을 행사할 것이다. 부모는 "명령을 따르지 않으면 인연을 끊겠다" 혹은 "몇 년 후에는 틀림없이 후회하게 될 것이다"라고 말할 수도 있고, 지금 당신이 염두에 두고 있는 일에 성급하게 뛰어들었다가 비참한 상황에 처하게 된 젊은이들의 예를 줄줄이 늘어놓을 수도 있다.

물론 무대 생활은 당신에게 맞지 않는 직업이라는 부모의 생각이 옳을 수도 있다. 당신의 연기 소질이 부족할 수도 있고, 목소리가 좋지 않을 수도 있을 테니까 말이다. 설사 그것이 사실이라고 하자. 그렇더라도 당신은 얼마 지나지 않아 연극계 사람들을 통해서 이러한 사실을 알게 될 테고, 그때 가서도 다른 직업을 택할 만한 시간은 충분할 것이다. 부모가 주장하는 바를 당신이 원하는 일에 발을 들여놓지 말아야 할 이유로 삼아서는 안 된다. 부모가 뭐라고 주장하든 상관하지 않고, 당신이 원하는 바를 실행에 옮기면, 부모는 양보할 것이다. 부모는 당신이나 부모 자신이 생각했던 것보다 훨씬 빠른 시간 안에 양보하게 될 것이다. 반면에 당신이 전문가의 의견이 부정적이라는 것을 알게 됐다면, 그것은 다른 문제이다. 왜냐하면 초보자는 늘 전문가의 의견을 존중해야 하기 때문이다.

내 생각에는 중요한 문제냐 사소한 문제냐를 따지지 않고, 남의 의견을 지나치게 존중하는 사람들이 많은 것 같다. 물론 나도 전문가의 의견은 존중해야 한다고 생각한다. 크게 보면, 굶어죽지 않고 감옥에 가지 않을 정도로만 여론을 존중하면 된다. 이러한 한도에서 벗어나는 행동은 지나친 횡포에 자발적으로 굴복하는 것이고, 모든 면에서 행복을 가로막기 십상이다.

예를 들어 지출의 문제를 생각해보자. 좋은 자동차를 가지고 있거나 성대한 만찬을 베풀 능력이 있어야만 주위 사람들의 존경을 받는다고 생각하기 때문에 자신의 본래 취미가 요구하는 것과는 전혀 다른 데에 돈을 쓰는 사람들이 상당히 많다. 하지만 자동차를 살 능력이 충분한데도, 여행을 하거나 훌륭한 장서를 갖추는 것을 더 좋아하는 사람들은 다른 사람들과 똑같이 행동했을 때보다 언젠가는 더 많은 존경을 받게 된다.

물론 일부러 여론을 조롱하는 행동을 할 필요는 없다. 여론을 조롱한다는 것은 전도된 방식이기는 하지만 여전히 여론의 지배에서 벗어나지 못하고 있다는 증거다. 그러나 정말로 여론에 대해 무관심하다면 그것은 하나의 힘이자, 행복의 원천이 된다. 지나치게 인습에 굴복하지 않는 사람들로 이루어진 사회는 한결같이 일사불란하게 행동하는 사회보다 훨씬 더 재미 있는 사회다. 각자의 성격이 개성적으로 발전되는 사회에서는 다양한 유형의 개성이 유지된다. 새로 만나는 사람들은 이미 알고 있는 사람들의 복사판이 아니기 때문에, 사람들은 새로운 사람들을 만나는 것에서 기쁨을 느낄 수 있다. 이것은 귀족제도의 장점 중 하나였다. 태생에 따라 신분이 결정되었던 귀족 제도는 괴팍스런 행동이 허용될 수 있다는 장점을 가지고 있었다.

이러한 사회적 자유의 원천이 상실된 현대 사회에서는 획일화가 위험하다는 것을 명확하게 깨닫는 것이 중요하다. 일부러 괴팍스런 행동을 해야 한다는 이야기는 아니다. 일부러 괴팍스럽게 행동하는 것은 관례에 얽매인 행동을 하는 것만큼이나 재미없는 일이다. 내가 주장하는 것은 그저 자연스럽게 타고난 성격대로 행동하되, 결코 반사회적인 행동으로 넘어가서는 안 된다는 것이다.

옛날에는 지리적으로 가까운 이웃에게 의존하면서 살았지만,

신속한 교통수단이 발달된 현대 사회에서는 그런 의존성이 훨씬 줄어들었다. 자동차만 있으면 40킬로미터 이내에 사는 사람들이 모두 이웃이 될 수 있다. 자동차가 있으면 친구를 선택할 때도 옛날보다 훨씬 강력한 힘을 발휘할 수 있게 된 것이다. 인구가 밀집된 어느 마을에서 마음이 맞는 사람들을 40킬로미터 이내에서 찾아내지 못한다면, 그 사람은 대단히 불운한 사람이다. 가까운 이웃들과 잘 알고 지내야 한다는 관념은 인구가 밀집된 곳에서는 이미 사라졌다. 작은 읍이나 시골 마을에서는 아직 남아 있는 경우도 있지만, 이런 관념은 이제 어리석은 생각에 불과하다. 친구를 반드시 가까운 이웃 속에서 찾아야 할 필요는 없으니까 말이다.

그저 사는 곳이 가까우냐 머냐가 아니라, 마음이 맞느냐 안 맞느냐를 기준으로 친구를 선택하는 것이 날이 갈수록 쉬워지고 있다. 같은 취미와 견해를 가진 사람들과의 교제는 행복감을 증진시킨다. 사회적 교제는 이러한 방향으로 더욱 발전할 것이며, 이를 통해 인습에 적응하지 못하는 수많은 사람들이 겪어야 하는 외로움은 차츰 줄어들고, 결국은 사라지게 될 것이다. 이렇게 해서 인습에 적응하지 못하는 사람들은 더욱 행복해질 것이고, 인습에 얽매인 사람들이 인습에 적응하지 못하는 사람들을 마음대로 취급하면서 느끼는 가학적인 즐거움은 당연히 줄어들 것이다. 그러나 우리는 이런 가학적인 즐거움은 보존하는 데에는 크게 마음을 쓸 필요가 없다.

모든 두려움이 다 그렇지만, 여론에 대한 두려움은 사람의 마음을 옥죄어대며 발전을 저해한다. 두려움이 강하게 남아 있는 한,

위대한 업적을 달성하기는커녕 참된 행복이 깃들어 있는 정신적 자유조차 누릴 수 없다. 행복의 필수조건은 우연히 이웃이 되거나 알고 지내게 된 사람들이 지닌 비본질적인 취미나 욕망에 견주어 자신의 생활 방식을 확립하는 것이 아니라, 자신의 마음 깊은 곳에서 우러난 충동으로부터 비롯한 생활 방식을 확립하는 것에 있다.

옛날에 비해서 가까운 이웃에 대한 두려움은 상당히 줄어들었지만, 새로운 종류의 두려움이 나타났다. 그것은 바로 언론의 평가에 대한 두려움이다. 이 두려움은 중세에 있었던 마녀 사냥에 대한 두려움과 다르지 않을 정도로 심각하다. 언론이 아무런 죄가 없는 사람을 속죄양으로 삼으려고 한다면, 대단히 심각한 결과가 생길 수도 있다. 그나마 다행인 것은 대부분의 사람들이 세상의 주목을 끌지 않는 방법으로 이런 재난을 피해가고 있다는 점이다. 하지만 언론의 보도 방법이 점점 고도화되면서, 이런 새로운 형태의 사회적 박해가 가져오는 위험성은 점점 커져갈 것이다.

언론이 가하는 박해는 희생자가 된 사람이 개인적으로 무시해 버릴 수 있는 간단한 문제가 아니다. 언론의 자유라는 대원칙에 대해 여러 가지 다른 의견이 있을 수 있다. 하지만 나는 현재의 명예 훼손 관련법이 제시하는 것보다 훨씬 강력한 방침이 필요하다고 생각한다. 설사 어떤 사람이 나쁜 평판을 얻게 될 만한 언행을 했다고 하더라도 그것을 악의적으로 보도하여, 무고한 개인의 일상생활을 위협하는 이러한 관행은 금지되어야 할 것이다. 그러나 이러한 불행을 막을 수 있는 근본적인 치료법은 단 하나, 대중이 관대한 태도를 기르는 것뿐이다. 대중에게 관대한 태도를 기르게 하는 가장 좋은 방법은 참된 행복을 누리는 사람들의 수를 늘려서, 그들이 같은 시대를 사는 사람들을 고통스럽게 하는 데서 으뜸가는 즐거움을 찾지 않도록 만드는 것이다.

행복으로 가는 길

II

Causes Of happiness

10. 인간이 느끼는 행복

나는 강을 수집한다.
볼가 강이나 양자강을 오르내리노라면 즐거워진다.

지금까지 우리는 불행한 사람에 대해서 살펴보았다. 이제 우리 앞에는 행복한 사람에 대해서 살펴보는 훨씬 즐거운 과제가 펼쳐져 있다. 친구들과 나눈 대화나 친구들이 쓴 책을 통해서, 나는 현대 세계에서 행복은 더 이상 얻을 수 없다는 결론을 내리기 직전까지 간 적이 있었다. 하지만 나는 사색을 하고, 외국을 여행하고, 정원사와 이야기를 나누다 보면 이런 생각이 사라진다는 것을 깨닫게 되었다. 앞 장에서는 학문을 하는 친구들이 맞이하게 된 불행에 대해서 살펴보았다. 이 장에서는 내가 살아오면서 만난 행복한 사람들에 대해서 살펴보고자 한다.

행복에는 두 종류가 있다. 이 두 종류의 행복 사이에는 당연히 중간적인 상태에 해당하는 여러 가지의 행복이 존재한다. 내가 말한 두 종류의 행복은 평범한 것과 엄청난 것, 또는 동물적인 것과 정신적인 것, 감정적인 것과 지성적인 것으로 구분할 수 있다. 물론 이러한 구분 중 어느 것을 선택할 것인지는 논증되는 명제에 따라 달라진다. 나는 여기서 어떤 명제를 증명할 생각은 전혀 없으며, 단순히 묘사만 하려고 한다.

두 가지 종류의 행복이 가진 차이를 가장 간단하게 묘사한다면, 하나는 모든 인간에게 허용되는 행복이고, 다른 하나는 글을 읽고 쓸 수 있는 사람에게만 허용된 행복이라고 할 수 있다. 어렸을 때 나는 늘 행복으로 충만한 사람을 하나 알고 지냈는데, 그의 직업은 우물 파는 일이었다. 그는 엄청난 키에 믿을 수 없을 정도로 튼튼한 근육을 가진 사람이었는데, 글을 읽을 줄도 쓸 줄도 몰랐다. 그는 하원의원 투표권을 행사하게 된 1885년에 처음으로 의회라는 기관이 있다는 것을 알게 되었다. 그의 행복은 지적인 원천과는 아무런 관계가 없었다. 그에게 행복을 가져다 준 것은 자연법칙에 대한 신념이나, 종(種)의 완전성, 공익 사업체의 국유화, 제칠일 안식일 예수재림교도의 최후의 승리 따위의 지식인들이 인생을 즐기는 데 반드시 필요하다고 생각하는 여러 가지 신조들이 아니었다. 그는 신체 건강하고, 일거리 넉넉하고, 땅 속에 박힌 바위처럼 꽤 힘든 방해물을 이겨내는 것만으로도 행복했다.

내 정원을 돌보는 정원사가 누리는 행복도 이와 비슷하다. 그는 일년 내내 토끼들과 씨름을 한다. 그는 토끼 이야기를 할 때, 마치 런던 경시청이 볼셰비키에 대해 이야기할 때와 같은 말투를 쓴다. 그는 토끼는 음흉하고 교활하며 사납기 때문에 토끼와 맞먹는 꾀를 쓰지 않으면 도저히 감당할 수 없다고 말한다. 발할라[37]의 영웅들은 저녁마다 죽여도 다음날 아침이면 신기하게도 다시 살아나는 사나운 멧돼지를 사냥하면서 하루하루를 보낸다고 하는데, 나의 정원사는 다음날 맞붙을 상대가 완전히 사라지면 어쩌나 하는 두려움도 없이 토끼를 죽일 수 있는 사람이었다. 칠십이 넘은 그는 하루 종일 일하고도 20킬로미터도 넘는 산길을 자전거로 다니면서 일터를 찾아다녔다. 하지만 그는 마르지 않는 기쁨의 샘을 가지고 있었는데, 그 원천은 바로 '그놈의 토끼들'이었다.

"토끼처럼 하잘 것 없는 동물과 싸우는 데서 무슨 즐거움을 느낄 수 있단 말인가? 우리처럼 우수한 사람들은 이런 단순한 기쁨을 누릴 수 없다"고 말하는 사람도 있을 것이다. 그러나 내가 보기에 그런 주장은 어설프기 짝이 없다. 토끼는 황열병 병원균에 비하면 엄청나게 크다. 하지만 황열병 병원균과 싸우는 데서 행복을 발견하는 우수한 사람도 있을 수 있다. 정서적 만족에 한정하여 말한다면, 최고의 학식을 갖춘 사람들도 나의 정원사가 누리는 것과 비슷한 기쁨을 느낄 가능성이 있다. 교육 수준에 따른 차이는 기껏해야 이러한 기쁨을 제공하는 활동이 어떤 것이냐 하는 것과 관련될 뿐이다.

결국에는 성공하지만, 처음에는 성공 여부를 불확실하게 만드는 어려움이 있어야만 성취의 기쁨이 뒤따른다. 마찬가지 이유에

---

37) 북유럽 신화에 나오는 명예롭게 전사한 용사들이 가는 궁전으로, 그들은 이곳에서 오딘 신의 지휘 아래 잡은 멧돼지로 날마다 잔치를 벌이며 즐겁게 보낸다.

서, 자신의 능력을 지나치게 과대평가하지 않는 사람만이 행복을 느낄 수 있다. 자신을 과소평가하는 사람은 언제나 뜻밖의 성공에 놀라게 되고, 자신을 과대평가하는 사람은 뜻밖의 실패 때문에 놀라게 된다. 뜻밖의 성공으로 인한 놀라움은 즐거운 것이지만, 뜻밖의 실패로 인한 놀라움은 불쾌한 것이다. 그러니 진취성을 잃을 정도로 지나친 겸손은 피하되, 지나치게 자만하지 않는 것이 지혜롭다고 하겠다.

오늘날 사회에서 상당한 학식을 갖춘 사람들 중 가장 행복하게 살고 있는 이들은 바로 과학자들이다. 저명한 과학자들은 대부분 감정적으로 단순하며, 자신의 직업에서 얻는 만족감이 대단히 크기 때문에 음식을 먹는 데서도 기쁨을 얻고, 결혼 생활에서도 기쁨을 얻는다. 예술가들이나 문학가들은 자신의 결혼 생활이 불행한 것을 당연하게 여기지만, 과학자들은 옛날식의 가정적 기쁨을 누리는 경우가 많다. 그 이유는 과학자들은 고도의 지능을 과학 연구에 몽땅 쏟아붓고, 자신이 특별한 능력을 발휘할 수 없는 영역에는 발을 들여놓을 엄두도 내지 않기 때문이다. 과학자들은 자신의 일에서 행복을 느낀다. 현대 사회에서 과학은 계속 발전하고 있고 또 강력한 힘을 발휘하고 있기 때문에, 과학자들 자신이건 일반인들이건 과학의 중요성에 대해서 의심하는 사람은 없다.

감정을 단순화해야 방해를 받지 않기 때문에 이들은 복잡한 감정을 느낄 필요가 없다. 복잡한 감정이란 강물의 거품 같은 것이다. 강물의 거품은 고요히 흘러가는 강물의 흐름을 막는 장애물 때문에 생긴다. 그러나 장애물이 가로막지 않는 한, 강 표면에는 잔물결이 생기지 않기 때문에, 부주의한 관찰자는 강물이 흘러가게 하는 그 에너지의 힘이 얼마나 큰지 분명하게 인식하지 못한다.

과학자의 삶에서는 행복의 모든 조건이 실현된다. 그는 자신의 능력을 최대한 발휘할 수 있는 일을 가지고 있고, 자신뿐만 아니라 일반인들의 눈에도 중요하게 보이는 업적을 달성한다. 과학자들의 업적을 전혀 이해하지 못하는 일반인들도 그들의 업적은 중요하게 여긴다. 과학자가 예술가보다 행복한 이유가 바로 이것이다. 일반 인들은 그림이나 시를 이해할 수 없으면 나쁜 그림, 나쁜 시라고 결론을 내린다. 하지만 상대성 이론을 이해하지 못하는 사람들은 자신의 지식이 부족하다고 결론을 내린다(사실이다). 결국 최고 실력의 화가들이 다락방 안에서 굶주리고 있는 동안 아인슈타인은 만인의 존경을 받는다. 화가들이 괴로워하고 있는 동안 아인슈타인은 행복을 누린다. 대부분의 인간들이 보이는 회의적인 태도에 맞서서 끊임없이 자기주장을 되새겨야 하는 생활을 하면서, 진정한 행복을 느낄 수 있는 사람은 거의 없을 것이다. 그렇기 때문에 대부분의 예술가들은 뜻을 같이하는 동아리 속에 파묻힌 채 냉혹한 바깥 세계를 잊고 사는 경향이 있다.

과학자는 뜻을 같이 할 동아리가 필요하지 않다. 같은 과학자들을 제외하면 모든 사람들로부터 존경을 받기 때문이다. 하지만 예술가는 멸시당하며 살 것인가 아니면 비굴하게 살 것인가 이 둘 중 하나를 선택해야 하는 고통스런 상황에 놓여 있다. 일류급의 재능을 가진 예술가라면 이 두 가지 불행 중 어느 하나와 마주쳐야 한다. 자기의 재능을 끝까지 발휘하려고 한다면 멸시당하며 살 것이고, 그것을 포기한다면 비굴한 삶을 살게 될 것이다. 물론 언제 어디서나 똑같은 상황이었던 것은 아니다. 젊고 훌륭한 예술가들이 존경받던 시절도 있었다. 율리우스 2세[38]는 미켈란젤로를 혹사시켰을지는 모르지만 미켈란젤로가 그림을 그리는 재주가 없다고 생각하지는 않았다. 현대에는 이미 힘을 잃어버린 늙은 예술가에게 돈을 뿌리는 백만장자들이 있기는 하지만, 그들은 예술가들의 일이 자기 일과 마찬가지로 중요하다고는 생각하지 않는다. 평균적으로 볼 때, 예술가가 과학자만큼 행복하게 살지 못한다는 사실은 이런 상황과 관련이 있는 것 같다.

서구 국가에서는 뛰어난 재능을 가진 젊은이들이 그 재능을 실현할 수 있는 일자리를 찾지 못해서 불행을 느끼는 경우가 많다는 점을 인정하지 않을 수 없다. 그렇지만 동구권 젊은이들의 경우에는 사정이 다르다. 요즘 러시아의 재능 있는 젊은이들은 세계 어느 나라의 젊은이들보다 행복한 생활을 하고 있다. 러시아의 젊은이들 앞에는 새롭게 창조해야 할 세계가 놓여 있으며, 그들에게는 새로운 세계를 창조하는 데 어울릴 만한 열정적인 확신이 있다. 러시아에서 늙은이들은 처형당했거나, 굶어죽었거나, 추방당했거나, 그 밖의 여러 방법으로 영향력을 거세당했기 때문에 서구 국가의 경우처럼 젊은이들로 하여금 사회에 해가 되는 삶을 살거나 무료한 삶을 살거나 하는 두 종류의 삶 중 하나를 선택하도록 강요할 수 없는 처지가 되었다.

---

38) 르네상스 시대의 대표적인 교황으로 미켈란젤로, 라파엘로를 보호하고 성베드로 대성당을 재건한 것으로 유명하다.

약삭빠른 서구인들의 관점에서 보면 러시아 젊은이가 가진 확신은 조잡하게 보일지도 모른다. 하지만 이들의 확신에 대해서 뭐라고 비난할 수 있겠는가? 러시아 젊은이는 자신의 취향대로 새로운 세계를 창조해가고 있다. 새롭게 창조된 세계는 러시아의 서민들에게 혁명 전보다 더 행복한 생활을 가져다줄 것이 틀림없다. 그 세계는 약삭빠른 서구의 지식인들이 만족을 느낄 만한 세계가 아닐 수도 있다. 하지만 약삭빠른 서구 지식인들은 그런 세계에서 살 필요가 없다. 실용주의적 입장에서 볼 때 러시아 젊은이들의 확신은 정당한 것이고, 그들의 확신이 조잡하다고 비난하는 것은 이론적 근거를 들이대지 않는 한 아무런 정당성을 가질 수 없다.[39]

인도, 중국, 일본 등의 나라에서는 외부적인 정치 환경이 젊은 지식인 계층의 행복을 가로막고 있지만, 서구와 같은 내면적 장애물은 존재하지 않고, 젊은이들이 가치를 부여할 만한 활동들이 존재한다. 이런 활동들이 성공을 거두는 한, 이 젊은이들은 행복하다. 그들은 국가의 생존에 있어서 중요한 역할을 담당하고 있다고 생각하고 있고, 비록 어렵긴 하지만 실현의 길이 완전히 봉쇄되어 있지는 않은 목적을 추구하고 있다. 최고의 학식을 갖춘 서구의 젊은이들에게 흔히 발견되는 냉소주의는 안락감과 무력감의 결합에서 생

---

39) 자신에게 자유로운 무정부주의자, 좌파, 회의적 무신론자의 경향이 있다고 스스로 인정했던 러셀은 케임브리지 대학 졸업 직후 독일 사회주의자들과 교유하며 마르크스주의에 공명했다. 1917년 10월 혁명으로 봉건적인 차르체제를 전복했던 러시아의 변혁운동에 대해서도 긍정적인 태도를 가지고 있었으며, 혁명 초기 러시아 젊은이들의 열정과 역동성에 대해 확신을 가지고 있었던 것으로 보인다. 하지만 1920년, 소련을 방문했던 그는 소련의 전체주의적 성격을 강조하고 소련정권을 비판하는『볼셰비즘의 이론과 실천*The Practice and Theory of Bolshevism*』을 썼다.

기는 것이다. 무력감은 사람들이 모든 일에 대해서 가치를 느끼지 못하게 한다. 안락감은 이런 생각을 할 때 느끼는 고통을 웬만큼 견딜 만한 것으로 만든다.

동양의 대학생들은 현대 서구의 젊은이들에 비해서 여론에 더 강력한 영향을 미칠 수 있으리라는 희망을 가질 수 있다. 하지만 이들이 상당한 소득을 올릴 수 있는 기회는 서구에 비해서 훨씬 적은 형편이다. 이들은 무기력하지도 않고 안락을 누리지도 못하기 때문에 냉소주의자가 아니라, 개혁가나 혁명가가 된다. 개혁가나 혁명가의 행복은 공적인 사건이 어떻게 진행되느냐에 달려 있다. 설사 처형을 당하는 처지가 된다고 해도 이들은 안락한 냉소주의자들이 누릴 수 있는 행복과는 도저히 비교할 수 없는 진정한 행복을 누린다. 우리 학교[40]를 찾아온 중국인 젊은이가 하나 있었다. 그는 고국에 돌아가면 보수적인 지역에 우리 학교와 비슷한 학교를 세우겠다는 계획을 가지고 있었다. 자신의 계획이 성사되면 목이 달아날지도 모른다는 생각을 하면서도, 그는 내가 부러워할 수밖에 없는 평온한 행복을 즐기고 있었다.

나는 이런 야심에 찬 행복만이 우리가 누릴 수 있는 유일한 행복이라고 생각하고 싶지는 않다. 실제로 이런 행복은 뛰어난 능력과 폭넓은 관심을 전제로 한다는 점에서 극소수의 사람들만이 누릴 수 있는 것이다.

---

40) 러셀은 1927년에 자신의 두 번째 아내인 도라 블랙과 함께 비콘 힐 학교라는 실험학교를 세웠다. 그는 국가 권력에 종속된 공교육을 비판하는 데 그치지 않고 학교를 세웠으며, 자신의 두 자녀도 이 학교에서 함께 교육받도록 했다.

그러나 뛰어난 과학자들만이 일을 통해서 즐거움을 느낄 수 있는 것은 아니며, 지도적인 정치가들만이 대의의 수호 속에서 즐거움을 얻을 수 있는 것도 아니다. 만인으로부터 갈채를 받지는 못하더라도 기술을 연마하는 데서 만족감을 느끼는 사람이라면, 누구나 일을 통해서 즐거움을 얻을 수 있다. 나는 어려서 두 다리를 못 쓰게 되었지만 일생동안 평온한 행복을 누리며 살았던 사람을 만났다. 그는 장미의 마름병에 대한 책을 다섯 권이나 쓰면서 행복하게 살았다. 내가 보기에 그는 그 분야에 있어서 뛰어난 전문가였다. 나는 패류학자 몇 사람을 사귀면서, 조개 연구가 그 일에 종사하는 사람에게 충족감을 준다는 것을 깨닫게 되었다.

나는 그 방면에서 최고의 기술을 가지고 있었기 때문에 예술적인 활자체를 고안해내는 사람들로부터 존경을 받던 식자공과 알고 지낸 적이 있다. 그는 쉽사리 존경심을 표하지 않는 사람들로부터 진심어린 존경을 받고 있기 때문이 아니라, 자신의 기술을 발휘하는 과정에서 얻는 구체적인 기쁨을 통해 즐거움을 느끼고 있었다. 그가 기술을 발휘하는 과정에서 느끼는 기쁨은 훌륭한 무용가가 춤을 추면서 느끼는 기쁨과 별반 다르지 않은 것이었다. 내가 아는 식자공들 가운데는 수학적인 활자나 네스토리안 서체[41], 쐐기문자를 비롯해서 색다르고 어려운 활자들을 찍어내는 전문가들이 있었다. 이들의 사생활이 행복했는지는 알 수 없지만, 이들은 적어도 작업 시간에는 자신들의 창조적인 본능을 최대한 발휘하면서, 완전한 만족감

41) 네스토리안 서체는 시리아의 기독교 서적에서 사용되는 서체이다.

을 느끼고 있었다.

흔히들 우리가 사는 기계 시대에는 장인들이 숙련된 작업을 하면서 기쁨을 누릴 수 있는 여지가 예전에 비해서 훨씬 줄어들었다고 말한다. 나는 이 말은 옳지 않다고 생각한다. 현대의 숙련공들이 중세 길드에서 주목받던 장인들과 상당히 다른 일을 하고 있다는 것은 사실이다. 하지만 이들은 기계생산 사회에서도 매우 중요하고 필수적인 역할을 담당하고 있다. 과학적인 기구와 복잡한 기계를 만드는 사람들, 설계사, 항공기 정비사, 자동차 운전사를 비롯하여 거의 무한대로까지 기술이 발전되어가는 직업에 종사하고 있는 사람들이 많이 있다.

내가 관찰한 바에 따르면, 비교적 원시적인 생활을 영위하는 사회에서 살아가는 농업노동자들이나 농부들은 자동차 운전사나 열차 기관사만큼 행복한 삶을 살고 있지 않다. 자기 소유의 땅을 경작하는 농부들은 땅을 갈고, 씨를 뿌리고, 수확을 하는 등 여러 가지 일을 한다. 하지만 농부들은 농사와 관련된 여러 가지 환경적 요소들에 끌려다녀야 한다. 이들은 자신이 환경에 의존하고 있다는 점을 깊이 인식하고 있다.

반면에 현대적인 기계를 다루는 사람들은 자신의 힘을 의식하고 있으며, 인간이 자연의 노예가 아니라 주인이라는 인식을 가지게 된다. 물론 최소한의 변화 속에서 기계적인 작업을 수없이 반복해야 하는 대부분의 단순 기계공들로서는 기계를 다루는 일이 재미없을 것이다. 재미가 없는 작업일수록 기계화될 가능성이 그만큼 커진다. 기계 생산의 궁극적인 목표는 — 아직 우리가 완전히 도달하지 못한 상태이기는 하지만 — 재미없는 일들은 모두 기계가 대신하고 인간은 다양성, 창조성과 관련된 일들만 담당할 수 있는 체제를 만드는 것이다.

농업이 시작된 뒤로 일은 지루하고 재미없는 것이었지만, 앞서 말한 그런 세계가 된다면 일을 할 때 느끼는 지루함과 무료함은 훨씬 줄어들 것이다. 농경시대가 시작되면서, 사람들은 굶주림을 덜 겪기 위해서 단조로움과 지루함을 견뎌내기로 마음먹었다. 사냥으로 식량을 구하던 시절에는 일이 곧 기쁨이었다. 부유한 사람들이 아직도 옛 사람들이 하던 사냥을 오락 삼아 즐기고 있다는 사실만 보아도, 과거에 사냥이 기쁨을 주는 일이었다는 점을 알 수 있다. 그러나 농업이 시작되면서 인류는 힘들고 고통스럽고 화가 치미는 기나긴 세월로 발을 들여놓게 되었으며, 고마운 기계 작업 덕분에 이제는 이런 고통에서 벗어나고 있는 것이다.

감상주의자들이 흙과 접촉할 것을, 그리고 하디[42]의 소설에서 지혜로운 농부들의 원숙한 지혜를 배울 것을 주장하는 것도 좋은 일이다. 하지만 시골에 살고 있는 젊은이들은 전혀 다른 소망을 가지고 있다. 그것은 바로 바람과 날씨에 매인 노예상태, 칠흑같이 어두운 겨울밤의 고독으로부터 벗어나 공장과 극장이 있는 믿을 수 있고, 인간적인 분위기를 즐길 수 있는 도시에서 일자리를 구하는 것이다. 공업사회는 농경사회에 비해서, 평범한 사람들의 행복한

---

42) 토마스 하디Thomas Hardy(1840~1928)는 영국의 소설가이자 시인으로, 소설 『테스』의 저자이다.

삶에서 없어서는 안 될 중요한 요소인 우정과 협력을 경험할 수 있는 기회가 훨씬 많다.

대의에 대한 신념으로부터 행복을 얻는 사람들도 많다. 나는 지금 억압당하고 있는 국가의 혁명가나 사회주의자, 또는 민족주의자에 대해서만 이야기하려는 것은 아니다. 이런 사람들이 가진 신념보다 훨씬 소박한 여러 가지 신념들에 대해서도 마찬가지로 이야기할 수 있다. 내가 알고 지내던 사람들 가운데는 영국인들이 이스라엘의 사라진 열 지파⁴³⁾의 후손이라고 믿는 사람들이 있었는데, 그들은 한결같이 행복한 사람들이었다. 한편 영국인들이 에브라임과 므나쎄 두 지파로 이루어졌다고 믿는 사람도 있었는데, 이들도 무한한 희열을 느끼고 있었다. 독자들에게 이런 신념들 중 어느 하나를 선택하라고 권할 생각은 전혀 없다. 나는 이런 신념들이 그릇되었다고 생각하는데, 그릇된 신념에 원천을 둔 행복을 옹호할 수는 없기 때문이다.

마찬가지 이유 때문에 나는 독자들에게 인간은 도토리만 먹고 살아야 한다는 신념을 가지라고 강요할 수 없다. 하지만 이제껏 내가 지켜보았던 바에 따르면, 이런 신념들은 언제나 완전한 행복을 보장해준다. 이처럼 환상적인 요소가 전혀 들어 있지 않은 대의를

---

43) 사라진 열 지파는 히브리 민족의 12지파 가운데 10지파로 그들의 이름은 아셀, 단, 에브라임, 가드, 이싸갈, 므나쎄, 납달리, 르우벤, 시므온, 즈불룬으로, 모두 야곱의 아들들 또는 손자들이다. 이들은 모세가 죽은 후 여호수아의 지도 아래 약속의 땅 가나안에 자리잡았다. B.C. 930년 10지파는 북쪽에 이스라엘 왕국을 세웠다. B.C. 721년 아시리아가 북쪽의 이스라엘 왕국을 정복한 이후 10지파는 점차 다른 민족에게 동화되어 역사에서 사라졌다. 그런데도 사라진 10지파를 찾게 될 것이라는 믿음은 계속 이어져 내려왔다.

찾는 것은 아주 쉬운 일이다. 이런 대의에 대해 진지한 관심을 가지고 있다면, 한가할 때 즐길 만한 소일거리이자 동시에 인생은 허무한 것이라는 감정을 완전히 차단할 수 있는 좋은 대책을 찾은 것이나 다름없다.

취미에 몰두하는 것은 사소한 신념에 열중하는 것과 그리 많이 다르지 않다. 생존해 있는 어떤 저명한 수학자는 하루 일과를 수학과 우표 수집 두 가지에 똑같이 나누어서 쓰고 있다. 짐작건대 그는 수학 연구에 별다른 진전이 없을 때 우표 수집으로 위안을 얻는 것 같다. 수학 이론상의 명제를 증명하는 어려움 외에도 우표 수집으로 해소할 수 있는 정신적 고통은 많이 있다.

우표 외에도 수집할 수 있는 물건은 얼마든지 있다. 옛 도자기, 담뱃갑, 로마의 동전, 활촉, 부싯돌 등 상상해보면 황홀한 세계가 얼마나 넓게 펼쳐져 있는가! 사실 우리 인간들 중에는 이렇게 작은 즐거움에 비해 너무나 '뛰어난' 사람들이 많다. 누구나 어렸을 때 수집을 해본 경험이 있지만, 수집은 성인들에게는 더 이상 가치 없는 일이라고 생각하는 사람들이 있다. 그러나 이것은 완전히 잘못된 생각이다. 다른 사람에게 해를 주는 일만 아니라면, 어떤 즐거움도 소중히 여겨야 한다.

나는 강을 수집한다. 나는 볼가 강이나 양자강을 오르내리노라면 즐거워진다. 그리고 아직 아마존 강이나 오리노코 강에 가보지 못한 것이 유감이다. 이런 감정상태가 단순한 것이라고 해도 나는 전혀 부끄럽지 않다. 야구팬의 열광적인 기쁨을 생각해보라. 그는 신문에 실린 야구 기사를 게걸스럽게 읽고, 또 라디오로 야구 방송을 들으면서 짜릿한 흥분을 느낀다. 나는 미국의 유명한 문필가를 처음 만나던 때가 기억난다. 나는 그가 쓴 책을 보고 그가 매우 우울한 사람일 거라고 짐작하고 있었다. 우리가 처음 만난 바로 그때, 라디오에서는 아주 중요한 야구 경기의 결과가 발표되고 있었다. 그는 내가 있다는 것도, 문학도, 그리고 지상의 모든 슬픔도 다 잊은 채 자기가 좋아하는 팀이 이겼다며 기쁨의 환호성을 터뜨렸다. 나는 이 일이 있고 난 뒤에는 그가 쓴 소설의 등장인물들이 당하는 불행을 보고도 그다지 슬퍼하지 않게 되었다.

그러나 대부분의 경우, 일시적인 열광이나 취미는 근본적인 행복의 원천이 아니라 현실 도피의 수단에 불과하다. 현실 도피의 수단이라고 한 것은 이겨내기 힘든 고통이 다가오는 순간을 잊기 위한 것이라는 의미다. 근본적인 행복은 무엇보다 인간과 사물에 대한 따뜻한 관심에서 비롯된다.

인간에 대한 따뜻한 관심은 사랑의 일종이다. 인간에 대해서 따뜻한 관심을 가진다는 것은 다른 사람을 지배하고 소유하기를 원하며, 언제나 명확한 반응이 되돌아오기를 바라는 사랑과는 전혀 다르다. 이런 사랑은 불행의 원천이 되는 경우가 많다. 행복을 가져오는 사랑은 다른 사람들을 관찰하기를 좋아하고 개인들의 특성 속에서 기쁨을 느끼는 사랑이며, 만나는 사람들을 지배하려고 하거나 열광적인 찬사를 받아내려고 하는 대신, 그들의 관심과 기쁨의 폭을 넓혀주려고 하는 사랑이다. 이런 태도로 다른 사람들을 대하는 사람은 사람들에게 행복을 가져다주는 원천이 될 것이며, 그 대가로 친절을 되돌려받을 것이다.

중요한 관계든 사소한 관계든, 이 사람이 다른 사람들과 맺는 관계는 그 사람 자신의 흥미와 사랑을 만족시켜준다. 그는 호의를 베풀고도 감사할 줄 모르는 사람 때문에 괴로워하지 않는다. 그런 사람을 만나게 되는 일도 거의 없지만, 설령 그런 일이 있다고 해도 그것을 의식하지 않기 때문이다. 이런 사람에게는 남의 신경을 거슬러 격분을 불러일으키는 행동을 하는 이상한 인물조차도 점잖은 재밋거리일 뿐이다. 이런 사람은 다른 사람들 같으면 오랫동안 애를 써도 손에 넣지 못할 성과도 굳이 애쓰지 않고 충분히 달성할 것이다.

이런 사람은 자신이 행복하기 때문에 옆의 사람에게도 즐거움을 줄 것이고, 그것은 다시 그 자신의 행복을 증대시킬 것이다. 그러나 이런 모든 일은 진심에서 우러나온 것이어야 한다. 이런 일들이 의무감이나 자신을 희생한다는 생각에서 비롯된 것이어서는 안 된다. 의무감은 일을 하는 데는 유용하지만, 인간관계에서는 불쾌감을 불러일으킨다. 사람들은 상대방이 인내심을 가지고 자신을 참아주는 것이 아니라, 좋아해주기를 원한다. 어쩌면 굳이 애쓰지 않고도 자연스럽게 여러 사람들을 좋아하는 것은 개인이 행복을 누릴 수 있는 가장 큰 원천이라고 할 수 있다.

나는 앞에서 사물에 대한 따뜻한 관심에 대해서 이야기했다. 이 말은 어쩌면 지나치게 무리한 말처럼 들릴지 모른다. 사물에 대해서 따뜻하게 느끼는 것은 있을 수 없는 일이라고 생각하는 사람도 있을 것이다. 하지만 지질학자가 바위에 대해서 느끼는 관심이나 고고학자가 옛 유적에 대해서 느끼는 관심에는 우정과 비슷한 요소가 있다. 이런 관심은 다른 사람들이나 사회에 대한 태도에서 중요한 역할을 한다. 물론 사물에 대한 관심에는 따뜻한 관심뿐만 아니라, 적대적인 관심도 있을 수 있다. 거미의 습성에 관련된 정보를 수집하는 사람 중에는 거미를 싫어해서 거미가 없는 곳에서 살고 싶어하는 사람도 있을 수 있다. 그러나 이런 관심을 가진 사람은 지질학자들이 바위를 연구할 때 느끼는 것과 같은 만족감은 얻지 못할 것이다.

　동료인 인간에 대해 가지는 따뜻한 관심은 행복한 일상을 만드는 데 중요한 역할을 한다. 비인격적인 사물에 대한 관심은 이에 비하면 그 비중이 작기는 하지만, 대단히 중요한 것이다. 세계는 넓고 인간의 능력은 제한되어 있다. 만일 인간의 모든 행복이 개인적인 환경과 밀접한 관계가 있다면, 비록 어려운 일이기는 하지만 인생이 제공할 수 있는 행복보다 더 많은 행복을 요구해서는 안 된다. 지나치게 많은 것을 요구하는 것이야말로, 얻을 수 있는 것보다 훨씬 적은 것을 얻게 되는 가장 확실한 방법이다.

　트리엔트 공의회[44]나 별들의 생애에 대한 순수한 관심을 통해 자신의 근심을 잊을 수 있는 사람이 있다고 하자. 이 사람은 비인격적인 세계로 나들이를 하고 돌아온 순간, 침착성과 평온함을 느끼면서 자신의 근심거리를 가장 잘 처리할 수 있는 능력을 얻게 되었다는 사실을 깨닫게 될 것이다. 바로 그 순간, 그는 비록 일시적이

---

44)　트리엔트 공의회는 1545년부터 1563년 사이에 이탈리아의 트리엔트에서 열렸던 가톨릭 교회의 회의다. 철저한 자기개혁을 선언하고 신교도들이 공격한 가톨릭 교리의 내용을 분명하게 해명하려고 했다.

지만 진정한 행복을 경험하게 된다.

행복의 비결은 되도록 폭넓은 관심을 가지는 것, 그리고 관심을 끄는 사물이나 사람들에게 적대적인 반응을 보이는 것이 아니라 되도록 따뜻한 반응을 보이는 것이다.

지금까지 행복이 가능한가에 대해서 간단히 살펴보았다. 이어지는 장에서는 행복이 가능한가에 대해 더 깊이 있게 고찰하고, 심리적인 고통을 빚어내는 원인들로부터 어떻게 벗어날 수 있는지에 관해서 몇 가지 제안을 하고자 한다.

11. 열정이 행복을 만든다

이런 사람들은 지진을 만나도, 지식이 늘어났다며 즐거워한다.

이 장에서 나는 행복한 사람들이 지닌, 가장 일반적이고 뚜렷한 특징인 열정에 대해서 다루고자 한다.

열정의 본질을 가장 쉽게 이해할 수 있는 방법은 식사를 하기 위해 식탁에 앉아 있는 사람들의 저마다 다른 행동을 눈여겨보는 것이다. 식사를 지루한 일로만 생각하는 사람들은 식탁에 아무리 훌륭한 음식이 놓여 있어도 흥미를 느끼지 않는다. 이런 사람들은 훌륭한 음식을 먹어본 경험이 있거나, 어쩌면 거의 매 끼니마다 훌륭한 음식을 먹는 사람들일지도 모른다. 이들은 눈이 뒤집힐 정도로 배를 곯는 것이 어떤 것인지 경험해본 적이 없으며, 식사를 그저 자신이 몸담고 있는 사회의 관습이 강요하는 의례적인 행사로 여긴다. 이들에게는 이것저것 모두 귀찮듯이 식사도 역시 귀찮은 일이다. 식사 말고 다른 일을 하는 것 역시 귀찮기 때문에 이들로서는 공연한 소란을 피울 필요가 없다.

반면에 건강을 유지하기 위해서는 조금이라도 영양을 섭취해야 한다는 의사의 지시 때문에 의무감에서 식사를 하는 환자들이 있다. 다음에는 미식가들이 있는데, 이들은 잔뜩 기대에 부풀어서 식탁에 앉았다가 자신이 기대했던 것만큼 맛 있는 음식이 없다는 걸 깨닫는다. 이번에는 대식가들이 있다. 이들은 게걸스럽게 음식에 달려들어 과식을 하고 나서, 잔뜩 부푼 배를 끌어안고 코를 골며 잠이 든다. 마지막으로 적당히 식욕을 느끼고 식탁에 앉아 맛있게 먹다가, 배가 적당히 부르면 수저를 놓는 사람들이 있다. 인생이라는 잔칫상에 둘러앉은 사람들 역시 인생이 내놓는 유익한 것들에 대해 비슷한 태도를 보인다. 행복한 사람은 적당한 식욕을 느끼고 적당한 양의 음식을 맛있게 먹는 사람과 비슷하다.

식사하는 태도와 배고픔의 정도가 관련이 있듯이, 인생을 대하는 태도는 열정의 정도와 관련이 있다. 식사를 귀찮게 여기는 사람은 낭만적인 불행의 손아귀에 들어간 사람과 비슷하다. 의무감에서 식사를 하는 환자는 금욕주의자와 비슷하고, 대식가는 방탕한 사람과 비슷하다. 미식가는 인생이 제공하는 즐거움의 절반은 구질구질하기 짝이 없다고 푸념하는 까다로운 사람과 비슷하다.

그런데 이상한 일은, 대식가들은 예외인 경우가 있지만, 모든 유형의 인간들이 건강한 식욕을 가진 사람을 멸시하고 자신이 그 사람보다 더 우월하다고 생각한다는 점이다. 이들은 배가 고파서 식사를 하거나, 여러 가지 재미 있는 볼거리와 신기한 경험을 찾아서 인생을 즐기는 태도를 천박하다고 여긴다. 그들은 득도를 한 듯 고고한 태도를 고수하면서, 자신들이 경멸하는 사람들을 단순한 영혼을 가진 사람들이라고 멸시한다.

　나는 이런 견해에 전혀 수긍할 수 없다. 내가 보기에 득도를 한 듯이 행세하는 태도야말로 큰 병이다. 물론 어떤 상황 때문에 어쩔 수 없이 그런 병에 걸렸다는 것은 이해한다고 하자. 그렇더라도 그런 병에 걸렸으면 될 수 있는 대로 빨리 치료를 해야지, 자신의 지혜가 더 우월해서 그렇다고 생각해서는 안 된다. 딸기를 좋아하는 사람과 싫어하는 사람이 있다고 하자. 딸기를 싫어하는 사람이 어떤 면에서 더 우월한가? 딸기가 유익하다, 혹은 유익하지 않다는 일반적인 이론의 근거는 존재하지 않는다. 딸기를 좋아하는 사람에게 딸기는 유익한 것이고, 딸기를 싫어하는 사람에게는 딸기가 유익하지 않은 것이다. 하지만 딸기를 좋아하는 사람은 딸기를 싫어하는 사람이 맛보지 못하는 즐거움을 누린다. 그만큼 이 사람의 인생은 더 즐거운 것이고, 두 사람이 함께 살아야 하는 세상에 더 적합한 사람도 바로 이 사람이다.

　이런 사소한 문제에 적용되는 관점은 그보다 더 중요한 문제에서도 똑같이 적용된다. 축구 관람을 좋아하는 사람은 축구 관람을 싫어하는 사람에 비해서 그만큼 즐겁다. 책 읽기를 좋아하는 사람은 책 읽기를 싫어하는 사람에 비해서 훨씬 더 즐겁다. 왜냐하면 책을 읽을 기회는 축구를 관람할 기회보다 훨씬 많기 때문이다. 관심 분야가 많은 사람일수록, 행복해질 기회는 그만큼 많아지고, 불행의 여신의 손에 휘둘릴 기회는 그만큼 줄어든다. 어떤 한 가지를 잃게 된다고 해도 다른 것에 의지할 수 있기 때문이다.

인생은 모든 것에 대해 관심을 가질 수 있을 만큼 길지 않다. 하지만 죽는 그날까지 인생을 채워줄 수 있을 만큼 많은 여러 가지 대상들에 대해 관심을 가지는 것은 바람직한 일이다. 우리는 자칫하면 내향성의 병에 걸리기 쉽다. 내향적인 사람들은 자신 앞에 펼쳐진 세계의 여러 가지 볼거리에서 눈을 돌려, 공허한 자신의 내면만을 바라본다. 내향적인 사람이 겪는 불행에 뭔가 대단한 것이 있다고 상상해서는 안 된다.

옛날에 소시지 기계가 두 대 있었다. 이 기계들은 돼지고기를 원료로 하여 맛 있는 소시지를 만들 수 있도록 정교하게 제작되었다. 이 중 한 대는 돼지에 관심이 많아서 엄청난 양의 소시지를 생산했다. 하지만 다른 한 대는 "돼지가 나한테 무슨 소용이람? 내가 하는 일은 돼지보다 훨씬 훌륭하고 재미 있는 일이야"라고 말했다. 이 기계는 돼지에 대해서는 관심을 끊고, 자신의 내부를 연구하기 시작했다. 원료의 제공이 중단되자, 이 기계는 작동을 멈췄다. 자신의 내부에 대해 연구를 하면 할수록, 이 기계에게는 자신의 내부가 점점 공허하고 어리석은 것으로 보였다. 이제껏 맛 있는 소시지를 만들어온 정교한 장치들은 모두 정지했으며, 이 기계는 자신이 무엇을 할 수 있는지 짐작조차 할 수 없게 되었다.

이 두 번째 기계는 열정을 잃은 사람과 비슷하고, 첫 번째 기계는 열정을 가지고 있는 사람과 비슷하다. 마음은 자신에게 공급되는 원료를 아주 놀라울 정도로 잘 혼합할 수 있는 신비한 기계다. 하지만 외부 세계로부터 원료가 공급되지 않으면 마음은 아무런 일도 할 수 없다. 또한 마음은 소시지 기계와는 달리 스스로 원료를 손에 넣어야 한다. 무수히 많은 사건들은 우리가 관심을 기울일 때에만 비로소 경험이 된다. 우리는 관심을 끌지 못하는 사건들을 가지고는 아무것도 만들어낼 수 없다. 관심이 내면으로 쏠려 있는 사람은 자신의 관심에 값할 만한 것을 찾아내지 못한다. 하지만 관심이 외부로 향하고 있는 사람은 어쩌다가 한 번씩 자신의 영혼으로 눈을 돌릴 때면, 자신의 내면이 대단히 다채롭고 재미 있는 종류의 원료들을 분류하고 재결합하여, 아름다운 혹은 발전적인 조합을 만들어내고 있다는 것을 깨닫게 된다.

열정의 종류는 헤아릴 수 없이 많다. 우연히 거리에 떨어진 모자를 주워드는 셜록 홈스의 이야기를 기억하는 독자들이 있을지 모르겠다. 홈스는 그 모자를 잠시 관찰하고 나서, 그 모자의 주인은 술 때문에 신세를 망쳤으며 예전과 같은 아내의 사랑도 잃었다는 말을 한다. 우연히 손에 넣은 물건에 대해서 지대한 관심을 가지는 사람의 인생은 결코 지루하지 않다.

시골길을 걷는 사람들이 저마다 관심을 가지는 대상이 얼마나 다른지 생각해보라. 새에 관심이 있는 사람, 식물에 관심이 있는 사람, 토질에 관심이 있는 사람, 농사에 관심이 있는 사람, 그 밖에 여러 사람이 있을 것이다. 어느 것 하나라도 그 사람의 관심을 끄는 것이 있다면, 그것이 바로 재미 있는 것이다. 다른 조건들이 모두 비슷할 경우, 이렇게 어느 것 하나에라도 관심을 가지고 있는 사람은 어떤 것에도 전혀 관심이 없는 사람에 비해서 훨씬 더 성공적으로 세상에 적응할 수 있다.

사람에 따라서 다른 사람을 대하는 태도는 놀랄 만큼 다르다. 장시간 기차 여행을 하다보면 함께 여행을 하는 사람들 중에는 어느 한 사람도 관찰하지 못하는 사람도 있고, 주위 사람들을 낱낱이 평가하고, 성격을 분석하고, 생활환경까지 민첩하게 추측하면서, 그 중 몇 사람이 꼭꼭 숨겨둔 개인사까지 꿰뚫어보는 사람도 있다. 사람들이 다른 사람에 대해서 알아내는 것은 저마다 다르다. 또한 다른 사람에 대해서 느끼는 감정도 각각 다르다. 거의 모든 사람들에 대해서 지루한 사람이라고 생각하는 사람이 있는 반면에, 특별히 좋지 않은 감정을 느낄 이유가 없는 한, 자신이 만나는 사람들에 대해 아주 빠르고도 손쉽게 따뜻한 감정을 느끼는 사람도 있다.

다시 여행과 관련된 이야기를 예로 들어보자. 외국 여행을 많이 하면서도 늘 최고급 호텔에서 묵고, 고국에서 먹던 것과 똑같은 음식을 먹고, 고국에서 만나던 사람들과 똑같이 게으른 부자들만 만나고, 자기 집 저녁 식탁에서 나누던 것과 똑같은 소재를 가지고 이야기하는 사람들이 있다. 이런 사람들은 고국으로 돌아와서 돈만 많이 드는 지루한 여행을 끝냈다는 안도감만 느낄 것이다. 반면에 어디를 가든지 그곳의 특색을 살펴보고, 그곳의 특색을 대표하는 사람들과 사귀고, 역사적으로나 사회적으로 관심을 끄는 것들을 낱낱이 살펴보고, 그곳의 고유한 음식을 먹고, 그곳의 예절과 언어를 익히는 사람들이 있는데, 이들은 기나긴 겨울밤에 되새기면 좋을 만한 새롭고 즐거운 생각들을 마음속에 가득 채워서 집으로 돌아온다.

상황이 아무리 달라진다고 해도 인생에 대한 열정을 가진 사람

177

은 열정이 없는 사람에 비해서 더 유리하다. 이런 사람에게는 불쾌한 경험도 쓸모가 있다. 나는 많은 중국 사람들이나, 시실리 마을이 뿜어내는 특이한 냄새를 맡았던 적이 있다. 당시에 기분이 좋았다고는 할 수 없지만, 나는 지금 그 냄새에 대해서 유쾌한 느낌을 가지고 있다.

모험심이 강한 사람은 건강을 해칠 정도로 위험하지 않는 한도 내에서 난파, 폭동, 지진, 화재를 비롯해서 모든 종류의 불쾌한 경험들을 즐긴다. 이런 사람들은 지진을 만나면 "그래, 이게 바로 지진이란 거구나"라고 중얼거리고, 이 새로운 경험 덕분에 세계에 대한 지식이 늘어났다며 즐거워한다. 이런 사람이라고 해서 운명의 손아귀에 휘둘리지 않으리라는 보장은 없다. 반드시 그렇지는 않지만, 건강을 잃게 되면 동시에 열정까지도 잃기 쉽기 때문이다.

나는 오랫동안 고통에 시달리다가 죽음을 맞았지만, 마지막 순간까지 열정을 잃지 않았던 사람들을 알고 있다. 열정을 파괴하는 질병이 있고, 그렇지 않은 질병이 있는 셈이다. 생화학자들이 이 두 종류의 질병을 구분할 수 있는지는 알 수 없다. 생화학이 훨씬 발전하게 되면 모든 것에 흥미를 느끼게 만드는 알약을 만들게 될 날이 올지도 모른다. 하지만 그때까지는 어떤 것에도 흥미를 느끼지 못하거나 또는 모든 것에 흥미를 느끼는 원인이 무엇인지 판단하기 위해서는 인생의 상식적인 판단에 의존할 수밖에 없다.

열정은 평범한 것도 있고, 특별한 것도 있으며, 대단히 특별한 것도 있을 수 있다. 보로[45]의 『로마니 라이』를 읽어본 독자는 그 소설의 주인공을 기억할 것이다. 그는 사랑하는 아내를 잃고 한동안 인생의 허무를 느꼈다. 하지만 찻잔과 차 상자에 쓰인 한자에 흥미를 가지게 된 그는 한문을 배울 목적으로 프랑스어를 배운 다음, 프랑스어로 된 한자 문법서의 도움을 받아가며 한자를 해독하게 되었다. 이렇게 해서 그는 인생의 새로운 흥밋거리를 갖게 되었지만, 한자에 대한 지식을 다른 목적을 위해서는 전혀 사용하지 않았다.

내가 아는 사람들 중에는 그노시스주의[46]의 모든 것을 연구하는 데 모든 열정을 바쳤던 사람도 있고, 홉스[47]가 쓴 원고와 초판본을 대조하는 작업에 열심인 사람도 있다. 누가 어떤 것에 흥미를 가질지 미리 짐작할 수는 없는 노릇이다. 하지만 대부분의 사람들은 어떤 것에 열정적인 흥미를 가질 능력을 가지고 있으며, 어떤 것에 대한 관심이 생기는 순간, 인생은 권태에서 벗어나게 된다. 하지만 삶에 대한 평범한 열정이 가져다주는 행복에 비하면, 대단히 특별한 관심은 그다지 만족스러운 행복을 가져다주지는 않는다. 이런 특별한 관심은 그 사람의 일과를 모두 채울 수 없으며, 그가 취미로 삼은 특별한 문제에 대한 모든 것을 알게 될 위험도 늘 존재하기 때문이다.

독자들은 내가 앞에서 잔칫상을 받은 여러 종류의 사람들을 소개하면서 대식가를 좋게 평가하기 힘들다고 소개했던 것을 기억할

45) 보로George Henry Borrow(1803~1881)는 영국의 산문작가이자 여행가로, 『라벤그로Lavengro』(1851), 『로마니 라이The Romany Rye』(1857) 등이 대표작이다.
46) 그노시스주의는 2세기경 그리스와 로마에 널리 퍼져 있던 철학적, 종교적 운동이다. 그노시스는 비밀스런 지식을 의미하는데, 신비주의적 색채가 강해 이단으로 취급당했다.
47) 홉스는 영국의 철학자이자 정치사상가로 유명하며, 대표적인 저서로 『리바이어던』이 있다.

것이다. 내가 좋게 평가했던 열정을 가진 사람은 어떤 식으로 정의를 내린다고 해도 대식가와 다르지 않다고 생각하는 독자들이 있을지 모른다. 이제 이 두 가지 유형에 대해서 좀 더 분명히 구별해보기로 하자.

누구나 아는 일이지만, 옛날 사람들은 중용을 중요한 덕목의 하나로 여겼다. 그러나 낭만주의와 프랑스혁명의 영향을 받으면서 많은 사람들이 이런 생각을 버리고, 중용을 모르는 열정을 찬미하게 되었다. 심지어는 바이런 소설의 주인공이 가진 열정처럼 파괴적이고 반사회적인 열정까지도 찬미의 대상이 되기도 했다. 하지만 옛날 사람들의 생각은 분명히 옳았다. 훌륭한 인생이라면, 여러 가지 활동들 간에 균형이 이루어져야 하며, 다른 활동이 불가능할 정도로 한 가지 활동에 치우쳐서는 안 된다.

대식가는 먹는 즐거움을 위해서 다른 모든 즐거움을 포기한다. 결국 인생에서 누릴 수 있는 행복의 총량을 줄이는 사람이 된다. 먹는 것 외에도 지나칠 정도로 추구할 수 있는 열정들이 많이 있다. 나폴레옹의 황비였던 조세핀은 옷에 대한 탐욕이 심했다. 초기에 나폴레옹은 조세핀의 옷값을 지불했지만 점점 불만이 쌓여갔다. 그러다가 마침내 나폴레옹은 조세핀에게 절제를 배우라며 앞으로 터무니없는 옷값은 지불해주지 않겠다고 말했다. 옷값 청구서를 받은 조세핀은 잠시 동안 어쩔 줄 모르고 당황하다가 한 가지 꾀를 생각해냈다. 그녀는 국방 장관을 찾아가 전쟁을 대비해 비축한 자금으로 옷값을 지불하라고 졸랐다. 국방장관은 조세핀이 손을 쓰면 장관직을 잃을 수 있다고 생각하고 고스란히 옷값을 지불했다.

결국 프랑스는 제노바를 잃고 말았다. 이 이야기의 정확한 진상을 알 수는 없지만, 몇 권의 책에 이런 이야기가 적혀 있다. 사실이든 허풍이든 상관없이, 이 이야기는 이 글의 의도에 잘 맞는 이야기다. 이 이야기는 탐욕을 채울 기회를 가지고 있는 한 여성이 어느 정도까지 옷에 대해 탐욕을 부릴 수 있는지를 잘 보여준다.

술이나 여자를 지나치게 밝히는 사람들도 중용을 모르는 열정의 위험을 분명히 보여주는 사례다. 술과 여자 문제에서 가져야 할 원칙은 너무나 분명하다. 어떤 것에 대한 취미와 욕망은 모두 전체적인 인생의 틀에서 벗어나서는 안 된다. 취미와 욕망을 통해서 행복을 얻으려면, 그 취미와 욕망은 건강과 사랑하는 사람에 대한 애정, 그리고 사회적 명예를 해치는 것이 되어서는 안 된다. 이런 한계를 넘어서지 않고도 마음껏 빠져들 수 있는 열정이 있는가 하면, 그렇지 않은 열정도 있다.

체스를 좋아하는 사람이 있다고 하자. 만일 그가 자신의 재산만으로 살 수 있는 독신자라면 체스에 대한 열정을 조금도 제한할 필요가 없다. 하지만 처자식이 있고 충분한 재산도 없는 사람이라면 체스에 대한 열정을 엄격하게 제한해야 할 것이다. 사회적인 속박이 없는 사람이라고 해도, 술이나 여자를 지나치게 밝히는 것은 자기 몸을 아껴야 한다는 관점에서 보면 어리석은 행위다. 지나친 탐닉은 건강을 해치고, 찰나의 쾌락을 즐긴 대가로 오랜 불행을 겪게 만든다.

어떤 열정이 불행의 원천이 되지 않기 위해서 결코 도를 넘어서는 안 될 몇 가지 요소들이 있다. 그것은 바로 건강을 유지하는

것, 자신의 능력을 전체적으로 유지하는 것, 생계유지에 충분한 소
득을 유지하는 것, 처자식에 대한 의무와 같은 가장 근본적인 사회
적 의무를 완수하는 것이다. 이 모든 것을 버리고 체스에 매달리는
사람은 본질적으로 보면 알코올중독자와 똑같이 위험하다. 체스 중
독자가 그다지 심한 비난을 받지 않는 이유는 알코올중독자에 비해
서 그 수가 훨씬 적고, 어느 정도 희귀한 능력을 지닌 사람만이 그
런 지적인 놀이에 빠져드는 경향이 있기 때문이다. 그리스 인들이
가졌던 중용에 대한 원칙은 실제적으로 이런 경우들을 모두 포괄하
고 있다. 밤에 체스를 한다는 기대에 부푼 채로 일을 하는 사람은
행복하지만, 하루 종일 체스를 두기 위해서 직업까지 버린 사람은
중용의 미덕을 잃어버린 사람이다.

톨스토이는 종교적 신조를 바꾸기 전이었던 젊은 시절, 군에
입대한 후 전투에서 용맹을 발휘해서 십자훈장을 받게 되었다. 하
지만 훈장 수여식이 있던 시간에 그는 체스에 너무 열중해 있던 나
머지 수여식에 가지 않기로 결심했다. 이것 때문에 톨스토이를 비
난할 수는 없다. 그는 군대에서 훈장을 타느냐 마느냐에 대해서 관
심이 없을 만도 했다. 하지만 다른 평범한 사람이 이런 행동을 했다
면 바보취급을 당했을 것이다.

지금까지 주장해온 원칙에 대해 제한을 둘 필요가 있다. 다른
모든 것을 희생하더라도 반드시 이루어야 한다고 정당화할 수 있을
정도로 대단히 고귀한 행동도 있다. 비록 처자식을 거지로 살아가
게 만들었다고 해도, 조국을 지키기 위해서 목숨을 바친 사람을 비
난할 수는 없다. 과학적인 발견이나 발명을 위해서 연구에 종사하

는 사람이 그 노력의 대가로 마침내 성공의 영광을 안게 되었다면, 비록 가족이 가난에 시달려왔다고 하더라도 그를 비난할 수는 없을 것이다.

하지만 그가 노력해왔던 발견이나 발명이 성공하지 못하면, 사람들은 그를 괴짜라고 비난한다. 이것은 공평하지 못한 태도다. 그가 성공하기 전까지는 그 일이 성공을 거둘지 아닐지 확신할 수 없는 것 아닌가? 기원 후 첫 천년 동안, 성자로서의 삶을 살기 위해서 가족을 버린 사람은 사람들의 존경을 받았다. 하지만 요즘에는 이렇게 속세를 떠나더라도 가족들을 위해서 얼마간의 준비를 해두어야 한다는 쪽으로 사람들의 생각이 달라졌다.

나는 대식가와 건강한 식욕을 가진 사람 사이에는 언제나 심리적인 차이가 깊게 자리잡고 있다고 생각한다. 다른 모든 것을 포기하고 한 가지 욕망만 지나치게 추구하는 사람은 대개 심리적으로 깊은 문제를 가지고 있고, 공포의 대상으로부터 달아나려고 하는 사람이다. 알코올중독자들의 경우 분명한 것은 그들이 잊기 위해서 술을 마신다는 점이다. 인생에 공포의 대상이 존재하지 않는 사람은 술을 마시지 않아 정신이 말짱할 때보다 만취상태가 더 기분 좋다고는 생각하지 않는다.

전설적인 어떤 중국인은 "나는 홀짝거리기 위해 술을 마시는 것이 아니라, 취하기 위해 마신다"고 했다. 한쪽으로 지나치게 치우친 열정들은 모두 이런 식이다. 이런 열정이 추구하는 것은 대상 그 자체에서 느끼는 즐거움이 아니라, 망각이다. 하지만 같은 망각이라도 곤드레만드레 술에 취해서 잊으려 하는가, 아니면 자신에게 있는 바람직한 능력을 발휘함으로써 잊으려 하는가에 따라 대단히 큰 차이가 있다. 아내를 잃은 아픔을 견디기 위해서 한자를 배웠던 보로의 친구는 고통을 잊으려고 했다. 하지만 그가 고통을 잊으려고 선택했던 활동은 아무런 해도 끼치지 않고, 오히려 그의 지성과 지식을 계발하는 활동이었다. 이런 식으로 고통에서 벗어나려고 하는 것에 대해서는 뭐라고 탓할 것이 없다. 하지만 음주, 도박을 비롯해서 손해를 일으키는 종류의 자극제에 매달리는 사람에 대해서는 상황이 다르다. 이도 아니고 저도 아니고, 좀처럼 판단하기가 모호한 경우가 있는 것도 사실이다. 인생이 지루하다고 비행기를 타거나, 등산을 하면서 무모한 모험을 하는 사람들에 대해서는 어떻게 생각해야 하는가? 그의 모험이 세상에 도움이 된다면, 그는 칭찬을 받을 것이다. 하지만 그렇지 않다면, 그는 도박꾼과 술꾼보다 약간 나은 수준으로 취급될 것이다.

진정한 열정은 망각하기 위한 열정이 아니다. 진정한 열정은 불행한 환경에 의해서 파괴된 경우를 제외하면 인간의 타고난 본성의 하나다. 어린아이들은 보고 듣는 모든 것에 흥미를 느낀다. 아이들의 눈으로 보면 세상은 놀라운 것들로 가득 차 있다. 아이들은 지식을 얻기 위해서 쉬지 않고 열심히 탐구한다. 물론 아이들이 추구하는 지식은 학문적인 것이 아니라, 자신의 관심을 끄는 대상에 대한 정확한 지식이다. 동물들은 장성한 후에도 건강하기만 하면 열정을 유지한다. 낯선 방에 들어간 고양이는 어디선가 쥐 냄새가 나지 않을까 구석구석 냄새를 맡아보고 나서야 자리에 앉는다. 사람은 극단적인 좌절에 빠지지 않는 한 외부 세계에 대한 자연스러운 흥미를 유지할 것이며, 흥미를 유지하는 한은 자유가 부당하게 침해되는 경우를 제외한다면 인생은 즐거운 것이라고 생각할 것이다.

우리의 삶에는 반드시 자유가 필요하다. 문명화된 사회 속에서 열정을 잃게 되는 주된 원인은 바로 자유에 대한 제한이다. 미개인들은 배가 고프면 사냥을 한다. 이런 모습은 직접적인 충동에 순종하는 것이다. 아침마다 일정한 시간에 일하러 나서는 사람들도 근본적으로는 같은 충동에 의해서 움직인다. 생계를 유지하고자 하는 욕망이 바로 그것이다. 하지만 현대인의 경우, 충동은 충동을 느끼는 바로 그 순간에는 직접적으로 행사되지 않고, 이론이나 신념, 결단을 거쳐서 간접적으로 행사된다. 막 출근길에 나선 사람은 방금 아침을 먹었기 때문에 배가 고프지 않다. 그러나 그는 배가 고파질 것을 알고 있고, 직장에 나가는 것은 앞으로 맞게 될 허기를 충족시키기 위한 수단이라는 것도 알고 있다.

충동은 불규칙한데, 문명사회의 습관은 규칙적이다. 미개인들 사이에서는 집단적인 활동조차도 자연스럽고 충동적이다. 부족이 전쟁에 나설 때면 북소리를 울려서 전의를 불러일으킨다. 현대의 활동은 이런 식으로 진행되지 않는다. 몇 시 몇 분 기차가 출발 할 시간이 되었을 때 조잡한 음악을 연주한다고 해서 역무원이나 기관사, 신호수의 활동 욕구가 치솟을 리가 없다. 이들이 각자 맡은 일을 하는 이유는 그것이 자기가 해야 할 일이기 때문이다. 다시 말하면, 이들의 동기는 간접적이다. 그들은 그런 활동 자체에 대해서는 아무런 충동도 느끼지 못하고, 그 활동의 최종적인 대가에 대해서만 충동을 느낀다. 대부분의 사회적인 활동은 이와 동일한 결점을 가지고 있다. 사회적인 활동에서 사람들은 이야기를 나누고 싶다는 욕구 때문이 아니라, 협동을 통해서 얻고자 하는 최종적인 이득 때문에 서로 이야기를 나눈다.

문명인은 삶의 모든 순간마다 충동을 억제해야 하는 상황에 구속된다. 아무리 기분이 좋아도 길거리에서 노래를 부르거나 춤을 출 수도 없고, 아무리 슬퍼도 길바닥에 주저앉아 울 수 없다. 그런 행동은 행인들의 통행을 방해할 우려가 있기 때문이다. 어려서는 학교에서, 어른이 되어서는 직장에서 내내 자유를 제한받는다. 결국 열정을 유지하기는 더 어려워진다. 이런 지속적인 제한들은 쉽게 피로와 권태를 불러일으키기 때문이다. 하지만 본능적인 충동을 상당부분 억제하지 못할 경우, 문명사회는 유지될 수 없다. 본능적인 충동은 현대의 경제조직이 필요로 하는 고도의 복잡한 사회적 협동 형태를 만들어내지 못하고, 가장 단순한 사회적 협동 형태만 만들어내기 때문이다.

열정을 가로막는 이런 장애물들을 뛰어넘으려면 건강과 넘치는 활력을 가지고 있어야 한다. 그렇지 않을 경우에는, 물론 운이 좋아야 가능한 일이겠지만, 일 자체에서 즐거움을 찾을 수 있는 직업을 가지고 있어야 한다. 통계에 의하면 지난 백 년 동안 문명국가에서 사람들의 건강은 꾸준히 향상되어 왔다. 하지만 건강에 비해 활력은 측정하기가 어려운 것이다. 나는 건강한 사람이 지닌 신체적 활력이 옛날만큼 왕성하다고는 생각하지 않는다. 이 문제는 대부분 사회적인 것이기 때문에, 이 책에서는 여기에 대해서 논하지 않겠다.

하지만 이 문제는 앞에서 피로와 관련해서 논의했던 개인적이 며 심리적인 측면과 관련되어 있다. 문명 생활의 구속을 받으면서 도 열정을 유지하는 사람들이 있다. 또한 대부분의 사람들도 활력 의 상당 부분을 소모하게 만드는 내면의 심리적 갈등으로부터 벗어 날 수 있다면 열정을 유지할 수 있을 것이다. 열정을 유지하기 위해 서는 작업에 필수적으로 요구되는 것보다 많은 양의 활력이 필요하 고, 이런 활력을 얻으려면 심리적 기능이 원만하게 작동할 수 있어 야 한다. 심리적 기능의 원만한 작동에 도움을 주는 요인들에 대해 서는 다음 장에서 이야기하려고 한다.

여성들의 경우에는 품위에 대한 잘못된 인식으로 열정이 크게 위축되고 있다. 이런 경향은 옛날에 비하면 요즘에는 상당히 줄어 든 편이지만, 아직도 심각한 형편이다. 여성이 남성에 대해서 솔직 하게 관심을 표현하거나, 남들 앞에서 지나치게 활발한 태도를 취 하는 것은 바람직하지 않은 것으로 여겨져 왔다. 남성에 대한 관심 없는 태도를 몸에 익히는 과정에서 여성들은 모든 일에 대한 관심 을 잃게 되거나, 기껏해야 특정한 종류의 바른 행동을 제외하고는 다른 어떤 일에 대해서도 관심을 가지지 않게 되는 경우가 대단히 많았다.

인생에 대해 무기력하고 소극적인 태도를 가지라고 가르치는 것은 열정에 매우 나쁜 영향을 주며, 대단히 품위 있는 여자들에게 특징적으로 나타나는 자아탐닉의 한 형태를 권장하는 것이다. 교육 을 받지 못한 여성의 경우, 이런 가르침은 더 심각한 영향을 미친 다. 여성들은 평범한 남성들의 관심을 끄는 스포츠에서 아무런 흥미를 느끼지 못하고, 정치 문제에 대해서도 무관심하다. 여성들은 남성들을 대할 때는 새침을 떨며 냉담한 태도를 취하고, 같은 여성들을 대할 때는 다른 여성들은 자신보다 품위가 떨어진다며 은근히 적대적인 태도를 취한다.

여성들은 자신이 남들과 잘 어울리지 않는다는 것을 자랑한다. 다시 말하면, 여성들은 남에게 관심이 없는 것을 미덕으로 여긴다. 물론 이것은 여성들 탓이 아니다. 여성들은 수천 년 동안 통용되어 온 여성과 관련된 도덕 교육을 감수해내고 있을 뿐이다. 하지만 여성들은 애석하게도 억압 체제의 피해자이면서도, 그 억압 체제가 부당하다는 것을 인식하지 못하고 있다. 이런 여성들은 엄격한 것은 다 옳고, 너그러운 것은 다 나쁘다고 여긴다. 이런 여성들은 사람들과의 교제에서는 기쁨을 감소시키는 방향으로 노력하고, 정치적으로는 억압적인 법률을 좋아한다.

다행스럽게도 이런 유형은 점점 줄어들고 있다. 하지만 이런 유형은 해방된 세계에 살고 있는 여성들이 추측하는 것에 비하면 아직도 대단히 일반적이다. 그럴 리가 없다고 생각하는 사람은 하숙할 사람을 구하는 하숙집을 여러 군데 찾아다니며, 하숙집 여주인들을 주의 깊게 살펴보는 것이 도움이 될 것이다. 잘 살펴보면 하숙집 여주인들은 삶에 대한 열정을 갉아먹는 여성적인 미덕에 의지해서 살아가고 있으며, 이로 인해서 지성과 감성이 제대로 성장하지 못하고 위축되어 있음을 알 수 있을 것이다.

진정한 의미에서 남성의 미덕과 여성의 미덕은 아무런 차이가 없으며, 비록 어떤 차이가 있다고 해도 관습이 주입해온 것과 같은

차이는 존재하지 않는다. 남성에게도 그렇지만, 역시 여성에게도
행복과 번영을 누릴 수 있는 비결은 바로 열정에 있다.

12. 사랑의 기쁨

진정한 행복을 가로막는 가장 치명적인 것은
사랑에 대한 신중한 태도다.

사람들이 열정을 잃게 되는 주요 원인 중 하나는 자신이 사랑
받지 못한다고 느끼는 데 있다. 반대로 사랑받고 있다는 느낌은 다
른 무엇보다 사람들의 열정을 크게 북돋워준다. 어떤 사람이 사랑
받지 못하고 있다고 느끼는 데는 여러 가지 이유가 있을 것이다. 자
신이 너무나 무서운 사람이라서 어느 누구도 자신을 사랑하지 않는
거라고 생각하는 것인지도 모르고, 어릴 적부터 다른 아이들보다
적은 사랑을 받는 데 길들여진 것인지도 모르고, 실제로 어느 누구
에게도 사랑받지 못하는 사람일지도 모른다. 어느 누구의 사랑도
받지 못하는 사람의 경우, 아마도 그 원인을 찾자면 어릴 적에 겪었
던 불행으로 자신감을 잃어버린 데 있을 것이다.

사랑받지 못한다는 느낌 때문에 사람은 여러 가지 태도를 취하

게 된다. 사랑을 얻기 위해서 유달리 친절한 행동을 하는 데 필사적인 노력을 기울일 수도 있다. 하지만 이 방법으로는 성공을 거두기 어렵다. 그렇게 친절을 베푸는 것은 그 동기가 상대방에게 간파되기 쉬운데, 인간의 본성은 사랑을 조르지 않는 사람에게 가장 쉽게 사랑을 베풀도록 되어 있기 때문이다. 그러므로 친절한 행동의 대가로 사랑을 사려고 애쓰는 사람은 은혜를 모르는 인간의 배은망덕을 경험하면서 환멸에 빠지게 된다. 그는 자신이 대가를 치러서라도 얻으려고 애쓰는 사랑이 자신이 베푸는 물질적 혜택보다 훨씬 값진 것이라는 생각은 전혀 하지 못하지만, 사실상 그의 행동은 이런 생각을 전제로 하고 있는 것이다.

자신이 사랑받지 못한다는 것을 알고 세상에 앙갚음을 하려는 사람도 있다. 이런 사람은 전쟁이나 혁명을 선동하고, 혹은 스위프트 집사[48]처럼 독기 어린 붓을 휘두르기도 한다. 이런 행동은 불행에 대한 과장된 반응으로, 세계 전체와 맞서 싸울 수 있을 만큼 다부진 성격이 있어야 가능하다. 이러한 경지에 도달할 수 있는 사람은 거의 드물고, 사랑받지 못하고 있다고 느끼는 대다수의 사람들은 소심한 절망에 빠져 가끔씩 질투와 적대감을 분출함으로써 이런 절망감을 누그러뜨릴 뿐이다.

일반적으로 이러한 사람의 생활은 극단적으로 자기중심적이다. 사랑을 받지 못하면 불안감을 느끼게 되는데, 그는 본능적으로

---

48) 스위프트Jonathan Swift(1667~1745)는 영국의 풍자작가이자 성직자다. 그는 대표작인 『걸리버 여행기』를 발표하고 나서, 사람들을 화나게 만드는 것이 이 작품의 목적이라고 말했다.

불안감에서 벗어나기 위해서 자신의 삶을 철저하고 완전하게 지배하는 습관을 들인다. 자진해서 변함없는 일과의 노예가 되는 태도는 대개 냉담한 외부 세계에 대한 두려움과 이제까지 살아온 방식대로 살아가면 그런 세계와 부딪히지 않으리라는 믿음에서 비롯된 것이다.

안정감을 가지고 삶에 임하는 사람은 불안감을 가지고 삶에 임하는 사람에 비하면 훨씬 행복한 사람이다. 물론 그런 안정감이 재난을 몰고 오지 않는다는 전제가 있어야 한다. 늘 그런 것은 아니지만, 대부분의 경우 안정감은 그 자체로도 안정감이 없었다면 굴복하고 말았을 위험에서 벗어나도록 도와준다. 높은 계곡에 걸린 좁은 외나무다리를 걸어서 건너는 사람이 겁을 먹으면 겁을 먹지 않을 때보다 떨어질 확률이 더 높은 것과 마찬가지다. 인생도 마찬가지다. 용감한 사람도 뜻하지 않은 재난을 만날 수 있다. 하지만 용감한 사람은 겁 많은 사람이라면 넋을 잃고 말 정도의 여러 가지 어려운 상황들을 아무런 상처 없이 뚫고 나오는 경우가 많다.

이처럼 유익한 자신감의 종류는 무수히 많다. 산에 있을 때 용감한 사람이 있고, 바다에 있을 때 용감한 사람이 있고, 또 하늘에 있을 때 용감한 사람이 있다. 그러나 인생에 대한 일반적인 자신감은 무엇보다도 자신이 필요로 하는 만큼 올바른 사랑을 받는 것에 익숙해져 있을 때 생긴다. 내가 여기서 말하고자 하는 것은 열정의 원천이라고 할 수 있는 이런 정신적인 태도에 관한 것이다.

물론 안정감은 호혜적인 사랑에서 나오는 경우가 대부분이지만, 정확히 구분하자면 안정감은 베푸는 사랑이 아니라 받는 사랑에서 나온다. 엄격히 말하자면, 사랑뿐만 아니라 존경심도 안정감을 주는 효과가 있다. 배우, 설교가, 연설가, 정치가 등 대중의 존경심을 얻어야 하는 직업을 가진 사람들은 날이 갈수록 박수갈채에 의존하게 된다. 대중의 찬동이라는 당연한 보상을 받으면 그들의 삶은 열정이 넘치지만, 그렇지 못하면 불만스럽고 자기중심적인 삶이 된다. 이들이 많은 사람들에게 우호적인 평가를 받는 것은 다른 사람들이 소수의 사람들에게서 집중적인 사랑을 받는 것과 같은 효과가 있다.

부모에게 사랑받고 있는 아이는 그것을 당연하게 여긴다. 아이는 자신의 행복에서 중요한 의미를 차지하는 부모의 사랑에 대해서 많이 생각하지 않는다. 그 아이는 세상에 대해, 자신이 하고 있는 여러 가지 모험에 대해, 그리고 어른이 되어서 마주치게 될 더 신나는 모험에 대해 생각한다. 그러나 이러한 모든 외부적 관심의 밑바닥에는 부모의 사랑이 자신을 재난으로부터 보호해주리라는 믿음이 있다.

어떤 이유 때문에 부모의 사랑을 받지 못하는 아이는 겁이 많아지고, 모험심이 부족해진다. 이런 아이는 두려움과 자기 연민의 감정에 빠져 신나는 모험을 하는 기분으로 세상에 나설 수 없게 된다. 이 아이는 유달리 어린 나이에 삶과 죽음, 인간의 운명에 대해 생각하기 시작할지도 모른다. 이 아이는 처음에는 내성적이고 우울한 사람이 되었다가, 결국에는 특정한 철학이나 신학에서 비현실적인 위안을 구하게 된다. 세상은 즐거운 일, 불쾌한 일이 일정한 순서 없이 뒤얽혀 있는 곳이다. 이런 세상에서 이해할 수 있는 체계나 양식을 뽑아내려고 하는 욕망은 본질적으로 일종의 두려움의 소산이며, 광장이나 공개적인 장소에 대한 공포에서 비롯된 것이다. 겁 많은 학생은 자기 방의 네 벽에 둘러싸여 있어야만 안심한다. 만일 우주가 자신의 방과 마찬가지로 질서정연하다는 사실을 깨닫는다면, 이 학생은 용감히 거리에 나서야 할 때에도 똑같은 안정감을 느낄 수 있을 것이다. 이러한 사람이 만일 더 많은 사랑을 받았더라면 현실 세계에 대한 두려움을 덜 느꼈을 것이고, 마음속에 현실 세계를 대체할 만한 이상적인 세계를 꾸며놓을 필요가 없었을 것이다.

그러나 모든 사랑이 모험심을 북돋는 데 있어서 같은 효과를 내는 것은 아니다. 사람들이 받아야 하는 사랑은 그 자체가 소심하지 않고 강한 것이어야 하며, 그 사랑을 받는 사람이 안정감보다는 탁월한 능력을 가지게 되길 바라는 것이어야 한다. 물론 이런 탁월한 능력이란 안정감과 어느 정도 관계가 있긴 하다. 겁 많은 어머니나 유모는 개들은 죄다 문다고 생각하고, 소들은 죄다 사납다고 생각하면서, 일어날 수 있는 여러 가지 재난에 대해 조심해야 한다고 아이에게 끊임없이 경고한다. 이러한 어머니나 유모는 아이들에게 자신이 가진 것과 똑같은 소심함을 심어주고, 아이들이 어머니나 유모가 곁에 있지 않으면 안심하지 못하도록 만든다.

지나치게 자식을 독점하려는 어머니는 아이가 이러한 감정을 갖는 것을 좋아할 수도 있다. 이런 어머니는 아이가 세상에 대처하는 능력을 갖기보다는 자신에게 의존하기를 바란다. 이런 어머니 밑에서 자란 아이는 결국 사랑받지 못하고 자란 아이보다도 불행하

194

게 되기 쉽다. 어릴 적에 형성된 정신적 태도는 평생 동안 지속되기 마련이다.

사랑에 빠진 사람들은 대부분 사랑 속에서 세파에서도 안전한 작은 피난처를 발견한다. 이곳에 있으면 그들은 존경받을 만한 일을 하지 못해도 존경받고, 칭찬받을 만한 일을 하지 못해도 칭찬받을 수 있다는 확신을 갖는다. 대부분의 사람들에게 가정은 진실로부터의 피난처다. 사람들이 가정에 있기를 좋아하는 것은 그들이 가정에서 진정시켜야 할 두려움과 소심함을 가지고 있기 때문이다. 사람들은 과거에 현명하지 못한 어머니로부터 받았던 것을 아내에게서 받고 싶어하지만, 막상 아내가 자신을 몸집만 큰 어린애로 취급하면 깜짝 놀란다.

위대한 사랑이 어떤 것인지 정의하기란 쉽지 않다. 사랑에는 일종의 보호적 요소가 있기 때문이다. 사랑하는 사람이 겪는 상처에 무관심할 수는 없는 노릇이다. 현실적으로 발생한 불행에 대해서는 함께 아픔을 나누어야 하지만, 불행을 당하지나 않을까 하는 걱정은 사랑에 있어서 가능한 작은 역할을 해야 한다. 다른 사람에 대한 지나친 걱정은 자기 자신에 대한 지나친 걱정에 비해 크게 나을 것이 없다. 게다가 그것은 소유욕의 위장된 형태인 경우가 많다. 그런 태도가 의도하는 것은 두려움을 불러일으켜 상대방에 대한 보다 완전한 지배권을 획득하는 데 있다. 이것은 남자들이 겁 많은 여자를 좋아하는 여러 이유 중의 하나다. 남자는 여자를 보호하는 과정에서 그 여자를 지배하게 되는 것이다. 아무런 상처 없이 견딜 수 있는 고통이 과연 어느 정도냐는 것은 그 사람의 성격에 따라 다르다. 대담하고 모험적인 사람은 아무런 상처 없이 엄청난 고통도 극복할 수 있지만, 겁이 많은 사람에게는 이런 기대를 버리도록 경고해주어야 한다.

베푸는 사랑은 두 가지 기능을 가지고 있다. 지금까지 우리는 안정감과 관련된 사랑을 살펴보았다. 하지만 어른들의 생활에서 사랑은 훨씬 본질적인 생물학적 목적을 가지고 있다. 그것은 바로 자녀를 낳아 키운다는 목적이다. 남녀를 막론하고 성애(性愛)를 느끼지 못하는 것은 큰 불행이다. 이런 경우에 그 사람은 인생이 제공하는 가장 큰 기쁨을 누릴 수 없다. 이런 기쁨을 누리지 못하는 사람은 언젠가는 열정을 잃게 되고, 내향적인 성격이 된다. 어린 시절에 겪은 불행이 훗날 사랑을 얻을 수 없게 만드는 성격적인 장애를 초래하는 경우가 상당히 많다.

이런 문제는 여성들에게도 흔히 나타나지만, 남성들의 경우에 특히 심하게 나타난다. 대개 여성은 성격에 끌려 어떤 남성을 사랑하지만, 남성은 외모에 반해서 어떤 여성을 사랑하기 때문이다. 이러한 점에서 남성은 여성보다 열등하다고 할 수 있다. 남성들이 흡족하게 여기는 여성의 특성은 대개 여성들이 흡족하게 여기는 남성의 특징보다 바람직하지 못한 경우가 많기 때문이다. 하지만 나는 좋은 성격을 가꾸는 것은, 아름다운 외모를 가꾸는 것에 비해서 결코 쉬운 일이 아니라고 생각한다. 어쨌든 여성은 아름다운 외모를 가꾸기 위해서 필요한 과정을 잘 이해하고 쉽게 따라가지만, 남성은 좋은 성격을 기르기 위해서 필요한 과정을 이해하고 추구하는 데 있어서 여성에 비해 뒤떨어진다.

지금까지는 받는 사랑에 대해 살펴보았지만, 이제부터는 베푸는 사랑에 대해 살펴보고자 한다. 이 사랑에도 역시 두 가지 종류가 있는데, 그 중 하나는 삶의 열정을 드러내는 가장 중요한 표현으로서의 사랑이고, 다른 하나는 두려움을 드러내는 표현으로서의 사랑이다. 나는 전자는 매우 바람직한 것이지만, 후자는 기껏해야 위안거리에 지나지 않는다고 생각한다.

맑게 갠 날, 아름다운 해안을 따라 배를 타고 항해하고 있는 사람은 해안의 장관에 감탄하며 즐거워할 것이다. 이러한 즐거움은 오직 밖을 보는 데서 나온 것으로, 그 사람의 간절한 욕구와는 아무런 관계가 없다. 한편 배가 난파되는 바람에 해안을 향해 헤엄쳐 가고 있는 사람은 해안에 대해 새로운 애정을 느낄 것이다. 해안은 위험한 파도와 대비되는 안전한 곳으로 의미가 있기 때문에, 해안의 경치가 좋냐, 나쁘냐는 아무런 의미도 가질 수 없게 된다. 바람직한 사랑은 안전한 배에 탄 사람이 느끼는 감정에 견줄 수 있고, 배가 난파당해서 헤엄치는 사람이 느끼는 감정은 그보다 못한 사랑에 견줄 수 있다.

첫 번째 사랑은 어떤 사람이 안정감을 느끼고 있거나, 자신을 둘러싸고 있는 위험에 대해서 무관심한 경우에만 가능한 사랑이다. 하지만 두 번째 사랑은 불안감에서 비롯되는 사랑이다. 불안감으로 인한 사랑은 안정감으로 인한 사랑에 비해서 훨씬 주관적이고 자기중심적이다. 불안감을 느끼는 사람은 상대방을 본질적인 특성으로 평가하지 않고, 그 사람이 베푸는 봉사로 평가하기 때문이다. 나는 이러한 종류의 사랑이 인생에서 어떤 중요한 역할도 하지 못한다고

197

주장하려는 것은 아니다. 현실적인 사랑은 모두 두 가지의 성격을 함께 가지고 있다. 불안감을 치료해주는 사랑은 사람을 자유롭게 만들어 위험과 공포를 느끼는 순간에 희미해졌던 세상에 대한 관심을 다시 느끼게끔 해준다. 비록 불안감에서 비롯된 사랑도 인생에서 담당하는 역할이 있긴 하지만, 안정감에서 비롯된 사랑보다 못하다는 것을 잊지 말아야 한다. 불안감에서 비롯된 사랑은 두려움에 의해서 좌우되는데, 그런 사랑은 안정감에서 비롯된 사랑에 비해서 훨씬 자기중심적이다. 낡은 불행에서 벗어나려는 사랑보다 새로운 행복을 바라는 사랑이 더 바람직하다.

가장 바람직한 사랑은 서로 생명력을 주고받는 사랑이다. 두 사람은 애쓰지 않고도 기쁨으로 사랑을 주고받으며, 둘 다 행복을 느끼기 때문에 결국 세상에 대해서도 더 큰 흥미를 느낀다.

하지만 흔하지는 않지만 다른 종류의 사랑도 있는데, 그것은 한 쪽이 다른 쪽의 생명력을 빨아들이는 사랑, 한 쪽이 다른 쪽이 베푸는 사랑을 받아들이기만 하고, 아무것도 되돌려주지 않는 사랑이다. 대단히 활력이 넘치는 사람들이 이러한 흡혈적 유형에 속한다. 그들은 희생자들로부터 차례차례 그 생명력을 빨아들인다. 그들이 번영을 누리면서 점점 흥미로운 존재가 되는 동안, 그들에게 희생된 사람들은 점점 창백해지고, 우둔해지고, 무력해진다. 이들은 다른 사람들을 자신의 목적을 실현하기 위한 수단으로만 여길 뿐, 결코 목적 그 자체로는 여기지 않는다. 사실상 그들은 한동안 자신의 사랑이라고 생각했던 사람들에게는 아무런 관심이 없고, 대단히 몰인정한 자신의 활동에 자극을 주는 것에만 관심이 있다.

이러한 태도는 예외 없이 성격상의 장애에서 비롯된다. 하지만 이런 성격상의 장애는 진단하기도 쉽지 않고 치료하기도 쉽지 않다. 이런 특성은 거대한 야망과 결부되는 경우가 많으며, 행복에 대한 지나치게 일면적인 관점에 그 뿌리를 두고 있다.

두 사람이 서로에 대해 진정한 관심을 가지고 있는 사랑, 서로를 단순히 자신의 행복에 도달하기 위한 수단으로 보는 것이 아니라, 공동의 행복을 추구하는 결합체로 보는 사랑이야말로 진정한 행복에 이르는 아주 중요한 요소다. 자아를 철벽 속에 가두어놓아서 자아를 확대할 수 없는 사람은 설사 직업에서 성공한다고 해도 인생이 베푸는 최고의 행복은 놓치게 되기 마련이다.

사랑을 중요시하지 않는 야망은 대개 인류에 대한 분노 또는 증오가 빚어낸 산물이다. 이러한 분노와 증오는 어려서 겪은 불행, 어른이 되어서 겪은 불의, 또는 피해망상을 일으키는 여러 가지 원인에서 비롯한다. 세상을 완전히 즐기려는 사람은 지나치게 강한 자아라는 이름의 감옥에서 벗어나야 한다. 자아의 감옥에서 벗어난 사람이 가진 특징 중에는 진정한 사랑을 할 수 있는 능력이 포함된다. 사랑은 받는 것만으로는 충분하지 않다. 받는 사랑은 마땅히 베풀어야 할 사랑을 해방시켜야 한다. 이 두 종류의 사랑이 비슷한 수준으로 존재할 때 사랑은 그 최대의 가능성을 달성할 수 있다.

호혜적인 사랑이 피어나는 것을 막는 심리적인, 혹은 사회적인 방해물은 우리 사회에 중대한 해악을 미친다. 지금까지 세상에는 늘 이런 방해물이 있었고, 지금도 이런 방해물이 존재하고 있다. 사람들은 부당한 것이 아닐까 하는 두려움 때문에 칭찬하기를 주저하고, 사랑을 준 상대나 비판적인 세상 때문에 상처받지나 않을까 하는 두려움 때문에 사랑을 베풀기를 주저한다. 도덕과 세속적인 처세술이라는 미명 아래 신중한 태도가 강요되고, 그 결과 사랑과 관련하여 관대한 태도와 모험적인 태도는 억제된다. 이런 경향은 인간 세상에 대한 두려움과 분노를 자아내며, 많은 사람들로 하여금 세상에 대한 행복하고 적극적인 태도를 가지기 위해 없어서는 안 될 근원적인 욕구를 잊고 지내게 만든다.

그렇다고 해서 부도덕한 사람이 도덕적인 사람보다 우월하다고 할 수는 없다. 대부분의 성적 관계에는 진정한 사랑이라고 부를 만한 것이 거의 없으며, 오히려 심각한 적의가 깃든 경우가 드물지 않다. 성적 관계 속에서 사람들은 저마다 자기 자신을 포기하지 않으려고 애쓰며 근본적인 고독감을 유지하기 때문에, 저마다 고립된 채로 남아 아무런 결실도 맺지 못한다. 이러한 성적 경험은 어떠한 중요한 가치도 가질 수 없다. 그렇다고 성적 관계를 신중하게 피해가야 한다는 이야기를 하려는 것은 아니다. 그 목적을 이루기 위해서 거쳐야 할 과정이 자칫하면 보다 가치 있고 깊은 사랑이 자라날 수 있는 상황에서 장해물이 될 수도 있기 때문이다. 내가 말하고 싶은 것은 진정으로 가치 있는 성적 관계는 신중한 태도가 필요하지 않은 관계, 두 사람의 모든 인격이 융합하여 새로운 공동의 인격을 형성하는 관계라는 점이다. 여러 종류의 신중함 가운데 진정한 행복을 가로막는 가장 치명적인 것은 사랑에 대한 신중한 태도일 것이다.

13. 좋은 부모가 되려면

이제 부모 노릇은 겁나고, 불안하며,
양심에 걸리는 고민거리가 많은 일이 되었다.

예로부터 이어져 내려온 제도 중에서, 요즘의 가족제도만큼 심하게 와해되고 탈선된 것은 없다. 부모의 자녀에 대한 사랑, 그리고 자녀의 부모에 대한 사랑은 행복의 가장 큰 원천의 하나가 될 수 있다. 하지만 요즘 부모와 자녀의 관계는 대부분 양쪽 모두에게, 혹은 어느 한 쪽에게 불행의 원천이 되고 있다. 가족은 원래 근원적인 만족을 줄 수 있는 것인데, 현대의 가족은 그러한 만족을 주지 못하고 현대인의 보편적인 불만족을 빚어내는 가장 뿌리 깊은 원인이 되고 있다.

자녀들과 행복한 관계를 맺고 싶어하거나, 자녀들에게 행복한 생활을 마련해주기를 바라는 어른은 부모다움에 대해서 진지하게 고민해야 하며, 고민을 한 후에는 현명하게 행동해야 한다. 가족이라는 문제는 너무나 광범하므로, 이 책에서는 행복의 정복이라는 우리의 특별한 관심사와 관련한 내용만 다루려고 한다. 행복의 정복이라는 문제와 관련된 경우를 다루되, 사회구조의 변혁이 없다는 것을 전제로 각 개인의 능력으로 이룰 수 있는 개선사항에 대해서만 다룰 것이다. 물론 이것은 매우 중대한 제한 사항이다. 오늘날 가족의 불행은 대단히 다양한 원인, 즉 심리적 · 경제적 · 사회적 · 교육적 및 정치적 원인들에서 비롯되기 때문이다.

부유한 계층의 경우에는 여성들이 자식을 낳아 기르는 것을 옛날에 비해서 훨씬 큰 부담으로 여기게 되었다. 이런 현상에는 두 가지 원인이 얽혀 있다. 그 중 하나는 독신 여성에게 직업을 가질 기회가 열려 있다는 것이고, 다른 하나는 가사 노동의 대행이 쇠퇴하고 있다는 것이다.

옛날에는 독신 여성에게 주어진 견디기 힘든 생활 조건이 여성들을 결혼으로 몰아갔다. 독신 여성들은 경제적으로 가족에게 의존한 채 살아야 했다. 그들은 처음에는 아버지에게, 다음에는 그들을 성가시게 여기는 남자 형제들에게 의존해야 했다. 이들에게는 하루하루를 메워나갈 직업이 없었고, 집 울타리 밖에서 즐거움을 추구할 자유도 없었다. 이들에게는 성적 모험을 즐길 만한 기회도 없었고, 그럴 생각도 없었다. 이들은 혼인 관계를 기초로 하지 않는 성적 모험은 추악한 것이라고 굳게 믿고 있었다. 이런저런 안전장치에도 불구하고 어떤 음흉한 남성의 계략에 넘어가 정조를 잃게 되면, 이들의 처지는 극단적으로 가련해진다. 이 점은 『웨이크필드의 목사』[49]에 아주 정확하게 묘사되어 있다.

그녀의 죄를 덮고

그녀의 수치를 만인의 눈으로부터 가려주고

그녀의 애인을 뉘우치게 하며

그의 가슴을 쥐어짜는 방법은 단 하나,

그것은 바로 죽음이다.

현대의 독신여성들은 이러한 처지가 되어도 죽음을 피할 수 없는 선택이라고 생각하지는 않을 것이다. 제대로 교육을 받은 여성이라면, 어렵지 않게 안락한 생활을 할 만한 소득을 올릴 수 있고, 따라서 일일이 부모의 허락을 구할 필요가 없다. 부모는 딸에 대한 경제적 지배권을 상실했기 때문에 딸을 도덕적으로 비난하는 일을 갈수록 삼가게 되었다. 꾸중을 감수할 마음이 없는 사람을 꾸중해봐야 아무런 소용이 없다. 그래서 요즘에는 전문직 계층에 속하면서 지성이나 매력이 평균 이하가 아닌 젊은 미혼 여성은 아주 즐겁게 살 수 있다. 물론 이것은 이 여성이 자녀를 가지고 싶다는 욕망에 빠져들지 않는다는 것을 전제로 하는 이야기다.

그러나 자녀를 가지고 싶다는 욕망을 억누르지 못한다면 이 여성은 결혼을 해야 하고, 그렇게 되면 거의 틀림없이 직업을 잃게 된다. 이 여성이 누리는 안락함은 이미 몸에 배인 안락함과 비교하면 훨씬 낮은 수준으로 떨어진다. 남편의 수입은 이 여성이 예전에 벌

---

49) 『웨이크필드의 목사*The Vicar of Wakefield*』(1766)는 올리버 골드스미스*Oliver Goldsmith*(1730~1774)의 소설로 시골 생활을 그리고 있다. 고약한 지주 때문에 목사의 두 딸이 농락당하는 내용이다.

던 것과 별 차이가 없는 경우가 많은데다, 이 수입을 여자 혼자서 쓰는 것이 아니라 한 가족이 써야 하기 때문이다. 이 여성은 이미 독립적인 생활을 누려본 경험이 있기 때문에 필수적인 지출에 필요한 돈을 타기 위해 남에게 손을 벌리는 것을 성가시다고 느낀다. 이러한 여러 가지 이유 때문에 여성들은 아기 갖는 것을 망설인다.

그럼에도 불구하고 과감하게 결혼에 뛰어드는 여성은 이전 세대의 여성들과 비교할 때, 새롭고 엄청난 문제에 부딪치게 된다. 그것은 바로 가사 노동 대행 서비스의 양적 · 질적 저하라는 문제다. 그 결과 이 여성은 가정에 묶인 채 능력과 교육 수준에 어울리지 않는, 수없이 많은 자질구레한 일들을 감당하게 되며, 직접 가사 노동을 하지 않는 경우라고 해도 게으름을 부리는 가정부들에게 잔소리를 해대느라 마음의 평정을 잃게 된다.

자녀 양육도 큰 문제다. 공들여 자녀 양육에 관한 지식을 쌓은 여성이라면 보모에게 아이를 맡기거나, 청결과 위생이라는 가장 기본적인 예방 조치를 남에게 맡기려면 재난을 부를 수도 있는 엄청난 위험을 무릅써야 한다는 것을 알게 된다. 특정한 학교에서 비싼 학비를 들여가며 훈련을 받은 보모를 채용할 만한 여유가 없는 한 별 도리가 없다. 결국 이 여성은 엄청난 양의 자질구레한 일들에 치이게 되고, 얼마 가지 않아 모든 매력을 잃고 지성의 4분의 3을 잃게 된다. 그렇게 살면서도 매력과 지성을 잃지 않는 여자가 있다면, 퍽이나 운이 좋은 여자다.

꼭 해야만 하는 일들을 할 뿐인데도 이런 여성들은 남편에게는 따분한 아내, 자녀에게는 귀찮은 존재가 되는 경우가 많다. 저녁이 되어 남편이 직장에서 돌아왔을 때, 낮에 겪었던 이런저런 문제들을 이야기하는 여자는 따분한 여자고, 그런 이야기를 하지 않는 여자는 얼빠진 여자다. 자녀들과의 관계를 보면, 이 여성은 자녀를 위해서 자신이 치러야 했던 여러 가지 희생들이 마음에 남아 있어서 지나친 보상을 요구하게 되기 쉽다. 그리고 끊임없이 자질구레한 일에 신경을 쓰는 것이 몸에 배어 쩨쩨하고 까다롭게 굴게 된다. 이 여성이 겪어야 하는 부당한 대접 중에서 가장 치명적인 것은, 가족들 옆에서 충실하게 의무를 수행한 대가로 가족의 사랑을 잃게 되는 것이다. 만일 이 여성이 가족을 소홀히 여기고 쾌활하고 매력적인 생활을 유지했다면 아마 가족들은 이 여성을 사랑했을 것이다. 〔진 에일링Jean Ayling은 『부모 노릇에서 달아나기*The Retreat from Parenthood*』에서 전문적인 계층에게 영향을 미치는 이러한 문제들을 놀라운 통찰력과 적극적인 솜씨로 다루고 있다.〕

이러한 문제들은 본질적으로 경제적인 문제다. 그런데 경제적인 문제에 버금갈 만큼 중요한 문제가 또 하나 있다. 대도시로 인구가 집중되면서 생겨난 주거 문제가 바로 그것이다. 중세의 도시들은 요즘의 농촌처럼 전원적이었다. 어린이들은 요즘도 이런 동요를 부른다.

바울의 뾰족탑 위에 나무 한 그루,
사과가 잔뜩 매달려 있네.
런던의 어린이들이
막대기를 들고 사과를 따러 달려가네.

울타리에서 울타리로 달리다 보니
어느새 런던 다리라네.

바울 성당의 첨탑은 없어졌다. 성 바울 성당과 런던 다리 사이
에 있던 울타리들이 언제 없어졌는지에 대해서는 아는 바가 없다.
런던 거리의 어린아이들이 이 동요가 암시하는 것과 같은 즐거움을
누리던 것은 수세기 전의 일이다. 그러나 얼마 전까지만 해도 인구
의 대부분은 농촌에 살고 있었다. 도시는 그렇게 크지 않았기 때문
에 도시에서 벗어나기도 쉬웠고, 도시 안에도 정원이 딸려 있는 집
들이 많았다. 오늘날 영국의 도시 인구는 농촌 인구를 훨씬 능가하
고 있다. 미국에서는 도시 인구의 우위가 그다지 크지 않은 편이지
만, 매우 빠르게 증가하고 있다. 런던이나 뉴욕 같은 도시는 너무
크기 때문에 빠져나오는 데도 많은 시간이 걸린다.

도시에 사는 사람들은 대개 아파트 생활에 만족해야 한다. 물
론 아파트에는 한 뼘의 땅도 붙어 있지 않다. 수입이 넉넉하지 못한
사람들은 그런 최소한의 공간에 만족해야만 한다. 어린 자녀들이
있을 경우 아파트 생활은 곤란하다. 아파트에는 어린이들이 놀 수
있는 장소도 없고, 부모가 어린이들의 소란을 피할 장소도 없다.따
라서 전문직 종사자들은 교외로 나가 사는 경향이 점점 많아지고
있다. 이것은 아이들의 입장에서 보면 바람직한 일임에 틀림없다.
하지만 이로 인해서 남편들이 겪어야 하는 생활의 피로는 늘어나
고, 남편들이 가정에서 맡을 수 있는 역할은 크게 줄어들게 된다.

하지만 나는 이런 경제적 문제에 대해서 논할 생각이 없다. 이

문제는 우리가 관심을 두고 있는 문제, 즉 개개인이 행복을 찾기 위해서 지금 당장 무엇을 할 수 있는가라는 문제를 벗어나는 것이기 때문이다.

요즘 시대에 부모와 자녀 사이의 관계에 존재하는 심리적 장애를 다루다 보면, 이러한 문제에 더 접근하게 된다. 사실 이것은 민주주의가 야기한 문제 중의 하나다. 옛날에는 주인과 노예가 따로 있어서, 주인은 해야 할 일을 결정했고, 대개 자신의 행복을 위해 봉사하는 노예들에게 만족했다. 주인을 미워하는 노예도 있었지만, 그런 경우는 우리가 민주주의 이론을 접하면서 떠올리는 것처럼 흔히 있는 일은 아니었다. 하지만 노예가 주인을 미워하는 경우에도, 주인은 이러한 사실을 전혀 모른 채 그저 행복하게 지냈다.

그러나 민주주의 이론이 보편적으로 확산되면서, 사정은 완전히 달라졌다. 이제까지 고분고분하게 굴던 노예들은 순종적인 태도를 버렸고, 이제까지 노예를 부리는 자신의 권리에 대해 전혀 의심을 갖지 않았던 주인들은 확신을 잃고 주저하게 되었다. 주인과 노예 사이에 마찰이 생기면서 양쪽 모두 불행해졌다. 민주주의가 나쁘다고 주장하기 위해서 이런 이야기를 하는 것은 아니다. 이런 문제는 중요한 전환기마다 항상 제기되는 문제일 뿐이다. 그렇다고 해서 이 전환기가 진행되는 동안에, 이런 문제들이 세상살이를 불편하게 만든다는 사실을 외면할 필요는 없다.

부모와 자녀의 관계 변화는 민주주의가 보편적으로 확산되었다는 것을 보여주는 한 가지 특별한 예다. 부모들은 자신에게 자녀

들의 의사를 막을 수 있는 권리가 있다는 확신을 잃어버렸고, 자녀
들은 부모의 뜻을 존중해야 한다는 생각을 하지 않게 되었다. 예전
같으면 이유를 따질 필요 없이 강요되던 순종의 미덕은 케케묵은
것이 되었는데, 이것은 온당한 일이다.

정신분석 이론을 알게 된 교양 있는 부모들은 자신들이 미처
깨닫지 못하는 사이에 자녀들에게 해를 끼치게 되지는 않을까 무서
워하고 있다. 부모의 키스를 받고서 오이디푸스 콤플렉스가 생기는
아이도 있을 수 있고, 반대로 부모에게서 키스를 받지 못해서 격렬
한 질투심이 생기는 아이도 있을 수 있다. 부모에게서 이렇게 하라,
저렇게 하라는 지시를 받고서 죄의식을 느끼는 아이도 있을 수 있
다. 하지만 아무런 지시도 받지 않고 큰 아이는 좋지 않은 버릇이
들게 된다. 엄지손가락을 빼는 아이를 보면 부모는 온갖 무서운 추
리를 하면서도, 정작 그런 행동을 하지 못하게 하려면 어떻게 해야
하는지 몰라서 당황한다.

예전 같으면 부모 노릇은 당당하게 권위를 행사하는 것이었다.
하지만 이제 부모 노릇은 겁나고, 불안하며, 양심에 걸리는 고민거
리가 많은 일이 되었다. 독신 여성으로 남아 있을 경우에 누릴 수
있는 새로운 자유 때문에, 여성들은 어머니가 될 각오를 하려면 예
전보다 훨씬 더 많은 것을 희생해야 한다. 이제는 예전에 부모 노릇
을 하면서 느낄 수 있었던 단순한 기쁨은 사라지고 없다.

이런 상황에서 양심적인 어머니는 자녀에게 요구하는 것이 지
나치게 적고, 비양심적인 어머니는 요구하는 것이 지나치게 많다.
양심적인 어머니는 자연스러운 애정 표현을 삼가고 조심스러워지

며, 비양심적인 어머니는 자신이 포기할 수밖에 없었던 기쁨을 자녀에게서 보상받기를 원한다. 양심적인 어머니의 품에서 자란 아이는 사랑에 굶주리고, 비양심적인 어머니의 품에서 자란 아이는 지나친 사랑을 받는다. 가정이 최선의 상태에서 제공할 수 있는 단순하고 자연스러운 행복은 이 두 가지 경우 중 어느 쪽에도 존재하지 않는다.

이런 어려움이 있으니, 출산율이 줄어드는 것이 이상할 것도 없다. 출산율 저하는 머지않아 인구 감소가 시작될 것을 보여주는 단계에까지 이르렀다. 하지만 부유층에서는 벌써 오래 전에 이런 단계를 지나쳤다. 이런 현상은 한 나라뿐만 아니라, 거의 모든 고도의 선진문명국에서 나타나고 있다. 부유층의 출산율과 관련된 믿을 만한 통계는 그다지 많지 않다. 앞에서 말했던 진 에일링의 책에서 두 가지 사실을 인용해보자. 1919년에서 1922년 사이, 스톡홀름에서 직업여성의 임신율은 전체 여성 임신율의 3분의 1에 지나지 않았다. 또한 1896년부터 1913년 사이에 미국 웰즐리 대학[50]의 졸업생 4천 명이 낳은 자녀는 약 3천 명에 불과하다. 하지만 실제로 인구 감소를 막으려면 졸업생들은 8천 명의 아이들을 낳아야 하고, 그 중 어려서 죽은 아이가 단 한 명도 없어야 한다.

백인종이 만든 문명은 한 가지 이상한 특성을 지니고 있다. 문명에 동화될수록 사람들의 출산율은 낮아진다는 것이다. 최고의 학

---

50) 웰즐리 대학Wellesley College은 미국 매사추세츠 주 중부의 노퍽에 있는 명문 여대로 1871년에 설립되었다.

력을 가진 사람들이 가장 출산율이 낮고, 최저의 학력 수준에 있는 사람들이 가장 출산율이 높으며, 이 양극단 사이에 위치한 사람들의 학력 수준과 출산율 사이에는 반비례 관계가 나타난다. 오늘날 서구 국가들에서 가장 지적인 계층은 소멸해가고 있다. 문명화가 덜 된 지역에서 들어오는 이민자들이 인구를 보충해주지 않는다면, 얼마 지나지 않아 서구 국가들의 인구는 줄어들 것이다. 이민자들 역시 이주한 국가의 문명에 동화되는 순간부터 출산율이 낮아지기 시작할 것이다. 이러한 특성을 가진 문명은 불안정할 수밖에 없다. 구성원을 충원하지 못하는 문명은 조만간 소멸할 것이며, 그 대신 인구 감소를 예방할 수 있을 만큼 자녀 출산의 욕구가 강한 다른 문명이 번성하게 될 것이다.

서구 국가들의 도덕주의자들은 훈계와 감상적인 방법으로 이 문제를 극복하려고 노력하고 있다. 한편으로 이들은 설사 아이들이 건강과 행복을 누릴 수 있는 가능성이 없다고 하더라도, 결혼한 부부는 하느님이 원하는 대로 아이를 낳을 의무가 있다고 주장한다. 다른 한편으로 남자 성직자들은 모성의 성스러운 기쁨에 대해 떠들어대며, 설사 질병과 가난으로 고통받는 아이들이 있다고 하더라도 아이를 많이 낳는 가정이 행복한 가정이라고 주장한다. 국가는 총알받이로 쓰려면 충분한 인구가 필요하다며 거들고 나선다. 전쟁을 할 수 있을 만한 충분한 인구가 없다면, 아무리 정교한 살상 무기가 있더라도 무슨 소용이 있겠는가? 이상하게도 사람들은 이런 일은 다른 사람들에게만 일어날 것이라고 생각하고, 막상 자신은 이런 경우와는 거리가 멀다고 생각한다.

성직자들이나 애국자들이 사용하는 심리작전에는 약점이 있다. 지옥의 불구덩이에 빠지게 될 것이라는 위협이 사람들에게 통한다면, 성직자들의 작전은 성공할 것이다. 하지만 요즘 세상에 이런 위협을 곧이곧대로 받아들이는 사람은 극소수에 불과하다. 이런 약점을 가진 위협으로는 본질적으로 사적인 문제에 속하는 행동을 제대로 통제할 수 없다.

국가의 이론은 너무나 무자비하다. 사람들은 남들을 총알받이로 쓰는 것에는 동의할지 몰라도, 자신의 자녀들이 이런 방식으로 사용되는 것을 좋아할 리가 없다. 그러니 국가가 할 수 있는 일이란 가난한 사람들이 계속 무식한 상태로 남아 있도록 노력하는 것뿐이다. 하지만 통계가 보여주는 바에 따르면, 이상하게도 서구 국가들 가운데서도 특별히 뒤떨어진 국가를 제외하고는 이런 노력이 성공을 거둔 경우가 없다.

요즘도 과거에 비해서 국가의 구성원을 출산해야 하는 공적인 의무가 있다는 생각이 확고하지 않은 편이지만, 앞으로는 공적인 의무감에서 자녀를 낳는 사람을 찾아보기 힘들 것이다. 남녀가 만나 자녀를 낳는 것은 자녀가 자신들을 더 행복하게 해줄 거라고 믿고 있거나, 혹은 피임하는 방법을 모르기 때문이다. 아직도 두 번째 이유가 큰 힘을 발휘하고 있기는 하지만, 그 힘은 꾸준히 줄어들고 있다. 국가나 교회에서 출산율이 계속 감소하는 것을 막을 수 있는 방법은 없다. 그러므로 백인종의 대를 끊지 않으려면, 부모 노릇이 부모에게 행복을 줄 수 있는 것이 되어야 한다.

오늘날의 환경을 고려하지 않고 인간의 본성만 놓고 본다면,

부모가 된다는 것은 심리적으로 볼 때, 인생이 제공할 수 있는 가장 훌륭하고도 지속적인 행복이다. 이것은 남성들보다 여성들에게 더 잘 들어맞는 것 같지만, 남성들에게도 대부분의 현대인들이 상상하는 것보다 잘 들어맞는다. 이것은 과거의 문학에서는 대부분 당연시되었던 사실이었다. 헤카베[51]는 트로이 왕인 남편 프리아모스보다 자식을 더 사랑했고, 맥더프[52]는 아내보다 자식을 더 사랑했다. 『구약성서』를 보면, 남성이나 여성이나 할 것 없이, 자손을 남기는 데 대단히 관심이 많았다. 중국과 일본에서는 이러한 태도가 오늘날까지도 계속되고 있다. 이러한 욕망은 조상 숭배에서 비롯되었다는 주장도 있지만, 내가 보기에는 오히려 진실은 정반대인 것 같다. 다시 말하자면 조상 숭배야말로 가족의 지속성에 대한 사람들의 관심에서 나온 현상인 것이다.

앞에서 살펴보았던, 직업을 가진 여성의 문제로 돌아가서 생각해보자. 자녀를 갖기 위해서 직업을 가진 여성이 감수해야 할 희생은 매우 크다. 그럼에도 불구하고 대부분의 직장 여성이 자녀를 갖는다는 사실은 자녀를 가지고 싶다는 여성의 충동이 매우 강하다는 것을 뒷받침한다고 볼 수 있다. 내 개인적으로는 이제껏 경험해온 다른 어떤 행복보다도 아이를 낳아 기르는 행복이 가장 크다고 느낀다. 환경 때문에 이러한 행복을 포기할 수밖에 없는 남성이나 여성은, 근본적인 욕구가 충족되지 않기 때문에 원인 모를 불만과 무

---

51) 그리스 신화에 나오는 이야기로 유리피데스(B.C. 484?~406)는 이를 바탕으로 비극 「헤카베」를 썼다.
52) 맥더프는 셰익스피어의 비극인 「맥베스」에서 맥베스를 살해한 인물이다.

기력에 시달리게 될 것이다.

젊음이 지나간 뒤에는 더욱 그렇겠지만, 이 세상에서의 삶을 행복하게 영위하기 위해서는 반드시 다음과 같은 마음가짐을 갖추어야 한다. 그것은 바로 자신은 곧 인생의 막을 내릴 고립된 개체가 아니라, 최초의 세포로부터 멀고 먼 미지의 미래로 이어지는 생명의 흐름의 한 부분이라고 생각하는 마음가짐이다. 관습적인 표현을 빌린 의식적인 생각이라는 측면에서 본다면 이런 마음가짐은 초문명적이며 지적인 세계관이지만, 막연한 본능적 감정이라는 측면에서 본다면 원시적이고 자연스러운 것이다. 그런데 초문명적인 세계관에는 이런 본능적 감정이 결여되어 있다. 미래에 확고한 흔적을 남길 만큼 위대하고 뛰어난 업적을 이룰 수 있는 능력을 가진 사람은 일을 통해서 이러한 감정을 만족시킬 수 있지만, 특별한 재능을 갖지 못한 남녀의 경우에는 자녀를 통해서만 이러한 감정을 충족시킬 수 있다.

자신의 생식 충동이 쇠퇴하도록 방치하는 사람들은 곧 생명의 흐름에 합류하지 못하도록 자신을 격리시키고, 이를 통해 자신의 생명력을 메마르게 하는 엄청난 위험을 감수하고 있는 셈이다. 유난히 인간에 대해 관심 있는 사람이 아니라면, 이들의 입장에서는 죽음이 곧 모든 것의 끝이다. 이들은 자신이 죽은 뒤에 오는 세상에 대해서는 아무런 관심이 없고, 그렇기 때문에 자신이 하는 일을 보잘것없고 무의미한 것으로 여긴다.

이제는 자녀와 손자, 손녀가 있고, 이들에게 자연스러운 애정을 느끼는 사람들의 입장을 살펴보자. 후손들의 생명이 관련되어

213

있기 때문에 이들에게 미래란 중요한 것이다. 이들의 입장에서 보자면 도의적으로 생각해봐도 미래는 중요하고, 애써 상상력을 동원해보아도 미래는 중요하다. 또한 진지하게 생각해보지 않아도, 자연스럽게 그리고 본능적으로 미래는 중요하다는 느낌을 가지게 된다. 자신의 삶을 넘어서서 후손의 삶에까지 관심을 가지고 있는 사람은 그보다 더 먼 미래까지 관심을 확대시킬 수 있을 것이다. 여러 세대가 지나도록 이루어지지 않을 수도 있는 일이지만, 아브라함이 그랬듯이 이 사람도 언젠가는 자신의 후손이 약속의 땅을 물려받을 것이라고 생각하며 만족해할 것이다. 이러한 만족감을 느끼는 사람은 모든 감정을 말라붙게 만드는 공허감에 시달리지 않는다.

가족의 기반을 이루는 것은 부모가 자녀에게 느끼는 특별한 사랑이다. 이 사랑은 부부가 서로에게 느끼는 사랑이나, 남의 아이에게 느끼는 사랑과는 전혀 다른 사랑이다. 물론 자녀를 아예 사랑하지 않거나, 인색한 사랑을 베푸는 사람도 있을 수 있고, 남의 자녀에 대해서도 자기 자녀와 마찬가지로 깊은 사랑을 느끼는 사람이 있을 수도 있다.

그러나 일반적으로 보면 부모의 자녀에 대한 사랑이란 평범한 사람들이 자신들의 자녀에 대해서만 느끼는 특별한 감정이다. 평범한 사람들은 자녀가 아닌 사람에 대해서는 결코 이런 감정을 느끼지 못한다. 자녀에 대한 사랑은 우리가 선조인 동물들로부터 물려받은 것이다. 이러한 관점에서 보면 프로이트의 견해는 생물학적인 고려가 부족한 것 같다. 새끼를 거느린 암컷을 관찰해보면, 어미가 새끼를 대할 때는 자신의 짝인 수컷을 대할 때와는 전혀 다른 행동양식을 따르고 있다는 점을 알 수 있다.

인간 사회에서도 이 암컷이 보이는 것과 같은 특이하고 본능적인 행동양식이 존재한다. 물론 인간 사회에서는 이런 행동양식이 상당 부분 수정되어 그 특징이 흐릿해진 것은 사실이다. 만일 이와 같은 특별한 감정이 없다면, 보육을 전문적인 직업으로 하는 사람들에게 자녀를 맡기거나, 어머니가 직접 돌보거나 아무런 차이가 없기 때문에, 가족 제도는 아무런 의의도 가질 수 없을 것이다. 그러나 자녀에 대한 본능적인 사랑의 감정이 말라붙지 않았다면, 자녀에 대한 부모의 특별한 사랑은 부모 자신에게 있어서나, 자녀들에게 있어서나 소중한 것이다.

자녀에 대한 부모의 사랑이 가진 특별한 가치는 다른 어떤 사랑보다도 믿을 만한 사랑이라는 데에 있다. 친구는 당신이 가진 장점 때문에 당신을 사랑하고, 애인은 당신이 가진 매력 때문에 당신을 사랑한다. 당신이 가진 장점이나 매력이 줄어들면, 친구와 애인은 모두 떠나갈 것이다. 그러나 부모는 당신이 불행에 처했을 때에도 가장 큰 의지가 된다. 부모가 올바른 사람들이라면, 부모는 당신이 병들었을 때는 물론이고 치욕을 당했을 때에도 큰 힘이 될 것이다. 누구나 칭찬을 받으면 기쁨을 느낀다. 하지만 대부분의 사람들은 아주 겸손해서 그런 칭찬에 대해 불안을 느낀다. 부모가 우리를 사랑하는 것은 우리가 자식이기 때문이다. 이것은 결코 바뀌지 않는 사실이기 때문에 우리는 다른 누구와 같이 있을 때보다 부모와 함께 있을 때에 훨씬 안정감을 느낀다. 부모의 사랑은 성공의 길을 가고 있는 동안에는 그다지 중요하지 않을 수도 있지만, 실패의 낭

떠러지로 떨어졌을 경우에는 다른 어떤 곳에서도 찾을 수 없는 위안과 안정감을 준다.

어떤 인간관계든지 어느 한 쪽이 행복을 얻기는 아주 쉬운 일이지만, 양쪽이 모두 행복해지기는 매우 어려운 일이다. 교도관은 죄수를 감시하는 데서 즐거움을 얻을지도 모른다. 고용주는 종업원에게 으름장을 놓는 데서, 통치자는 강경한 수단으로 국민을 다스리는 데서 즐거움을 얻을지도 모른다. 그리고 낡은 사고방식에 얽매인 아버지라면 아들에게 회초리를 들이대며 선행을 강요하는 데서 즐거움을 느낄 것이다. 그러나 이러한 것들은 모두 일방적인 즐거움일 뿐, 그런 취급을 받는 상대방의 입장에서 보면 불쾌하기 짝이 없는 것들이다. 우리는 이러한 일방적인 즐거움은 만족스럽지 못한 것이며, 바람직한 인간관계는 양쪽 모두에게 만족감을 안겨주어야 한다는 사실을 깨닫게 되었다.

부모와 자녀의 관계도 마찬가지다. 요즘은 부모들이 자녀들에게서 얻는 즐거움이 과거에 비해서 훨씬 줄어들었고, 자녀들이 부모 밑에서 겪는 고통 역시 예전 세대에 비해서 훨씬 줄어들었다. 이것은 분명한 사실이지만, 부모들이 자녀로부터 얻는 행복이 과거에 비해서 줄어들어야 할 현실적인 이유는 어디서도 찾을 수 없다. 또한 부모들이 자녀들의 행복을 증진시킬 수 있다는 기대를 버려야 할 타당한 이유도 찾을 수 없다. 하지만 부모와 자녀의 관계에서 양쪽 모두가 만족감을 얻으려면 상대방의 인격이 다치지 않도록 세심하게 배려하고 존중하는 마음가짐이 있어야 한다. 현대 사회가 목표로 하는 모든 인간관계에서의 평등을 이룩하기 위해서도 역시 이런 마음가짐이 요구된다. 살기등등한 일상생활 속에서는 결코 이런 마음가짐이 길러지지 않는다.

　　우선 생물학적인 관점에서 부모가 자녀로부터 얻는 행복에 대해서 생각해 본 후에, 평등을 신조로 하는 현대 사회에서 꼭 필요한 자세, 다시 말해서 상대편의 인격을 세심하게 배려하고 존중하는 마음가짐을 가진 부모가 자녀로부터 얻는 행복에 대해서 생각해보기로 하자.

　　자녀를 낳아 기르면서 느끼게 되는 즐거움의 근원은 두 가지다. 한편으로 우리는 자녀를 보고 있으면, 자기 신체의 일부가 독립된 생명을 얻었으니, 자신이 죽고 난 후에도 생명은 계속될 것이며, 이후에도 그 새로운 생명의 일부가 같은 방식으로 독립된 생명을 얻게 되면서 생식질(生殖質)은 영원히 사멸하지 않고 살아남을 것이기 때문에 즐거워한다. 다른 한편으로 우리는 긴밀하게 결합되어 있는 권력과 자애를 자녀에게 행사하는 데서 즐거움을 얻는다.

　　새로 태어난 생명은 무력하므로, 부모의 마음속에는 새 생명이 필요로 하는 것을 주고 싶다는 충동이 일어난다. 이 충동은 자녀에 대한 부모의 사랑을 만족시켜줄 뿐만 아니라, 부모의 권력욕까지 만족시켜준다. 갓난아이를 무력한 존재로 여기면서 기울이는 사랑은 이기적인 것이다. 그것은 본질적으로 자신의 연약한 일부분을 보호하는 행동이기 때문이다.

　　그러나 아주 이른 시기부터, 자녀에 대해 권력을 행사하고 싶어하는 감정과 자녀의 행복을 바라는 욕구 사이에서 갈등이 일어난다. 부모가 자녀에게 권력을 행사하는 것은 어느 정도까지는 자연

적 필요에 의해서 규정된 것이지만, 자녀는 되도록이면 빨리, 되도록 여러 가지 방법으로 독립적으로 살아가는 법을 배워야 한다. 그런데 부모의 권력욕은 이것에 대해 불쾌감을 느낀다. 이러한 갈등을 전혀 느끼지 못한 채 폭군 행세를 계속하다가 자녀들에게 반발을 사는 부모도 있고, 이러한 갈등을 의식하고 자신이 이렇게 모순된 감정에 시달리고 있다는 것을 깨닫는 부모도 있다. 이러한 갈등을 겪는 순간 부모는 자녀를 둔 행복감을 느끼지 못하게 된다. 온갖 정성을 다해 키운 자식이 자신이 기대했던 것과는 전혀 다르게 행동하는 것을 보는 순간, 부모의 마음속에는 억울하다는 생각이 솟구친다. 군인이 되기를 바랐던 자식이 평화주의자가 되거나, 톨스토이처럼 평화주의자가 되기를 바랐던 자식이 극우비밀단체의 결사대원이 되는 경우도 있다.

그러나 자식이 성장한 다음에만 문제가 있는 것은 아니다. 혼자서 밥을 먹을 수 있는 자녀에게 당신이 밥을 먹여준다고 하자. 당신은 그저 아이의 수고를 덜어주려고 한 행동이라고 생각하겠지만, 사실은 아이의 행복보다 자신의 권력욕을 앞세우고 있는 것이다. 만일 당신이 자녀가 위험에 대해 지나친 강박관념을 가지도록 만든다면, 당신이 그런 행동을 하는 이유는 아이가 계속 당신에게 의존하며 살았으면 하는 욕망 때문일 것이다. 만일 당신이 자녀의 반응을 기대하면서 사랑을 과시한다면, 당신이 그런 행동을 하는 이유는 아이의 감정을 움직여서 아이를 당신 곁에 꼭 붙들어 매려는 욕망 때문일 것이다.

대단히 조심하는 사람이나, 마음이 대단히 순수한 사람은 제외할 수도 있겠지만, 보통의 부모들은, 소유욕이 많든지 적든지 간에, 그 욕심 때문에 잘못된 길로 빠져들기 마련이다. 이런 위험성을 잘 알기 때문에 현대의 부모들은 자녀를 다룰 때 지나치게 자신 없는 태도를 보이기도 한다. 이런 부모는 무의식적으로 실수를 저지르는 경우보다 자녀에게 훨씬 더 좋지 않은 영향을 미치게 된다. 부모가 신념과 자신감을 갖지 못하는 것이야말로 자녀의 마음에 가장 큰 걱정거리가 되기 때문이다. 그러므로 지나치게 조심하는 것보다는 순수한 마음을 갖는 편이 더 낫다. 자녀에게 권력을 행사하는 것보다 자녀가 행복하게 살기를 바라는 부모라면, 이렇게 해라, 저렇게 해라, 이렇게 하면 안 되고, 저렇게 해도 안 된다는 식의 정신분석학 교과서는 결코 필요하지 않을 것이다. 이런 부모는 그저 마음 가는 대로 따라가다 보면 올바른 길을 찾게 될 것이다.

이렇게 되면, 부모와 자녀의 관계는 한결같이 화목할 것이다. 자녀가 반발할 일도 없고, 부모가 실망할 일도 없을 것이다. 그러나 이렇게 되기 위해서는 부모가 처음부터 자녀의 인격을 존중하는 마음을 가져야 한다. 자녀의 인격을 존중하는 마음은 도덕적이거나 논리적인 원칙의 문제에 그쳐서는 안 되며, 소유욕이나 억압이 결코 뿌리내리지 못할 만큼의 확고한 신념에서 비롯된 것이어야 한다. 물론 이러한 마음가짐은 자녀에 대해서뿐만 아니라, 결혼생활이나 친구관계에 있어서도 꼭 필요한 것이다. 친구관계에서 이런 마음가짐을 가지는 것은 그다지 어렵지 않다.

이상적인 세계라면 인간 집단 간의 정치적 관계에서도 이러한 태도가 충만할 것이다. 그러나 이것은 너무나 요원한 희망이므로 거기에 시간을 낭비할 필요는 없다. 이러한 관대한 태도는 언제 어디서나 필요한 것이지만, 무엇보다도 자녀와 관련해서 절실히 요구되는 태도다. 아이들은 무력한데다, 덩치가 작고, 힘도 약해서 세속적인 생각을 가진 사람들이 얕잡아보기 쉬운 존재이기 때문이다.

이제 이 책의 주제와 관련된 문제로 되돌아가자. 현대 사회에서는 지금까지 이야기한 바와 같이 자녀의 인격을 존중하는 마음을 가진 사람만이 부모 노릇을 하면서 충만한 기쁨을 얻을 수 있다. 이런 사람들은 권력욕을 자제하느라 신경을 쓸 필요도 없고, 자녀들이 자신의 품을 벗어날 때 강압적인 부모가 겪게 되는 쓰라린 환멸의 고통을 두려워할 필요도 없다. 이러한 태도를 가진 부모가 부모 노릇을 하면서 느끼는 기쁨은 과거에 강압적인 부모들이 막강한 권력을 행사하면서 느낄 수 있었던 기쁨보다 훨씬 크다. 너그러운 태도로 강압적인 행동을 선호하는 태도를 물리친 사랑이 베푸는 기쁨은, 이 불안정한 세계에서 주도권을 유지하려고 애를 쓰는 사람들이 느낄 수 있는 그 어떤 감정보다 강렬하고 소중하다. 이런 사랑은 일상생활이라는 조악한 금속을 신비롭고 황홀한 순금으로 변형시키는 능력이 훨씬 뛰어나다.

나는 부모의 사랑을 매우 높게 평가하지만, 어머니가 자녀를 위해서 손수 하는 일이 되도록 많아야 한다고 생각하지는 않는다. 자녀 양육과 관련된 지식이라곤 나이 많은 여성이 젊은 여성에게 전수해주는 잡다한 비과학적인 정보뿐이었던 시절에는 이런 인습도 꽤나 쓸모가 있었다. 하지만 요즘에는 자녀 양육의 일정 분야를 전문적으로 배운 사람들이 자녀 양육과 관련하여 엄청나게 많은 일들을 효과적으로 수행하고 있다.

이 사실은 특히 자녀 양육 중 '교육' 분야에서 널리 인정되고 있다. 자녀를 대단히 사랑한다고 해서 어머니가 직접 미적분을 가르쳐야 한다고 주장하는 사람은 아무도 없다. 적어도 지식의 습득에 관한 한은, 지식이 없는 어머니에게 배우는 것보다 지식을 가진 사람에게 배우는 편이 더 낫다는 점은 누구나 인정하고 있다. 하지만 자녀 양육의 기타 여러 분야에 관해서는 형편이 다른데, 그것은 각 분야에 필요한 경험이 어떠어떠한 것이라는 일반적인 인식이 형성되지 않고 있는 데 그 이유가 있다.

확실히 어머니가 하는 편이 훨씬 더 나은 일들이 있긴 하다. 하지만 자녀가 나이를 먹으면 먹을수록, 다른 사람이 하는 편이 훨씬 나은 일들의 수가 늘어갈 것이다. 만일 이런 사실이 일반적으로 인정된다면, 어머니들은 자신들의 적성에 맞는 분야가 아니라서 따분하게만 여겨왔던 수많은 노역으로부터 벗어날 수 있게 될 것이다. 전문적인 기술이 있는 여성은 어머니가 된 후에도 계속해서 그 기술을 마음껏 발휘할 수 있어야 한다. 그것이 그 여성 자신을 위해서도, 사회를 위해서도 유익하다.

임신 후기와 수유기에는 어렵겠지만, 생후 9개월이 넘은 아기가 어머니의 전문적인 활동을 막아서는 거대한 장벽이 되어서는 안된다. 사회가 어머니에게 자녀를 위해서 합리적으로 이해할 수 없을 정도의 희생을 요구한다면, 유별난 성자가 아닌 다음에야 그 어머니는 자녀에게서 합리적으로 이해할 수 있는 수준을 넘어서는 보상을 받고 싶어할 것이다. 헌신적이라는 말을 자주 듣는 어머니는 자녀들에 대해 유달리 이기적인 경우가 많다. 부모 노릇을 한다는 것은 인생의 중요한 일부분일 뿐인데, 그것을 인생의 전부로 여긴다면 만족을 얻기 어렵고, 또 만족하지 못하는 부모는 욕심 많은 부모가 되기 쉽다.

그러므로 어머니가 되었다고 해서 다른 여러 가지 관심과 직업을 포기해서는 안 되며, 그것이 어머니에게도 이롭고 자녀에게도 이롭다. 자녀 양육에 대한 진정한 사명감과 자기 자녀를 제대로 돌볼 수 있을 정도의 지식을 가지고 있는 사람이라면, 이런 어머니의 기술을 더욱 널리 활용해야 한다. 이런 사람은 자기 자녀가 포함된 아이들 집단을 돌보는 일에 전문적으로 종사해야 한다. 국가가 요구하는 최소한의 조건을 갖추고 있는 부모라면, 자기 자녀가 어떤 사람에 의해서 어떤 보살핌을 받아야 하는지에 대해 발언권을 가지는 것이 당연하다. 물론 이런 경우에도 부모가 요구하는 사람이 적절한 자격을 갖춘 사람들의 범위를 넘어서서는 안 된다.

다른 여성이 훨씬 잘 할 수 있는 일을, 굳이 어머니들이 각자 맡아야 한다고 생각하는 낡은 인습도 버려야 한다. 자녀들을 다루는 일에 좌절감이나 무능함을 느끼는 어머니들이 많은데, 이런 사람들은 서슴지 말고 이 일에 적성이 맞고 필수적인 훈련을 받은 사람에게 자녀를 맡겨야 한다. 여성들에게는 어떻게 해야 아이를 제대로 돌보는 것인지 일깨워주는 천부적인 본능이란 존재하지 않으며, 지나치게 자식을 염려하는 것은 소유욕의 위장된 형태에 지나지 않는다. 어머니의 무지하고 감상적인 태도 때문에 심리적인 장애를 입는 아이들이 많다. 아버지들이 자녀를 위해 많은 일을 해줄 것을 기대하기는 어렵다는 사실은 누구나 인정하는 것이다. 하지만 아이들은 대부분 어머니를 사랑하는 것처럼, 아버지도 사랑한다. 여성들의 생활이 불필요한 속박에서 벗어나고, 자녀들이 아동기의 신체적 · 정신적 양육에 대해 나날이 늘어가는 과학적 지식의 혜택을 받을 수 있게 된다면, 장차 어머니와 자녀 사이의 관계는 현재 아버지와 자녀 사이의 관계와 비슷해질 것이다.

14. 일하는 사람이 덜 불행하다

부자들 중에서도 영리한 사람들은
가난한 사람들처럼 열심히 일한다.

일이란 행복의 원인인가, 불행의 원인인가 하는 문제는 까다로운 것이다. 지나치게 따분한 일도 많이 있으며, 지나치게 많은 일이 큰 고통을 주는 것도 사실이다. 그러나 일이 지나치게 많은 경우만 아니라면, 대부분의 사람들은 상당히 재미없는 일이라도 하는 것이 빈둥거리는 것보다는 덜 괴롭다고 생각한다.

일에도 여러 등급을 매길 수 있다. 일의 특성과 일하는 사람의 능력에 따라서, 그저 권태를 덜어주는 일부터 가장 심오한 기쁨을 주는 일까지 다양하게 나눌 수 있다. 대부분의 사람들이 해야 하는 일들은 그 자체로는 재미없는 것들이 많지만, 그런 일 역시 중요한 장점을 몇 가지 가지고 있다.

일이 가진 첫 번째 장점은 하루 종일 무엇을 할까 신경 쓸 필요

없이 하루의 대부분을 메워준다는 점이다. 대부분의 사람들은 마음대로 시간을 쓸 수 있는 자유가 주어지면, 보람이 있으면서도 즐거운 일은 없을까 생각하느라 쩔쩔맨다. 또 어떤 결정을 내린 경우에도, 다른 일이 더 즐거웠을 것 같다고 생각하며 안타까워한다. 자유시간을 슬기롭게 이용할 수 있다는 것은 문명이 제공하는 마지막 선물로, 오늘날 이러한 경지에 도달한 사람은 얼마 되지 않는다. 더구나 마음대로 선택하는 과정 자체도 권태롭다. 남다른 독창성을 가진 사람이 아닌 한, 하루 중 어느 시간에 어떤 일을 해야 하는지 지시받는다는 것은 상당히 기분 좋은 일이다. 물론 이것은 그 지시가 지나치게 불쾌해서는 안 된다는 것을 전제로 하는 말이다.

할 일이 없는 부자들 중에는, 단조롭고 고된 일에서 벗어난 대신에 말할 수 없는 권태에 시달리는 사람들이 많다. 이들은 가끔씩 아프리카에 가서 커다란 짐승을 사냥하거나, 비행기로 세계일주를 하면서 마음의 위안을 얻는다. 하지만 그렇게 신나는 일들이 끝없이 많지도 않은데다가, 젊음이 시든 후에는 더욱 사정이 딱해진다. 따라서 부자들 중에서도 영리한 사람들은 가난한 사람들처럼 열심히 일한다. 부유한 여성들은 대단히 중요한 일이라고 굳게 믿으면서, 수없이 많은 사소한 일들을 하느라 분주하게 살아간다.

그러므로 권태의 예방책으로 가장 적절하고, 바람직한 것은 일이다. 재미는 없지만 꼭 필요한 일을 하는 동안에 느끼는 권태는 하는 일 없이 허송세월하는 사람이 느끼는 권태에 비하면 아무것도 아니다. 일은 이것 말고도 다른 장점도 가지고 있는데, 그것은 바로 일이 있기 때문에 다가오는 휴일이 훨씬 더 달콤해진다는 것이다.

원기를 잃을 정도로 힘든 일을 해야 하는 경우가 아닌 한, 일을 하는 사람은 아무 일도 하지 않는 사람에 비해서 자유 시간에 대해 훨씬 많은 열정을 가지게 마련이다.

대부분의 보수를 받는 일이나, 보수가 없는 특정한 일이 가진 두 번째 장점은 성공을 이룰 기회와 희망을 달성할 기회가 열려 있다는 점이다. 대부분의 경우, 일에서 성공을 거두었느냐 아니냐는 그 일을 해서 벌어들이는 수입에 의해 측정된다. 이것은 자본주의 사회가 계속되는 동안에는 불가피하다. 이러한 계산법이 통하지 않는 것은 가장 훌륭한 일과 관련되었을 때뿐이다. 수입을 늘리고 싶다는 욕망이나, 보다 많은 수입이 가져다주는 안락함을 누리고 싶다는 욕망은 모두 성공하고 싶은 욕망이다. 이름을 떨칠 수 있게 된다면, 아무리 지루한 일이라도 참을 수 있다. 그 일이 넓은 세상에 이름을 떨치는 일이냐 아니면 자기가 속한 계층에 이름을 떨치는 일이냐는 것은 그다지 중요하지 않다. 자신의 야망을 지속시키는 것은 최종적인 행복에 도달할 수 있게 해주는 본질적인 요소 중 하나인데, 대부분의 사람들은 대개 일을 통해서만 야망을 지속시킬 수 있다.

이런 점에서 볼 때, 가사에 전념하는 여성들은 남성들이나, 가정 밖에서 일하는 여성들보다 훨씬 불행한 사람들이다. 가정에 묶인 아내는 임금을 받지도 못하고, 자기 자신을 향상시킬 수 있는 방법도 전혀 없다. 아내들은 자신들이 하는 일에 대해서 실제로 아는 것은 하나도 없는 남편에게서 당연히 그런 일을 해야 하는 사람으로 취급받으며, 집안 살림을 어떻게 하느냐로 평가받는 것이 아니라 전혀 다른 각도에서 평가받는다. 물론 집과 정원을 아름답게 꾸미면서 이웃의 부러움을 살 수 있을 만큼 부유한 여성들은 예외겠지만, 이런 여성들의 수는 상당히 적다. 대부분의 경우, 살림만 해서는 남성들이나 직장 여성들이 직업을 통해 얻는 것과 같은 만족을 얻을 수 없다.

대부분의 일은 시간을 보낼 수 있고, 별 볼일 없는 야망이나마 배출할 수 있는 통로를 제공한다는 점에서 만족감을 준다. 이런 만족감이 있기 때문에 지루한 일이나마 할 일이 있는 사람은 아무 일도 하지 않는 사람에 비해서 대체적으로 더 큰 행복을 누릴 수 있다. 하지만 재미 있는 일은 권태감을 덜어줄 뿐만 아니라 보다 높은 차원의 만족감을 줄 수 있다. 재미를 느낄 수 있는 일의 종류를 순서에 따라 나열할 수 있을 것이다. 가벼운 재미만을 느낄 수 있는 일부터 위인이라도 모든 열정을 다 바칠 만큼 재미 있는 일의 순서로 살펴보도록 하자.

일을 재미있게 만드는 주요 요소로는 두 가지가 있는데, 그 중 하나는 기술의 발휘고, 다른 하나는 건설이다.

남다른 기술을 익힌 사람들은 누구나 자기가 가진 기술을 발휘하는 데서 기쁨을 느낀다. 하지만 그 기술이 평범한 것으로 인식되거나, 더 이상 자신의 기술을 향상시킬 수 없게 되면 기술을 발휘하는 것은 아무런 기쁨을 주지 못한다. 이런 행동을 하게 되는 동기는 아주 어린 시절부터 시작된다. 물구나무서기를 할 줄 아는 아이가 바로 서는 것을 싫어하는 것을 예로 들 수 있다.

기술을 겨루는 시합을 할 때 느끼는 것과 같은 즐거움을 느낄 수 있는 일들이 많이 있다. 법률가나 정치가가 하는 일에는 브리지 게임을 할 때 느끼는 것과 같은 종류의 즐거움이 들어 있지만, 법률가나 정치가가 하는 일이 주는 즐거움이 훨씬 크다. 물론 법률가나 정치가의 업무에는 기술을 발휘하는 즐거움뿐만 아니라, 능란한 상대를 제압하는 즐거움도 있다. 하지만 이런 경쟁의 묘미가 없더라도 고난도의 기술을 발휘하는 것은 그 자체로도 즐거운 일이다. 곡예비행을 하는 사람은 기술을 발휘하는 즐거움이 너무 크기 때문에 그 즐거움을 위해서 기꺼이 생명을 건다. 유능한 외과 의사의 경우에 일을 하는 과정은 고통스럽지만 정밀한 수술을 정확하게 완수하는 것에서 만족감을 얻는다.

즐거움의 강도는 덜할지 모르지만, 이와 비슷한 즐거움을 느낄 수 있는 평범한 일들이 많이 있다. 나는 실제로 만나본 적은 없지만, 일에서 즐거움을 얻는 배관공들 이야기를 들은 적이 있다. 숙련을 필요로 하는 일이 즐거움을 줄 수 있으려면 그 기술이 다양하게 변화할 수 있거나, 끝없이 향상될 수 있다는 것이 전제되어야 한다. 이런 전제가 없다면, 최고의 기술에 도달한 사람은 이 일에 대해 아무런 재미도 느끼지 못할 것이다. 5킬로미터 달리기 경주를 하는 사람이 있다고 하자. 이 사람은 자신의 기록을 깨뜨릴 수 있는 나이가 지나고 나면, 그 일에서 더 이상 즐거움을 느끼지 못할 것이다.

다행스럽게도 새로운 환경에 맞추어 새로운 기술이 요구되기 때문에 중년이 될 때까지 계속해서 기술을 향상시킬 수 있는 일들이 상당히 많이 있다. 예컨대 정치와 같이 숙련이 요구되는 일을 하는 사람들은 60대 혹은 70대에 전성기를 맞는 것 같다. 이러한 일은 사람들에 대한 폭넓은 경험이 필수적이기 때문이다. 성공한 70대의 정치가들은 같은 연배의 다른 사람들보다 훨씬 행복할 것 같다. 이런 점에서 볼 때, 정치가들과 견줄 수 있는 사람은 대기업의 사장들뿐이다.

즐거움을 주는 일에는 건설이라는 또 하나의 요소가 있는데, 이것은 기술의 발휘보다 훨씬 중요한 행복의 원천이다. 모든 일이 그런 것은 아니지만, 일을 끝내고 나면 기념비적인 것이 세워지는 경우가 있다. 건설과 파괴는 다음과 같은 기준에 의해 구별할 수 있다. 건설의 경우에 맨 처음 업무 상태는 상당히 무질서하지만, 마지막 업무 상태는 하나의 목적을 구현하고 있다. 파괴는 이와 반대다. 즉 업무의 첫 상태는 하나의 목적을 구현하고 있지만, 마지막 상태는 무질서하다. 다시 말하면 파괴에 참여하는 사람이 의도하는 것은 특정한 목적을 구현하지 않는 상태를 만들어내는 것이다. 이러한 기준은 건물의 건축과 파괴와 같은 가장 사실적이고 명백한 업무에 적용된다. 건물을 세울 경우에는 미리 마련된 계획대로 진행된다. 반면 건물을 허물 경우에는 건물 해체가 끝난 뒤, 해체된 자재들을 어디에 놓아둘 것인가를 정확히 결정하는 사람은 아무도 없다.

물론 파괴는 다음에 이어질 건설의 준비과정으로서 꼭 필요한 경우가 많다. 이런 경우에 파괴는 건설의 일부분이다. 그러나 건설과는 전혀 무관하게 파괴만을 목적으로 하는 활동에 종사하는 사람도 드물지 않을 것이다. 흔히 이런 사람들은 새로운 건설을 위해 파괴하고 있는 것뿐이라고 믿으면서, 자신이 하는 활동의 파괴성에 대해서 눈을 감아버리는 경우가 많다. 그러나 파괴한 뒤에 무엇이 건설되느냐고 추궁하는 것만으로도 그것이 변명에 불과하다는 것을 밝혀낼 수 있다. 그런 사람은 새로 건설될 것에 대해서는 미온적인 태도로 모호한 이야기만 늘어놓고, 파괴적인 준비 과정에 대해서만 열띤 태도로 분명하게 이야기할 것이다.

실제로 이런 태도를 보이는 혁명가들과 군국주의자들, 그 밖에 폭력의 전도자들이 적지 않다. 본인도 잘 모르고 있는 경우가 대부분이지만, 이들을 행동에 나서게 하는 것은 바로 증오다. 이들은 증오하는 대상을 파괴하는 것이 진정한 목적일 뿐, 파괴가 끝난 후에 어떻게 할 것이냐는 문제에 대해서는 상당히 무관심하다. 파괴적인 일을 할 때도 건설적인 일을 할 때와 마찬가지로 즐거울 수 있다는 사실을 부정할 수는 없다. 그러나 그것은 훨씬 야만적인 기쁨이다. 건설적인 일을 할 때 느끼는 기쁨보다 더 강렬할 수도 있지만 파괴의 결과에서는 거의 만족감을 찾을 수 없기 때문에, 파괴적인 일을 할 때 느끼는 기쁨은 건설적인 일을 할 때 느끼는 깊은 만족감을 도저히 따라갈 수 없다.

당신이 정적을 죽이는 일을 하고 있다고 가정해 보자. 정적이 죽는 순간 당신의 역할은 끝나고, 승리를 거두었다는 만족감은 눈 깜짝할 사이에 사라져버린다. 한편 건설적인 일은 마치고 나면, 그 일을 생각하는 것만으로도 즐겁다. 게다가 그 일은 더 이상 아무런 할 일이 없을 만큼 완벽하게 끝이 나는 일도 아니다. 가장 깊은 충족감을 줄 수 있는 목적이란 한 가지 성공이 다음 성공으로 끝없이 이어지기 때문에 결코 완전한 종결이 있을 수 없는 목적이다. 이런 점에서 건설은 파괴보다 더 큰 행복을 제공하는 원천임을 알 수 있다. 더 정확하게 말하자면 건설적인 일을 좋아하는 사람이 느끼는 만족감은 파괴적인 일을 좋아하는 사람이 파괴 과정에서 얻는 만족감보다 훨씬 크다.

당신이 언젠가 마음속에 증오심을 가득 채웠던 경험이 있는 사람이라고 가정해보자. 당신은 건설적인 일을 하더라도 다른 사람들이 그 일을 하면서 느끼는 즐거움을 쉽게 느낄 수 없을 것이다. 습관화된 증오심을 고칠 수 있는 가장 쉬운 방법은 바로 중요한 의의를 가지는 건설적인 일에 종사할 기회를 가지는 것이다.

중요한 의의를 가지는 건설적 업무에서 성공을 거둔 끝에 느끼는 만족감은 우리가 살아가면서 얻을 수 있는 가장 큰 만족감 중의 하나다. 남다른 재능을 가진 사람들만이 이런 고차원적인 만족감을 느낄 수 있다는 것은 참으로 안타까운 일이다. 중요한 일을 성취한 사람에게서 행복을 앗아갈 수 있는 유일한 방법은 그가 한 일이 형편없는 것이라는 증거를 제시하는 것뿐이다.

만족감에는 여러 가지 종류가 있다. 관개사업을 실시하여 황무지를 장미꽃이 피어나는 아름답고 비옥한 땅으로 만든 사람이 느끼는 만족감은 대단히 구체적인 만족감에 속한다. 조직을 만드는 일이 엄청난 의의를 가지는 일이 될 수도 있다. 혼란한 사회를 바로잡아 질서를 세우는 일에 생애를 바쳤던 정치가들이 했던 일이 바로 그런 일이었는데, 그 분야에서 가장 탁월한 우리 시대의 정치가로는 레닌을 들 수 있다. 건설을 통해 구체적인 만족감을 누리는 사람들 중에서 가장 두드러진 예는 예술가와 과학자다. 셰익스피어는 자신의 시를 놓고 이렇게 말했다.

"인간들의 허파가 호흡을 멈추지 않는 한, 인간들의 눈이 시력을 잃지 않는 한, 이 시는 영원히 살아 있으리라."

그는 불행할 때 이런 생각을 하면서 위안을 얻었던 것이 틀림없다. 그가 쓴 시 중에는 친구를 생각하면서 인생과 화해하게 되었다는 내용의 시가 있는데, 친구에게 보낸 그의 시들은 친구가 아니라 그 자신에게 더 큰 만족감을 주지 않았을까 하는 생각이 든다.

위대한 예술가들과 훌륭한 과학자들이 하는 일은 본질적으로 즐거운 일이다. 그들은 즐거운 일을 하면서 권위 있는 사람들에게 존경을 받으며, 그 일을 통해서 가장 중요한 힘, 즉 인간의 사상과 감정을 좌지우지하는 힘을 얻는다. 이들은 자부심을 가질 만한 확실한 근거를 가지고 있다. 이렇게 좋은 상황들이 중첩되는데 행복하지 않을 사람이 어디에 있겠느냐고 생각하는 사람도 있을 듯 하다. 그러나 사실은 그렇지 않다. 미켈란젤로를 생각해보라. 그는 아주 불행한 사람이었고, 스스로도 가난한 친척들의 빚을 갚는 일만 없었더라면 고생스럽게 예술 작품 창작에 매달리지 않았을 것이라고 주장했다. 물론 나는 이것은 그의 진심어린 주장이 아니라고 생각한다. 위대한 예술을 창조하는 힘은 기질적인 불행과 관련되어 있는 경우가 많다. 이런 기질적 불행은 대단히 심각한 것이어서, 만일 작품 활동을 하는 데서 기쁨을 얻지 못한다면 그 예술가는 자살하고 말 것이다.

위대한 일에 종사하는 사람이라고 해서 반드시 행복을 누린다고는 말할 수 없다. 다만 위대한 일이 그 일에 종사하는 사람의 불행을 덜어주는 것만은 분명하다. 하지만 과학자들은 예술가들에 비해 기질적인 면에서 불행한 경우가 훨씬 적은 편이다. 과학적으로 위대한 업적을 이루는 사람들은 대체로 행복한데, 그들이 누리는 행복의 주된 원천은 일에 있다.

현대 지식인들을 불행하게 만드는 원인은 무엇일까? 그 원인 중 하나는 상당히 많은 지식인들, 특히 문필에 재능이 있는 사람들이 독자적으로 재능을 발휘할 기회를 찾지 못하고, '속물스런 경영자'가 운영하는 부유한 회사에 고용되는 신세에서 벗어나지 못하고 있다는 사실에 있다. 속물스런 경영자는 지식인들이 보기에 해롭고 시시하기 짝이 없는 것들을 만들어내라고 강요한다. 만일 영국이나 미국의 신문기자들에게 자신이 몸담고 있는 회사의 정책이 옳다고 생각하느냐고 물어본다면, 옳다고 생각하는 사람은 극소수에 불과하고, 대부분의 사람들이 먹고 살기 위해서 재능을 팔아 옳지 않다고 생각하는 목적에 봉사하고 있다는 것을 알게 될 것이다.

이런 식의 일은 결코 참된 만족감을 줄 수 없다. 자신을 달래가며 하기 싫은 일을 마지못해서 한다면, 그 일을 하는 사람은 냉소적인 태도를 가지게 되고, 결국은 어떤 일을 하더라도 더 이상 뿌듯한 만족감을 느끼지 못하게 된다. 그렇다고 굶기로 작정하고 일을 그만두는 것은 너무나 가혹한 선택이니, 그런 일에 종사하고 있는 사람들을 비난할 수만도 없는 일이다.

그러나 굶지 않고도 건설적 충동을 만족시키는 일을 할 수 있는 처지에 있는 사람의 경우에는 이야기가 달라진다. 하지만 보수가 훨씬 많다는 이유로 노력할 만한 가치가 없는 일을 선택하는 사람이 있다면, 어떻게 사는 것이 행복한 것인가 하는 관점에서 곰곰이 따져볼 필요가 있다. 자부심이 없는 사람은 결코 진정한 행복을 누릴 수 없고, 자기 일을 부끄럽게 여기는 사람은 결코 자부심을 가질 수 없다.

모든 일이 다 그렇듯이, 건설적인 일을 하면서 만족을 얻는 특권은 소수의 사람들만 누리고 있는 것 같다. 그렇지만 그 특권을 누릴 수 있는 사람들의 수는 훨씬 늘어날 수 있다. 맡은 일을 주도적으로 하는 사람, 그리고 자기가 맡은 일이 쓸모가 있을 뿐 아니라 상당한 기술을 필요로 하는 일이라고 생각하는 사람이라면 누구나 이런 만족을 느낄 수 있다. 자녀를 훌륭하게 키우는 것은 어렵지만, 건설적이고, 깊은 만족감을 줄 수 있는 일이다. 자녀를 훌륭하게 키운 여성이라면 누구나 하마터면 살아남지 못했을 소중한 존재가 자신의 노고 덕분에 이 세상에 존재할 수 있게 되었다는 자부심을 가질 자격이 있다.

인생을 전체적인 관점에서 바라보는 태도를 가지는 것이 좋은가 아닌가에 대해서 사람들의 의견은 다양하게 나누어진다. 마땅히 그런 태도를 가져야 하며, 그런 태도를 가지고 만족하며 살아가는 것이 행복의 필수조건이라고 생각하는 사람들이 있는 반면, 인생은 일정한 방향성도 없고 통일성도 없는 고립된 사건들의 연속에 지나지 않는다고 생각하는 사람들이 있다. 나는 앞의 사람들이 뒤의 사람들에 비해서 훨씬 쉽게 행복에 도달할 수 있다고 생각한다. 앞의 사람들은 만족감과 자부심을 느낄 수 있는 환경을 서서히 구축해나가지만, 뒤의 사람들은 어떤 안식처도 찾지 못하고 환경의 거센 풍

파에 이리저리 떠밀려다닐 뿐이다.

인생을 전체적인 관점에서 바라보는 태도는 인간이 갖추어야 할 지혜와 참된 도덕의 근간이며, 교육을 통해서 길러져야 할 덕목 중 하나다. 견실한 목적이 행복한 인생의 충분조건은 아니지만, 필수조건인 것만은 분명하다. 그리고 견실한 목적은 대개 일을 통해서 구현된다.

15. 폭넓은 관심, 튼튼한 인생

인생의 폭이 협소할수록,
우연한 사건이 우리 인생을 마음대로 주무를 수 있게 된다.

이 장에서 살펴보려고 하는 관심은 한 사람의 인생을 형성할 만한 주된 관심이 아니다. 여기서 이야기하려는 것은 시간 여유가 있을 때 그 사람의 마음을 채우면서, 보다 중요한 주된 관심사 때문에 생기는 긴장감을 풀어줄 수 있는 여러 분야에 관한 폭넓은 관심이다.

평범한 남자들이 늘 걱정하고 진지하게 생각하는 주된 관심사는 아내와 자녀, 일, 그리고 개인적인 경제상태다. 아내가 아닌 다른 여자와 연애를 하고 있는 사람도 연애 문제가 가정생활에 영향을 줄 수 있을 때를 제외하고는 연애 자체에 큰 관심을 기울이지 않는다. 자신의 직업과 관련되어 있는 관심은 내가 여기서 이야기하려고 하는 폭넓은 관심에 해당하지 않는다.

과학자를 예로 들어보자. 과학자는 자신의 전문 분야에 관해서 시대에 뒤떨어지지 않게 연구를 해야 한다. 그는 자신의 연구 분야에 대해서는, 자신의 경력과 밀접한 관련이 있는 것에 대해 보이기 마련인, 명확하고 열정적인 태도를 보인다. 그러나 이 과학자는 자신의 전문적인 관심 분야가 아닌 전혀 다른 분야의 글을 읽을 때는 태도가 전혀 달라져서, 전문적인 관점을 버리고, 덜 비판적으로 크게 관심을 기울이지 않고 읽는다. 내용을 따라가기 위해 신경을 써서 읽어야 하더라도, 자신의 책임과 관련된 것이 아니기 때문에 편안한 마음으로 읽을 수 있다. 그 책의 내용에 관심이 끌린다고 하더라도, 그 관심은 자신의 전문 분야에 관한 책을 읽을 때는 결코 사용할 수 없는 폭넓은 관심에 지나지 않는다. 이 장에서 내가 다루고자 하는 것은 어떤 사람의 주요 활동 범위에서 벗어나 있는 바로 이런 관심이다.

자신의 생활에서 그다지 중요하지 않은 문제에 대해 전혀 흥미를 느끼지 못하는 태도는 불행과 피로, 그리고 정신적 긴장의 원인이 된다. 이런 태도로 말미암아 의식적인 정신은 불안감과 걱정을 빚어내기 마련인 문제들에서 벗어나 휴식을 취하지 못한다. 잠재의식 속의 사고가 서서히 지혜를 성숙시키고 있는 동안에도, 의식적인 정신은 잠잘 때를 제외하고는 결코 쉬지 못한다. 이런 태도를 가진 사람은 결국 자극에 민감해지고, 분별력과 균형감각을 잃게 된다.

이런 특징들은 모두 피로감에서 생겨나고 새로운 피로감을 불러일으킨다. 사람은 피곤해질수록 외부적인 관심이 줄어드는데, 그럴수록 외부적인 관심이 제공하는 안도감이 사라져서 점점 더 피곤해진다. 이러한 악순환은 결국 파멸로 귀결되기 쉽다. 외부적인 관심사에 대해서 초연하다는 것은 외부적인 관심사가 아무런 작용을 하지 않는다는 것을 의미한다. 결정을 내리고 의지력을 발휘하는 과정은 대단히 피곤한 일인데, 이런 일을 잠재의식의 도움 없이 서둘러 해야 할 경우에는 피로감이 심해진다. 따라서 중대한 결정을 내리기 전에 '하룻밤 자면서 생각해야겠다'고 생각하는 사람들은 아주 현명한 셈이다.

그러나 잠재의식은 잠잘 때만 작동하는 것이 아니라, 의식적인 사고가 다른 데 몰두하고 있을 때에도 작동한다. 일단 일이 끝나면 그 일을 잊어버리고 이튿날 다시 시작할 때까지 일을 생각하지 않는 사람은 일을 하지 않는 동안에도 줄곧 일을 걱정하고 있는 사람에 비해서 훨씬 더 일을 잘 할 수 있다. 자신이 맡은 일 외에 여러 가지 관심사를 가진 사람은 일에 대한 생각을 버려야 할 때 그렇지 못한 사람에 비해서 훨씬 쉽게 일을 잊는다.

그러나 염두에 두어야 할 것은 이러한 관심사로 결코 일을 하는 동안 피로해진 기능들을 계속 작동시켜서는 안 된다는 점이다. 이러한 관심사는 의지력이나 신속한 결정을 필요로 하지 않는 일이어야 하며, 도박처럼 경제적 문제와 연관되는 일이 아니어야 한다. 또한 이런 관심사는 감정을 피곤하게 하거나 잠재의식과 의식을 사로잡을 만큼 자극적이지 않아야 한다.

대부분의 오락물들은 이상의 조건들을 모두 갖추고 있다. 이런 면에서 보자면 경기를 관람하거나, 영화를 보거나, 골프를 치는 것은 아무런 문제가 없다. 책 읽기를 좋아하는 사람이라면, 자신의 전문적 활동과 관련이 없는 책을 읽는 것이 바람직하다. 아무리 중요한 일이 있다고 해도, 깨어 있는 동안 줄곧 그것만 생각하고 있어서는 안 된다.

이런 면에서 볼 때, 남성과 여성 사이에는 커다란 차이가 있다. 일반적으로 여성에 비해서 남성은 훨씬 쉽게 일을 잊어버린다. 집에서 가사를 맡고 있는 여성이라면 일을 쉽게 잊어버리지 못하는 것이 당연하다. 남성들은 직장인 사무실을 떠날 때 새로운 기분을 느낄 수 있지만, 직장을 다니지 않는 여성들은 일터가 곧 집이기 때문에 장소의 변화에서 오는 기분 전환을 할 수 없다. 하지만 집이 아닌 곳에서 일을 하는 여성은, 남성은 물론이고 집이 일터인 여성과도 상당한 차이를 보인다. 집 밖에서 일하는 여성은 자신에게 그다지 중요하지 않은 일에는 좀처럼 관심을 갖지 못한다. 목적의식이 사고와 행동을 지배하기 때문에 이런 여성은 자신의 업무와 관련이 없는 일에는 좀처럼 흥미를 느끼지 못한다.

예외적인 경우도 인정하지만, 나는 지금 내가 생각하는 일반적인 통례에 대해서 이야기하고 있는 것뿐이다. 예를 들면 여자 대학에서 일하는 여자 교수들은 남자가 하나도 없는 일과 후의 자리에서도 일과 관련한 이야기를 하지만, 남자 대학에서 일하는 남자 교수들은 그렇지 않다. 여성들은 이러한 특징을 여성들이 남성들보다 성실한 태도를 지니고 있다는 표시로 받아들인다. 그러나 내가 보기에는 그런 특징을 가지고 있다고 해서, 여성들이 하는 일의 능률이 향상되는 것 같지도 않다. 이런 특징이 여성들의 관점을 협소하게 만들고, 결국 극단주의적인 태도를 빚어내는 경우도 드물지 않다.

모든 종류의 폭넓은 관심사는 긴장을 이완한다는 중요한 역할 외에도 여러 가지 효용성을 가지고 있다. 첫째로, 사람들이 균형감각을 유지할 수 있게 해준다. 자신의 목적이나 자신이 속한 집단, 그리고 자기 나름의 일의 방식에 지나치게 몰입하다 보면, 그러한 모든 것들이 인간이 수행하는 전체 활동 중에서 얼마나 작은 부분을 차지하고 있는지, 그리고 세상에는 우리가 무슨 일을 하더라도 전혀 영향을 받지 않는 일들이 얼마나 많은지 잊기 쉽다. "그런 사실을 잊지 말고 지내야 하는 이유가 뭡니까?"라고 묻는 사람도 있을 것이다. 이 질문에 대해서는 몇 가지로 대답할 수 있다. 무엇보다도 중요한 것은, 꼭 필요한 활동을 하면서도 세계를 정확하게 파악하는 것이 바람직하다는 점이다.

우리는 그리 길지 않은 시간 동안 이 세상에 존재한다. 그러므로 우리는 짧은 일생 동안, 이 이상한 행성과 이 행성이 우주 안에서 차지하는 위치에 대해서 알아야 하는 것은 무엇이든지 습득해야 한다. 비록 불완전한 지식이더라도, 그것을 얻을 수 있는 기회를 무시하는 것은, 극장에 가서 연극에 귀를 기울이지 않는 것과 같다. 세상은 비극적이거나 희극적인 것, 영웅적이거나 기괴하고 놀라운 것들로 가득 차 있다. 세상이 보여주는 이러한 구경거리에 흥미를 갖지 못하는 사람은 삶이 베푸는 여러 특권 중의 하나를 포기하는 셈이다.

다시 말해서 균형감각은 매우 소중한 것이며, 때로는 큰 위안을 주기도 한다. 우리는 자신이 몸담고 있는 세상의 조그마한 모퉁이가 갖는 의의와 자신이 태어나서 죽을 때까지의 짧은 순간의 의의에 대해서, 지나치게 흥분하고, 긴장하며, 감동하는 경향이 있다. 자신의 존재의 중요성에 대해서 이런 식으로 흥분하며 과대평가하는 것은 결코 바람직하지 않다. 이런 식의 태도를 가지면 일을 더 열심히 하게 될지는 모르겠지만, 더 잘 하게 되지는 않을 것이다. 일을 적게 하면서 좋은 결과를 얻는 것이 일은 많이 하고도 나쁜 결과를 얻는 것보다 더 바람직하다. 물론 근면한 생활을 옹호하는 사람들의 입장은 전혀 다르겠지만 말이다.

자신이 맡은 일에 지나친 관심을 쏟는 사람은 늘 극단주의로 빠져들 위험이 있다. 이런 극단주의의 특징은 마음에 드는 대상 중 한두 가지만 기억하고 나머지는 모두 잊고 지내며, 이런 한두 가지 대상을 추구하는 과정에서 부수적으로 일어나는 해악은 무시해버리는 것이다. 이런 극단주의적인 경향을 예방할 수 있는 가장 좋은 방법은 인간의 삶과 우주 속의 인간의 위치에 대해서 폭넓게 이해하는 것이다. 이런 식으로 결부시키는 것은 너무 거창하지 않느냐고 생각할 수도 있지만, 균형감각을 유지할 수 있다는 효용성을 떠나서 생각하더라도 이런 사고방식은 그 자체로 엄청난 가치가 있는 것이다.

현대의 고등교육은 특정한 기술을 습득하기 위한 훈련에만 지나치게 치중하고 있으며, 치우침이 없는 세계관을 키움으로써 지성과 감성을 확장하는 것은 지나치게 소홀히 해왔다. 이것이야말로 현대 고등교육이 안고 있는 여러 결점 중의 하나다. 예를 들어 당신이 정치적 경쟁에 몰두한 채 자신이 속한 정당의 승리를 위해 열심히 노력하고 있다고 하자. 여기까지는 괜찮다. 그러나 경쟁하는 과정에서 세상에 증오와 폭력, 그리고 불신을 조장하기 위해서 고안된 방법을 사용해서 승리를 거두는 경우도 있을 수 있다. 예를 들자면, 당신은 어떤 다른 나라를 모욕하는 방법이 승리로 통하는 지름길이라고 생각할 수도 있다. 정신적인 시야가 현재에만 갇혀 있는 사람, 능률지상주의를 신봉하고 있는 사람은 이런 불안한 방법을 선택할 것이다. 이러한 태도를 취한다면 당면한 목적을 달성할 수는 있겠지만, 먼 훗날에 나타나는 결과는 형편없을 수도 있다.

인류가 탄생한 지 얼마나 되었는지, 인류가 미개 상태로부터 벗어나는 과정이 얼마나 느리고 불완전한지, 천문학상의 셀 수 없을 정도로 많은 시간에 비하면 인류가 존재해온 역사는 얼마나 짧은지 생각해보라. 당신 마음속에 늘 이런 생각이 깃들어 있다면, 당신은 자신이 벌이고 있는 극히 순간적인 싸움이 인류가 서서히 벗어나고 있는 암흑시대로의 퇴보를 무릅쓸 만큼 중요하지 않다는 것을 깨닫게 될 것이다. 설사 비열한 수단을 선택하지 않았기 때문에 당면한 목적을 달성하지 못했다고 하더라도, 당신은 그 당면한 목적이란 것 역시 극히 순간적인 것에 불과하다는 생각에서 힘을 얻을 수 있을 것이다.

당신은 당면한 목적에 그치는 것이 아니라, 서서히 펼쳐나갈 원대한 목적을 가지게 될 것이다. 이 원대한 목적 속에서 보자면, 당신은 고립된 개인이 아니라 인류를 문명적 존재로 만들어온 수많은 사람들 중의 하나다. 이러한 관점이 확립된 사람은 개인적으로 어떤 운명을 산다고 해도 강한 행복감이 곁을 떠나지 않을 것이다. 삶은 앞선 시대를 살았던 위인들과의 교제가 될 것이며, 죽음은 하찮은 사건에 지나지 않게 될 것이다.

만일 내게 고등 교육을 원하는 대로 재편할 수 있는 권력이 주어진다면, 오래 전부터 공인되어온 종교들을, 확증된 사실에 대해서만 관심을 집중시킨다는 점에서 결코 종교라고 부를 수 없는 것들로 대체하기 위해서 노력할 것이다. 오래 전부터 공인되어온 종교들은 극소수의 젊은이들과 일반적으로 지적 수준이 가장 낮고, 반(反)계몽주의적인 경향이 가장 심한 사람들에게만 설득력을 가지고 있다. 나는 젊은이들이 과거에 대한 명확한 지식을 가지고, 인류의 미래는 지나온 과거에 비하면 헤아릴 수 없을 만큼 길다는 점을 분명히 알고, 우리가 살고 있는 행성이 얼마나 작은지, 지구에 존재하는 생명이 얼마나 순간적인 것에 지나지 않는지를 정확히 인식할 수 있도록 교육하고 싶다.

나는 이런 사실들을 통해 개인이 얼마나 미미한 존재인지를 강조하는 한편, 동시에 다른 여러 가지 사실들의 제시를 통해 한 개인이 발휘할 수 있는 능력의 위대함과 우주 공간 어디에도 인간과 같은 능력을 지닌 생명체의 존재가 밝혀진 바가 없다는 점을 젊은이들의 마음속 깊이 새겨주고 싶다. 일찍이 스피노자는 인간의 속박과 자유에 대해 쓴 바 있다. 그 글은 형식과 문체가 대단히 어려워서 철학전공자가 아닌 평범한 사람들은 좀처럼 이해하기 힘든 글이다. 하지만 스피노자가 쓴 글의 요점과 내가 지금 말하고자 하는 요점은 거의 차이가 없다.

아주 잠깐이라도 그리고 아주 단순하게라도, 위대한 정신을 느껴본 사람은, 비열한 행동이나 이기적인 행동을 하거나 사소한 불운에 안달하거나 자신에게 닥쳐올 운명을 두려워하는 데서는 결코 행복을 느끼지 못한다. 위대한 정신을 발휘할 수 있는 사람은 우주의 구석구석으로부터 불어온 바람이 자유롭게 드나들 수 있도록 마음의 창문을 활짝 열어놓을 것이다. 이런 사람은 인간적 한계가 허용하는 것만큼 올바르게 자신과 인생과 세계를 바라볼 것이다. 그는 인간의 생명은 짧고 하찮겠지만, 인간 개개인의 정신에는 우주 안에 존재하는 모든 가치 있는 것들이 집약되어 있다는 점을 깨닫게 될 것이며, 세계를 반영하는 정신을 가진 인간은 어떤 의미에서는 세계만큼 위대한 존재가 된다는 것을 알게 될 것이다. 그는 상황에 따라 움직이는 사람에게 늘 따라다니는 두려움을 느끼지 않기 때문에 강렬한 기쁨을 느낄 것이며, 표면적인 생활이 갖은 곡절을 겪는다고 해도 깊은 본질에서 있어서는 늘 행복한 사람일 것이다.

거창한 사색은 이 정도에서 그치고, 더 가까이 있는 주제, 즉 폭넓은 관심의 가치라는 주제로 되돌아가자. 폭넓은 관심이 행복에 크게 기여하는 데는 또 다른 이유가 있다.

더할 나위 없이 행복한 생활도 꼬일 때가 있는 법이다. 기혼 남성 중에 부부싸움을 한 번도 해보지 않은 남편, 아이가 아파서 큰 걱정에 시달려보지 않은 부모, 경제적 곤란을 겪어보지 않은 사업가, 실패와 정면으로 대결해야 하는 시기를 모르고 살아온 전문가는 좀처럼 찾아보기 힘들다. 이런 어려움에 처했을 때, 걱정의 원인이 아닌 다른 일에 흥미를 가질 수 있는 능력이 있다는 것은 대단히 큰 은혜다. 걱정은 되지만 당장 아무런 해결방법이 없는 어려움에 처했을 때, 어떤 사람은 장기를 두고, 어떤 사람은 탐정소설을 읽고, 어떤 사람은 아마추어 천문학에 열중하고, 어떤 사람은 칼데아의 우르[53] 발굴에 대한 서적을 읽으면서 마음을 달랜다. 이런 사람들은 모두 현명한 사람들이다. 반면에 기분을 전환할 수 있을 만한 일은 하지 않고 걱정에 치여서 옴짝달싹하지 못하는 사람은 현명하지 못하다. 이들은 문제를 해결하기 위한 행동이 필요한 순간에 발휘해야 할 힘을 소진하고 있는 셈이다.

진심으로 사랑하던 사람이 죽은 경우처럼 엄청난 슬픔에 대해서도 비슷한 논리를 적용할 수 있다. 그런 일을 당한 사람이 슬픔에 잠기도록 놓아두는 것은 전혀 바람직하지 않다. 슬픔은 피할 수 없는 것이고, 당연히 찾아올 것이라고 예상은 하겠지만, 그 슬픔을 최소한으로 줄이기 위해서 할 수 있는 일은 무엇이든 찾아서 해야 한다. 자신에게 닥친 불행으로부터 최대한의 고통을 이끌어내려는 것은 감상주의적인 태도일 뿐이다. 물론 슬픔 때문에 파멸하는 사람도 있다는 점을 부정하지는 않는다. 내가 말하고 싶은 것은 모든 이들이 이러한 운명으로부터 벗어나기 위해서 최선을 다해야 하며, 본질적으로 해악이 없고 품위를 떨어뜨리지 않는다는 전제만 충족한다면, 아주 하찮은 것이라도 좋으니 반드시 기분 전환할 거리를

---

53) 이라크 남부 유프라테스 강 가까이에 있던 수메르의 도시국가로 1922년부터 영국의 울리가 중심이 되어 엄청난 유적을 발굴하였다.

찾아야 한다는 점이다. 내가 해악을 끼치고 품위를 떨어뜨린다고 생각하는 기분 전환 방법은 아주 짧은 시간 동안이라 할지라도 사고 작용을 파괴하는 효과를 가지는 음주와 마약이 모두 포함된다.

올바른 기분 전환 방법은 사고 작용을 파괴하는 것이 아니라, 사고를 새로운 방향으로 돌리거나 적어도 현재의 불행과는 거리가 먼 방향으로 돌리는 것이다. 이제까지 극히 적은 관심사에만 생활이 집중되어 있고, 그 얼마 안 되는 관심사마저 슬픔에 압도되어버린 경우에는 이런 긍정적인 기분 전환 방법을 사용하기 어렵다. 불행이 닥쳤을 때, 불행을 제대로 극복하기 위해서는 행복할 때, 폭넓은 관심사를 기르는 것이 현명하다. 그럼으로써 현재 상황을 견디기 어렵게 만드는 생각과 감정이 아니라, 다른 생각과 감정을 제공할 수 있는 평온한 마음가짐을 가질 수 있도록 준비하고 있어야 한다.

생활력과 열정을 가진 사람은 한 가지 관심 분야에서 좌절을 겪더라도, 인생과 세계에 대해 가지고 있는 관심사 하나하나를 협소하지 않게 유지할 수 있다면 어떤 위기 상황이 닥쳐도 그 불행을 극복해낼 수 있다. 한 가지 또는 몇 가지 관심 분야에서 실패를 했다고 좌절하는 사람이 있다면, 대단한 감수성을 가졌다고 찬양할 것이 아니라 생활력이 부족하다고 탄식해야 할 것이다. 죽음은 불시에 찾아와 우리가 사랑하는 사람들을 쓰러뜨릴 수 있으며, 우리가 사랑하는 모든 대상들은 죽음의 처분을 기다릴 수밖에 없는 처지다. 그러므로 우리는 결코 인생의 폭을 협소하게 제한해서는 안 된다. 인생의 폭이 협소할수록, 우연한 사건이 우리 인생의 모든 의미와 목적을 마음대로 주무를 수 있게 된다.

　현명하게 행복을 추구하는 사람은 앞서 제시한 여러 가지 이유 때문에 자신의 인생을 구축해가는 핵심적인 관심사 이외에도 여러 가지 부차적인 관심사를 갖기 위해 노력할 것이다.

16. 노력과 체념 사이

중용은 재미없는 이론일지는 모르지만,
상당히 많은 문제에 관한 한 정확한 이론이다.

중용은 재미없는 이론이다. 나는 젊었을 때 대담하고 과격한 이론을 좋아했기 때문에, 중용은 말도 안 되는 이론이라며 비웃고 무시했던 적이 있었다. 그러나 진리라고 해서 늘 재미 있는 것은 아니며, 실제로는 사람들의 지지를 받을 만한 별다른 증거가 없는데도 재미있다는 이유만으로 인정받는 이론들이 많이 있다. 중용 이론이 바로 그런 예다. 중용은 재미없는 이론일지는 모르지만, 상당히 많은 문제에 관한 한 정확한 이론이다.

노력과 체념 사이에 균형을 이루기 위해서는 반드시 중용을 지켜야 한다. 노력의 중요성을 주장하는 이론과 체념의 중요성을 주장하는 이론은 저마다 극단적인 옹호자를 가지고 있다. 성자들과 신비주의자들은 체념의 이론을 설파했고, 효율성을 주창하는 사람들이나 열정적인 기독교도들은 노력의 이론을 설교했다. 상반되는 이 두 가지 입장에는 저마다 부분적인 진리가 들어 있기는 하지만, 그 자체로 완전무결한 진리는 아니다. 이 장에서 나는 중도적인 입장을 취하려고 하는데, 먼저 노력의 이론이 더 유리한 경우부터 살펴보겠다.

아주 드문 경우를 제외하고는, 행복은 마치 무르익은 과실처럼 운 좋게 저절로 입안으로 굴러들어오는 것이 아니다. 그래서 나는 이 책에 '행복의 정복'이라는 제목을 붙였다. 이 세상은 피할 수 있는 불행, 피할 수 없는 불행, 병, 정신적 갈등, 투쟁, 가난, 그리고 악의로 가득 차 있다. 이런 세상에서 행복하게 살기를 원하는 사람은 개개인을 둘러싸고 있는 엄청나게 많은 불행의 원인들을 다룰 수 있는 방법을 찾아내야 한다.

드물게나마 그다지 많은 노력이 필요하지 않은 경우가 있긴 하다. 상속받은 풍족한 재산에 건강한 신체, 소박한 취미, 그리고 낙천적 기질을 가진 사람은 일생을 유유하게 지내면서, 남들은 도대체 무엇 때문에 법석을 떠는 걸까 의아하게 생각할 것이다. 아름다운 미모에 게으른 성격을 가진 여성이 특별히 신경을 써달라고 조르는 일이 없는 부유한 남편과 결혼해서, 살이 찌면 어쩌나 하는 걱정 없이 지내면서, 자녀 문제에서도 행운을 누린다면, 이런 여성 역시 앞의 남성과 마찬가지로 게으르고 안락한 생활을 즐길 수 있을 것이다.

그러나 이런 경우는 대단히 드물다. 대부분의 사람들은 부자가 아니며, 많은 사람들은 낙천적인 기질을 타고나지 못한다. 많은 사람들이 불안한 열정을 가지고 있어서 조용하고 규칙적인 생활은 참을 수 없이 지루하다고 느낀다. 건강이라는 축복을 유지할 수 있다고 장담할 수 있는 사람은 아무도 없다. 또한 결혼 생활이 늘 행복이 솟아나는 원천이 되는 것도 아니다. 이런 모든 이유 때문에 대부분의 사람들에게 행복은 신이 베푸는 선물이 아니라 어렵게 쟁취해야만 하는 대상이고, 행복을 쟁취하기 위해서는 내적으로나 외적으로 엄청난 노력을 해야 한다. 내적인 노력에는 어쩔 수 없이 체념을 해야 하는 경우가 포함될 수도 있다. 그러므로 우선은 외적인 노력만을 살펴보기로 하자.

일을 해서 생활비를 벌어야 하는 사람들의 경우에, 외적인 노력의 필요성은 너무나 분명하기 때문에 굳이 역설할 필요가 없다. 인도의 수도승들은 신앙심이 깊은 신도에게 바리때를 내밀기만 하면 별다른 노력 없이도 먹고살 수 있다. 하지만 서구 국가들의 행정 당국자들은 이런 방법으로 소득을 얻는 것을 우호적으로 보지 않는다. 게다가 이런 나라들의 기후는 인도처럼 덥고 건조하지 않기 때문에 일하지 않고 먹고살기에는 훨씬 어려운 조건이다. 어쨌든 추운 겨울에 따뜻한 방안에서 일하는 것보다 집 밖에서 놀고 지내는 것을 더 좋아할 만큼 게으른 사람은 드물다. 그러므로 서양에서는 체념하는 태도만으로는 행복에 도달할 수 없다.

서구에 사는 대부분의 사람들이 행복에 도달하기 위해서는 가까스로 생계를 유지하는 수준을 넘어 성취감을 느껴야 한다. 과학자와 같이 많은 수입을 올리지 못하면서도 성취감을 느낄 수 있는 직업이 있긴 하지만, 대부분의 직업에서는 수입이 성공의 척도다.

여기서 우리는 대부분의 사람들에게 바람직한 체념의 태도는 어떤 것인가 하는 문제에 부딪친다. 경쟁이 심한 사회에서 눈에 띌 만큼 성공을 거둘 수 있는 사람들은 적을 수밖에 없기 때문이다.

결혼은 상황에 따라서 노력이 필요하기도 하고, 필요하지 않기도 한 문제다. 남성이 수적으로 부족한 영국이나 여성이 부족한 오스트레일리아처럼 여성이나 남성 중 어느 한 쪽이 부족한 사회에서, 부족한 성에 속하면서 결혼을 원하는 사람들은 결혼하기 위해서 많은 노력을 기울일 필요가 없다. 그러나 남아돌아가는 성에 속하는 사람들의 경우에는 많은 노력을 기울여야 한다. 여성이 수적으로 많은 사회에서는 여성들이 결혼에 성공하기 위해서 대단한 노력을 기울이고 또 엄청난 연구를 하고 있다. 이것은 여성 잡지의 광고면을 샅샅이 살펴보면 누구나 알 수 있는 사실이다. 남성이 수적으로 많은 사회의 남성들은 사격솜씨와 같이 편리한 방법을 택하는 경우가 많은데, 이것은 당연한 일이다. 남성이 수적으로 많은 현상은 문명의 미개척지에서 가장 흔히 볼 수 있는 일이기 때문이다. 만일 영국에서 여성들만 공격하는 전염병이 돌아서 남성들의 수가 상대적으로 많아진다면, 어떤 일이 벌어질지 모른다. 어쩌면 남성들이 옛날의 호남아들처럼 여성들에게 친절하게 구는 시대로 복귀하는 사태가 생길지도 모른다.

자녀를 성공적으로 기르려면 많은 노력을 기울여야 한다는 것은 아무도 부정할 수 없는 명백한 사실이다. 체념적인 인생관 또는 정확하지 않은 호칭이지만 '정신적인' 인생관을 신봉하는 국가들은 유아사망률이 높다. 의학과 위생학, 전염병 예방법, 적절한 영양

섭취는 현세에 대한 집착이 없다면 결코 이룰 수 없는 일들이다. 이런 일들을 하려면 물질적 환경에 대한 열정과 지식이 필요하다. 물질세계란 환상에 지나지 않는다고 생각하는 사람들은 불결한 오물에 대해서도 마찬가지 생각을 하기 쉬운데, 부모가 가진 이런 생각 때문에 많은 아이들이 죽어가고 있다.

좀 더 일반화시켜서 이야기하자면, 타고난 욕망이 위축되지 않은 사람들이 정상적이고 합리적인 목적을 가지도록 만드는 특별한 종류의 힘이란 것이 존재한다고 말할 수 있다. 어떤 사람이 어떤 종류의 힘을 원하는가 하는 것은 그 사람이 어떤 분야에 특별한 열정을 가지고 있느냐에 달려 있다. 다른 사람들의 행동을 지배하는 힘을 가지기를 원하는 사람이 있는가 하면, 다른 사람들의 사상을 지배하는 힘을 원하는 사람도 있고, 다른 사람들의 감정을 지배하는 힘을 가지고 싶어하는 사람도 있다. 물질적 환경을 변화시키기를 원하는 사람이 있는가 하면, 전문적 지식을 갖추는 데서 힘을 느끼기를 원하는 사람도 있다.

위법행위를 통한 재산 증식을 유일한 목적으로 삼는 경우를 제외한다면, 모든 종류의 공적인 사업에는 특별한 힘을 행사하고자 하는 욕망이 내포되어 있다. 사람들이 처한 불행한 광경을 보면서 순수한 의미의 이타적인 고통을 느끼는 사람은, 그가 느끼는 고통이 거짓이 아니라면 그 불행을 덜어줄 수 있는 힘을 가지기를 원할 것이다. 힘에 대해 전혀 무관심한 사람은 다른 사람에 대한 관심이 전혀 없는 사람들뿐이다. 그렇기 때문에 특정한 형태의 권력욕은 좋은 사회를 만들 수 있는 사람들의 자질 중 하나로 인정된다.

힘을 가지고자 하는 욕망은 좌절되지 않는 한, 그에 상응하는 노력을 필요로 한다. 서구인의 관점에서 보자면 이러한 결론은 당연한 것이지만, 서구인들 중에서도 오히려 동양이 포기하려고 노력하고 있는 이른바 '동양의 지혜'에 추파를 던지는 사람들이 적지 않다. 이런 사람들은 우리가 이야기하고 있는 것을 의심스러워 할지도 모르겠지만, 그렇다고 하더라도 말할 가치는 있다.

체념 역시 행복을 쟁취하는 데 일정한 역할을 담당하고 있으며, 체념이 담당하는 역할은 노력이 담당하는 역할에 못지않게 중요하다. 현명한 사람은 막을 수 있는 불행을 감수하지도 않겠지만, 피할 수 없는 불행을 만나도 결코 시간과 감정을 낭비하지 않을 것이며, 피할 수 있는 불행이긴 하지만 그렇게 하기 위해서 들여야 하는 시간이나 노력이 보다 중요한 목적을 추구하는 데 방해가 된다면 그 불행을 감수할 것이다. 사소한 일들이 뜻대로 되지 않을 때마다 안달하고 화내면서, 더 유용하게 사용할 수 있는 막대한 정력을 낭비하는 사람들이 많다. 진정으로 중요한 목적을 추구하고 있다고 할지라도, 감정적으로 너무 몰두해서 실패하지 않을까 하는 생각이 마음의 평화를 끊임없이 갉아먹게 놓아두는 것은 현명하지 못한 일이다.

이런 경우에 기독교는 하나님의 뜻에 따르라고 가르친다. 설사 이런 표현을 받아들일 수 없는 사람도 자신이 하는 행동 하나하나에 이런 생각이 스며들게 해야 한다. 실제적인 일을 하는 데 투입하는 감정의 양과 일의 능률은 비례하지 않는다. 실제로는 감정이 능률적으로 일하는 데 방해가 되기도 한다. 일을 할 때 필요한 태도

253

는, 최선을 다하면서 그 결과는 운명에 맡기는 태도다.

체념에는 두 가지 종류가 있는데, 하나는 절망에 근원을 둔 체념이고, 다른 하나는 정복할 수 없는 희망에 근원을 둔 체념이다. 전자는 나쁜 것이고, 후자는 좋은 것이다. 중요한 일에 실패해 원대한 성공에 대한 희망을 포기해버린 사람은 절망적 체념을 몸에 익히기 쉽다. 절망적 체념을 몸에 익힌 사람은 진지한 활동이라면 뭐든지 단념할 것이다. 그는 종교적인 관용구나 명상이야말로 인간의 참된 목적이라고 주장하면서, 자신의 절망감을 감추기도 한다. 하지만 내면의 좌절을 숨기기 위해서 어떤 위장을 한다고 해도 이런 사람은 본질적으로 쓸모없는 인간, 철저히 불행한 인간에서 벗어나지 못할 것이다.

정복할 수 없는 희망 때문에 체념하는 사람은 전혀 다른 방식으로 행동한다. 정복할 수 없는 희망은 개인적 관심의 범위를 벗어난 원대한 것이다. 개인적으로 어떤 활동을 하든지 간에 죽음이나 질병 앞에 무릎을 꿇거나, 적에게 정복당하거나, 성공에 도달할 수 없는 어리석은 길에 접어들었다는 사실을 깨닫는 순간이 있을 수 있다. 그러나 개인적인 희망이 꺾이는 일이 수천 번 되풀이된다고 할지라도, 만일 그 개인적인 목적이 인류를 위한 보다 원대한 희망의 일부인 경우에는 아무리 실패를 거듭한다고 하더라도 완전한 절망감에 빠지지는 않는다.

위대한 발견을 원하는 과학자도 실패할 수 있고, 머리에 치명상을 입어 일을 포기해야 할 수도 있을 것이다. 그러나 과학의 진보와 그 이상에 대한 개인적인 공헌을 간절히 원하는 사람은, 순전히 이기적인 동기에서 연구에 임했던 사람이 느끼는 것과 똑같은 절망감에 시달리지 않을 것이다. 절실한 개혁을 이루기 위해 일하고 있는 사람이 전쟁 때문에 자신의 모든 노력이 물거품으로 돌아가는 것을 목격할 수도 있고, 자신이 노력해온 목적이 자신이 살아 있는 동안에 이루어지지 않을 것이라는 점을 깨달을 수도 있다. 그러나 자신이 참여할 수 있든 없든 관계없이 인류의 미래에 관심을 가지고 있는 사람이라면, 결코 이런 일 때문에 극단적인 절망감에 빠지지는 않을 것이다.

지금까지는 체념이 상당히 어려운 경우들을 살펴보았다. 그러나 체념이 쉬운 경우도 상당히 많다. 삶의 주요한 목적은 성공할 가능성이 있는데, 부차적인 목적만 실패를 겪는 경우가 있다. 예를 들어 중대한 일에 종사하는 사람이 불행한 결혼 생활로 인해 정신적인 혼란을 겪는다면 결코 긍정적인 체념을 하기는 어렵다. 그러나 자신의 일이 참으로 열중할 만한 일이라면, 그는 그런 부차적인 고통들은 궂은 날씨를 만난 것 같은 사소한 불편으로 여겨야 한다. 갑자기 비가 오는 것을 가지고 안달복달해봐야 아무 소용이 없다.

사소한 문제들이 생겼을 때 참을성 있게 버티지 못하는 사람들이 있다. 사실 이런 사소한 문제들은 자칫 그대로 놓아두면 생활의 대부분을 차지하게 된다. 이런 사람들은 기차를 놓쳤다고 씩씩거리고, 저녁 식사가 맛이 없다고 노발대발하고, 연기를 뿜는 굴뚝을 보고 절망에 빠진다. 세탁소에 맡긴 옷이 분실되면, 전체 경제체제에 대해 앙갚음을 하겠다고 별러댄다. 만일 이들이 사소한 문제에다가 퍼붓는 정력을 좀 더 현명하게 사용한다면, 제국을 세우고 다시 무

255

너뜨릴 수도 있을 것이다.

현명한 사람은 가정부가 닦아내지 않는 먼지가 있는지, 요리사가 익히지 않은 감자가 있는지, 굴뚝청소부가 쓸어내지 않은 검댕이 있는지 감시하지 않는다. 충분한 시간이 있는데도, 이런 문제를 바로잡을 수 있는 조처를 취하지 않는다는 이야기가 아니다. 내가 말하고자 하는 것은 그는 이러한 일들을 감정적으로 처리하지 않는다는 것이다.

걱정과 안달, 짜증은 자신에게 어떤 도움도 줄 수 없는 감정들이다. 이러한 감정을 강렬하게 느끼는 사람들은 도저히 감정을 이기지 못하겠다고 말할지도 모른다. 앞에서 말한 근본적인 체념에 도달하지 않는 한, 이들은 결코 이러한 감정을 극복할 수 없다. 개인적인 일의 실패나, 불행한 결혼 생활의 고통을 참아낼 수 있게 하는 것은 비개인적이며 원대한 희망에 집중하는 태도다. 이런 태도를 가지면 기차를 놓치거나 진창 속에 우산을 떨어뜨렸을 때도 참을성 있게 버틸 수 있다. 이것은 성격이 까다로운 사람이 성격을 고칠 수 있는 가장 좋은 방법이다.

걱정의 지배에서 벗어난 사람은 늘 짜증을 내던 때에 비해서 인생이 훨씬 즐겁다는 것을 알아채게 될 것이다. 예전 같으면 비명을 지르고 싶게 만들던 친구들의 개인적 특성들도 이제는 그저 재미있게 여겨질 것이다. 아무개가 티에라델푸에고 섬의 주교에 대한 이야기를 삼백마흔일곱 번째 이야기한다고 해도, 그는 이번에 들으면 몇 번째나 듣는 걸까 헤아리며 재미있어 할 뿐, 쓸데없이 자신이 알고 있는 이야기를 해서 말을 가로채고 싶어하지 않는다. 이른 아침에 기차를 타려고 서둘러 가고 있을 때 구두끈이 끊어지는 일이 있어도, 그는 몇 마디 투덜거리고 나서는 우주의 광대한 역사에 비추어보면 이런 일쯤은 너무나 사소하다는 사실을 떠올린다. 청혼을 하고 있는 중요한 순간에 성가신 이웃이 찾아와 훼방을 놓더라도, 그는 이 정도의 재난은 아담 말고는 모든 인류가 겪어온 것이니 자신이라고 문제가 없겠느냐고 생각한다.

심각하지 않은 불행이 닥쳤을 때, 기상천외한 비유와 절묘한 비교를 동원해서 위안을 찾는 방법은 무궁무진하다. 문명인은 누구나 마음속에 자화상을 가지고 있고, 그 자화상을 더럽힌다고 생각할 만한 일이 일어나면 속이 상할 것이다. 이런 경우 가장 좋은 방법은 자화상을 하나만 가지고 있는 것이 아니라, 여러 가지 자화상으로 가득 찬 화랑을 통째로 가지고 있다가 문제 상황에 맞는 그림을 하나 골라내는 것이다. 그 화랑에 우스꽝스러운 작품을 몇 점쯤 걸어두면 더 좋다. 굉장한 비극의 주인공으로 그려진 자화상을 하루 종일 들여다보고 있는 것은 현명하지 못하다. 그렇다고 매일 희극에 등장하는 광대 모습의 자화상을 들여다보라는 이야기는 아니다. 그렇게 하다가는 짜증이 더 솟구치게 될 테니까 말이다.

문제 상황에 맞는 역할을 선택하려면 약간의 요령이 필요하다. 물론 자신을 완전히 망각해서 어떤 역할도 선택할 필요가 없다면 정말 장한 일이다. 하지만 어떤 고정된 역할을 맡는 것이 몸에 배었다면, 몇 가지 역할을 번갈아 연기하면서 단조로움을 피하도록 해라.

적극적인 사람들 중에는 실낱같은 체념이나 눈에 띌 듯 말 듯 한 해학의 기미를 보이는 것이 자신의 일에 대한 열정과 성공을 달성하는 데 필요한 결단을 손상시킨다고 생각하는 사람들이 많다. 내가 보기에 이런 생각은 잘못된 것이다. 자신이 맡은 일의 중요성이나 난이도에 관해서 자신을 기만하지 않는 사람만이 가치 있는 일을 할 수 있다. 자신을 기만해야만 일을 할 수 있는 사람은 그 일을 계속하기 전에 우선 진실을 받아들이는 법을 배우는 것이 좋다. 반드시 가공의 이야기에 의지해야 한다면, 언제가 될지는 몰라도, 그가 하는 일은 유익한 일이 아니라 해로운 일이 될 것이다. 해로운 일을 하느니 차라리 아무 일도 하지 않는 편이 낫다. 세상에 존재하는 유익한 일 가운데 절반은 해로운 일과 맞붙어 그것을 물리치는 것이다. 사실을 인정하는 법을 터득하기 위해서 짧은 시간을 투자하는 것은 결코 시간 낭비가 아니다. 이런 과정을 겪고 난 사람이 하는 일은 열정을 자극하기 위해서 끊임없이 자아를 부풀려야 하는 사람들이 하는 일에 비하면 훨씬 덜 해로울 것이다.

어떤 종류의 체념은 자신의 진실한 모습을 직시하는 용기와 관련되어 있다. 이런 종류의 체념은 비록 처음에는 고통스러울지 모르지만, 마지막에 가서는 자신을 기만하는 사람이 흔히 빠져들기 쉬운 절망과 환멸로부터 이 사람을 보호해준다. 날이 갈수록 믿을 수 없어지는 사실을 믿으려고 쉬지 않고 노력하는 것만큼 사람을 지치게 하고 부아를 돋우는 일은 없다. 이런 노력을 하지 않는 것이야말로 지속적이고 안정적인 행복을 누리기 위한 필수조건의 하나다.

17. 나는 행복한 존재다

적어도 하루에 한 가지씩 고통스러운 진실을 스스로 인정하라.

누구나 알고 있듯이, 행복은 부분적으로는 외부적 환경에, 부분적으로는 자기 자신에게 달려 있다. 이 책에서는 자신과 관련된 부분만 다루었는데, 우리는 이 부분에만 한정해서 본다면 행복의 비결은 매우 간단하다는 견해에 도달했다.

정도의 차이는 있을지라도, 종교적인 신념을 가지고 있어야만 행복을 누릴 수 있다고 생각하는 사람들이 많다. 이런 사람들 중에는 앞에서 언급했던 크러치 씨도 포함시켜야 할 것이다. 스스로 불행하다고 생각하는 사람들은 대부분 자신이 느끼는 슬픔이 매우 복잡하고 이지적인 원인을 가지고 있다고 생각한다. 나는 그런 것들은 그들이 느끼는 행복이나 불행의 진정한 원인이 아니라, 그저 징후에 지나지 않는다고 생각한다. 일반적으로 불행한 사람은 불행한 신조를 선택하고, 행복한 사람은 행복한 신조를 택한다. 사람들은 자신의 행복이나 불행이 자신의 신조에서 비롯한다고 생각하기 쉽지만, 진정한 인과관계는 그와는 정반대다.

　대부분의 사람들이 행복을 누리기 위해서는 반드시 필요한 것들이 있다. 양식, 주택, 건강, 사랑, 훌륭한 직업과 자신이 속한 사회의 존경 같은 단순한 것들이다. 자식을 낳아 기르는 것이 꼭 필요하다고 생각하는 사람들도 있다. 이런 것들이 없을 경우에는, 특별한 사람만이 행복을 성취할 수 있다. 그러나 이런 것들이 충족되고 있거나, 제대로 노력만 하면 얻을 수 있는 경우에도 여전히 불행한 사람들이 있다. 이런 사람들은 특정한 심리적 부적응을 겪고 있는 것이다. 심리적 부적응이 매우 심각한 사람들은 정신과 의사의 치료를 받을 필요가 있다. 하지만 그리 심하지 않은 심리적 부적응은 제대로 다루기만 하면, 환자 스스로도 치료할 수 있다.

　외부적 환경이 불행하지 않은 경우라면, 열정과 관심을 자기 내부가 아니라 바깥 세계에 쏟는 것만으로도 누구나 행복을 성취할 수 있다. 그러므로 우리는 교육을 통해서, 그리고 자신을 세계에 적응시키기 위한 여러 가지 시도들을 통해서 감정적으로 자신에게 몰입하는 것을 피하고, 늘 자신에게만 집중하는 것을 막을 수 있도록 애정의 대상과 관심거리를 찾기 위해 노력해야 한다. 대부분의 사람들의 경우, 감옥에 갇힌 상태에서 행복을 누린다는 것은 본질적으로 불가능하다. 이런 위험한 감옥 중의 하나가 자신을 스스로 자기 안에 가두는 감정들이다. 이러한 감정들 가운데 가장 흔한 것은 두려움과 질투, 죄의식, 자기연민, 그리고 자기도취다. 이런 감정에

260

빠진 사람의 욕망은 자신에게 집중된다. 이런 사람은 외부 세계에 대해서는 아무런 관심도 없고, 그저 외부 세계에서 자신의 이기심을 충족시키거나, 자신이 상처 받지 않는 데만 관심이 있다.

사람들이 사실을 인정하기를 싫어하고, 가공의 신화라는 따뜻한 외투로 자신을 감싸고 싶어하는 주요한 이유는 바로 두려움이다. 그러나 따뜻한 외투가 가시에 찢기면 그 틈으로 차가운 북풍한설이 몰아친다. 따뜻한 데 익숙해진 사람은 처음부터 찬바람을 맞으며 몸을 단련해온 사람보다 더 큰 고통을 겪는다. 더구나 스스로를 기만하고 있는 사람들은 대개 마음속으로는 그런 사실을 잘 알고 있으며, 혹시라도 성가신 사고가 일어나 바라지 않던 자각을 강요하지나 않을까 불안해하며 살아간다.

자기중심적인 감정들이 지닌 커다란 약점 중 하나는 다채로운 생활을 허용하지 않는다는 점이다. 자기 자신만을 사랑하는 사람은 애정관계가 복잡하다는 비난을 받지는 않겠지만, 결국에는 자신이 열정을 바치는 대상이 늘 변함없다는 것 때문에 견딜 수 없는 권태에 시달리게 마련이다. 죄의식에 시달리는 사람은 특별한 형태의 이기심 때문에 고통을 받는다. 이 광대한 우주에서 이 사람에게 가장 중요한 것은 자신의 도덕성을 지키는 일이다. 이런 특별한 형태의 자기도취를 조장해왔다는 것이야말로 전통적인 종교의 특정 종파들이 저지른 중대한 실책 중 하나다.

행복한 사람은 자유로운 애정과 폭넓은 관심을 가지고 객관적으로 살아가는 사람이다. 그는 이런 애정과 관심을 통해서, 또한 이런 애정과 관심을 베풀면 자신도 다른 많은 사람들의 애정과 관심의 대상이 된다는 사실을 통해서 자신의 행복을 확고히 한다. 사랑을 받는 것은 행복을 부르는 가장 유력한 원인이지만, 사랑은 졸라 댄다고 해서 받을 수 있는 것이 아니다. 넓은 의미에서 보면, 사랑을 베푸는 사람이 사랑을 받는다. 그러나 이자를 받을 생각으로 돈을 빌려주듯이, 되돌려받을 것을 계산해서 베푸는 사랑은 허망한 것이다. 계산된 사랑은 진정한 사랑이 아니며, 사랑을 받는 사람도 그것이 진정한 사랑이라고 느끼지 않을 테니까 말이다.

그렇다면 자기 안에 갇혀 있기 때문에 불행한 사람은 어떻게 해야 하는가? 자신이 겪고 있는 불행의 원인이 무엇일까 하는 생각에서 벗어나지 못하는 사람은 자기중심적인 생각에서 벗어나지 못하고 따라서 악순환에서 벗어나지 못한다. 이 악순환에서 벗어나길 원하는 사람은 단순히 치료약으로 쓰기 위해서 선택한 거짓 관심이 아니라 진정한 관심을 가져야 한다. 상당히 어려운 일이겠지만, 일단 자신이 안고 있는 문제를 정확하게 진단하고 있는 경우라면 여러 가지 방법을 사용할 수 있다.

예를 들어 의식적인 차원이나 무의식적인 차원의 죄의식에서 말미암은 문제를 안고 있는 사람은 우선은 죄의식을 느낄 만한 이유가 전혀 없다는 것을 자신의 의식에 각인하고, 다음에는 이런 이성적인 확신을 무의식 속에 각인하되, 그 사이에 크든 작든 중립적인 활동에 관심을 기울이면 된다. 이 때는 앞의 여러 장들에서 이미 살펴본 방법들을 사용하는 것이 좋을 것이다. 이렇게 해서 죄의식을 없애는 데 성공하면 순수하게 객관적인 관심이 자연스럽게 생겨날 것이다.

자기연민이라는 문제를 안고 있는 사람은 우선 자신의 환경이 특별히 불행한 것이 아니라는 사실을 자각한 후에, 앞에서 제시한 방법을 따라가면 된다. 두려움이라는 문제를 안고 있는 사람은 여러 가지 연습을 통해서 용기를 길러야 한다. 전투시의 용기는 아주 오랜 옛날부터 중요한 미덕으로 인정받았고, 젊은 남자들에게 실시했던 훈련의 대부분은 전투 때에 대담무쌍한 태도를 가질 수 있는 용기를 기르는 데 할애되었다.

도덕적 용기와 지적 용기에 대한 연구가 다른 분야에 비해서 부족하기는 하지만, 그 분야에 관해서도 비법이 있다. 적어도 하루에 한 가지씩 고통스러운 진실을 스스로 인정하라. 그러면 이 방법이 날마다 친절한 행동을 연습하는 보이스카우트 훈련법처럼 유익하다는 것을 깨닫게 될 것이다. 도덕성이나 지성에서 친구들을 월등하게 앞서든 앞서지 못하든 관계없이, 인생은 살 만한 보람이 있다고 느끼도록 자신을 훈련하라. 이러한 훈련을 몇 년간 계속하다 보면 두려움 없이도 사실을 인정할 수 있는 능력을 가지게 될 것이고, 그것을 통해서 매우 광범한 분야에서 권력을 행사해왔던 두려움의 지배로부터 벗어나게 될 것이다.

자기도취라는 병을 극복하고 나서, 어떤 객관적인 관심이 마음 속에서 생겨나느냐 하는 것은 그 사람의 본성과 외부 환경의 자연스러운 작용에 맡겨두어야 한다. 관심이 자연스럽게 자라나기도 전에 '우표 수집을 취미로 삼으면 행복할 것이다'라고 단정하고 나서 우표 수집을 시작하는 일이 없도록 해라. 우표 수집에 전혀 흥미를 느끼지 못하는 경우도 있을 테니까 말이다. 철저하게 관심이 끌리는 것만이 당신에게 도움을 줄 수 있다. 하지만 자아에 빠져들지 않는 법을 터득하자마자, 진정한 객관적 관심이 자라날 거라고 확신해도 좋다.

행복한 삶은 선한 삶과 대단히 흡사하다. 직업적인 도덕론자들은 자기부정을 지나치게 중시해왔으며, 그 과정에서 적절하지 않은 것을 강조해왔다. 의식적인 자기부정은 사람들을 자기도취에 빠지게 하며, 자기가 희생한 사실을 생생하게 기억하게 한다. 이로 인해서 의식적인 자기부정은 당면한 목적을 달성하지 못하는 경우가 많을 뿐 아니라, 거의 대부분의 경우 최종적인 목적을 달성하지 못한다. 중요한 것은 자기부정이 아니라, 관심을 외부로 돌리는 것이다. 관심을 외부로 돌리게 되면, 선행의 추구에 전념하는 사람이 의식적인 자기부정의 방법을 통해서만 수행할 수 있는 것과 동일한 행동이 본능적으로 자연스럽게 나오게 마련이다.

나는 행복을 선이라고 여기는 쾌락주의자의 입장에서 이 책을 썼다. 그러나 쾌락주의자의 입장에서 권장하는 행동은 분별 있는 도덕론자가 권장하는 행동과 다르지 않다. 물론 일반적인 사실이라고 할 수는 없지만, 도덕론자들은 마음의 상태보다 행동을 강조하는 방향으로 지나치게 치우치는 경향이 있다.

어떤 행위가 그 행위를 하는 사람에게 어떤 영향을 미치느냐는 것은 행위를 하는 순간의 마음 상태에 따라서 천차만별일 것이다. 만일 물에 빠진 아이를 보고 도와줘야겠다는 직접적인 충동을 느껴 그 아이를 구해냈다면, 그런 행동을 했다고 해서 도덕성이 악화되는 것은 아니다. 하지만 '곤경에 빠진 사람을 돕는 것은 선행이고, 나는 선한 사람이 되길 원하니까 이 아이를 구해야 한다'고 생각한다면, 이 사람은 그런 생각을 하지 않았을 때와 비교할 때 도덕적으로 훨씬 나쁜 사람이 되는 것이다. 이런 극단적인 예에 적용되는 사실은 이보다 극단적이지 않은 다른 많은 경우에도 적용된다.

내가 권장하는 생활 태도와 전통적인 도덕인들이 권장하는 생활 태도 사이에는 또 한 가지 차이점이 있는데, 그것은 앞의 것에 비해서 약간 미묘한 것이다. 예를 들어 전통적인 도덕인은 사랑은 이기적인 것이 아니어야 한다고 말할 것이다. 어떤 의미에서는 그 말이 옳다. 사랑은 어떤 한도를 넘어설 만큼 이기적이어서는 안 된다. 그러나 누구나 알고 있듯이, 어떤 사람이 사랑에 성공하느냐 하는 것은 그 사람 자신의 행복과 깊은 연관을 가지고 있다.

어떤 남성이 어떤 여성의 행복을 간절히 원하고 있다는 점을 들어 그 여성에게 청혼을 하면서, 당신 덕분에 자신의 행복을 단념할 이상적인 기회가 왔다고 한다면, 그 여성은 아마 흡족해하지 않을 것이다. 우리는 마땅히 사랑하는 사람의 행복을 바라야 한다. 그러나 자신의 행복을 포기하고 상대방의 행복을 바라는 것은 옳지 않다.

실제로 자기부정의 이론은 자아와 자아가 아닌 세계가 대립하고 있다는 전제를 내포하는 개념인데, 자아와 자아가 아닌 세계 사이의 대립은 자신이 아닌 다른 사람이나 사물에 진정한 관심이 생기는 순간 사라져버린다. 이러한 관심을 가지게 된 사람은 자신이 당구공처럼 다른 존재와 충돌하는 것 말고는 아무런 관계를 맺을 수 없는 단단하고 고립된 존재가 아니라 마치 강물처럼 부드럽게 흘러

가면서 다른 것들을 포용하는 삶의 일부라는 점을 깨닫게 된다.

모든 불행은 의식이 분열되거나 통합을 이루지 못한 데서 생긴다. 의식과 무의식이 조화를 이루지 못하면 자아 내부에 분열이 생기고, 객관적인 관심과 사랑의 힘에 의해 자아와 사회가 결합되어 있지 않으면 자아와 사회는 통합될 수 없다. 행복한 사람은 자아의 내적인 통합이나 자아와 사회가 이루는 통합의 실패로 고통 받지 않는 사람이다. 행복한 사람의 인격은 분열되어 있지 않으며, 세상에 대항하여 맞서고 있지도 않다.

행복한 사람은 자신이 우주를 구성하고 있는 한 성원임을 자각하고, 우주가 베푸는 아름다운 광경과 기쁨을 누린다. 행복한 사람은 자신의 뒤를 이어 태어나는 사람들과 동떨어진 존재가 아니라고 생각하기 때문에 죽음을 생각할 때도 괴로워하지 않는다. 마음속 깊은 곳의 본능을 좇아서 강물처럼 흘러가는 삶에 충분히 몸을 맡길 때, 우리는 가장 큰 행복을 발견할 수 있다.

최고의 행복 지침서

서점에서 오래도록 꾸준히 팔리고 있는 책들 중에는 '잠시나마 세상살이의 고달픔을 잊고 가벼운 기분전환을 할 수 있는 책'들과 세상살이의 고달픔과 안락함을 버린 종교인들이 쓴 '수상록'들이 있다. 일반적인 관점에서 볼 때 그다지 위대한 삶도, 그다지 저속한 삶도 살고 있지 않은 사람들이 쓴 가슴 따뜻한 수필들을 읽다보면, '아, 이 사람은 이렇게 어려운 조건에서도 이렇게 작은 일 하나하나에서 행복을 찾으며 사는구나' 하는 생각에 잠겨들 때가 있다. 이런 책들을 읽으면, 맥없이 질질 끌려가던 생활에서 잠깐 숨을 돌려 자신의 생활을 돌아보면서 '나도 내 생활에 의미를 부여하면서 살아야지' 하는 생각이 들기도 한다. 그러나 시간이 지나면, 그 책들이 주던 온기는 점차 식어가고 다시 차가운 현실의 벽에 가로막히게 된다.

이런 책들에서 위안을 찾는 사람들에게 러셀의 이 책은 최고의 행복 지침서가 될 수 있을 것 같다. 왜냐하면 러셀의 행복론은 불행한 현실의 벽을 잠시 잊을 수 있는 방법을 알려주는 책이 아니라,

267

그 벽이 왜 만들어졌고, 어떻게 하면 부술 수 있는지 알려주고 그 벽을 깰 수 있도록 도와주는 책이기 때문이다.

러셀이 쓴 행복론이라는 말을 들으면, 어떤 사람은 러셀이 유명한 철학자니까 이 책의 내용도 대단히 딱딱하고 지루할 것이고, 그의 글을 읽으려면 미리 그의 철학적 사상에 대해 어느 정도 지식을 갖추어야 하지 않을까 생각할 것이다. 또 어떤 사람은 러셀이 이 책을 쓴 해가 1930년으로 벌써 70여 년이나 지난 옛날이고, 지금의 삶의 기본조건은 그때와는 많이 달라졌기 때문에 오늘날에는 그의 행복론이 그다지 도움이 되지 않을 것이라고 생각할지도 모른다.

하지만 이 책은 그가 서문에서 밝히고 있듯이 학자들을 위한 책이 아니다. 이 책에서는 어려운 논리와 딱딱한 철학 용어를 거의 찾아볼 수 없다. 이 책은 불행에 대한 현실적인 비결을 필요로 하는 사람들이 상식으로 삼을 만한 내용들로 구성되어 있다. 그는 불행한 사람이 자신이 처한 상황을 진단하고, 거기에서 탈출할 방법을 찾도록 도와주려고 이 책을 썼다. 그렇다고 여러 가지 불행들을 열거하고 단편적인 해답을 달아놓은 글은 아니다. 러셀은 독자들이 충분히 이해할 수 있도록 불행의 원인과 행복의 조건을 설득력 있게 차근차근 설명하고 있다. 다시 말하면 이 책은 러셀에 대해서 아는 것이 많은 사람이나, 전혀 없는 사람이나 똑같이 큰 도움을 얻을 수 있는 책이다.

또한 이 책은 시간상의 격차를 뛰어넘어 보편적인 진리를 담고 있는 책이다. 이 책을 읽다보면 '이건 구닥다리 이론이잖아' 라는 생각이 드는 게 아니라, '이미 오래 전에 쓰인 책인데도 전혀 그런 느낌이 들지 않네'라는 생각이 들 정도로 부자연스러운 데가 전혀 없이 적절한 사례들을 제시하고 있다.

이 책을 읽다보면 온통 불행한 삶을 사는 사람의 모습(그게 내 자신인 경우도 있다)이 떠오른다. 친구와 전화 통화를 하는 한 직장인의 모습을 상상해보았다.

"잘 사냐구? 나야 잘 살고 싶지만, 이렇게 치열한 사회(경쟁)에서 어떻게 행복하게 살 수 있겠냐? 직장 다니랴 가족들 챙기랴 친구 만나랴 바쁘기만 하고, 무슨 일을 해도 재미가 없어(권태). 스트레스 풀려고 어제는 친구 만나서 화끈하게 놀았는데(자극) 오늘은 견디기가 더 어렵고 짜증이 나네(피로). 안 그래도 상태가 좋지 않았는데, 글쎄 오늘 나보다 실력이 한참 딸리는 직장 동료가 대박을 터뜨렸다고 기세가 등등하지 않겠어?(질투) 보란 듯이 내 앞에서 부장님한테 칭찬 받은 이야기를 하던데, 혹시 부장님 앞에서 날 깎아내린 건 아닌지 몰라(피해망상). 난 왜 이렇게 안 풀리나 몰라. 어렸을 때 부모님 말씀 안 듣고 뺀질뺀질 놀았던 벌을 받나 봐. 요즘도 친구들 만나서 놀다가 집에 들어가면 어머니 얼굴을 못 보겠다니까(죄의식). 서른이 한참 넘었는데도 결혼 안 하고 비실거리는 자식 보는 어머니 속이 오죽하겠니. 난 결혼하기 싫은데, 독신으로 살면 남들이 괴팍한 성격이라 그렇다고 욕 하는 거 아닐까 싶기도 하고(여론에 대한 두려움)."

언뜻 보면 경쟁, 피로, 질투, 죄의식, 피해망상, 여론에 대한 두려움 등에 대해 이야기하고 있기 때문에 정신분석학 책이 아닐까 싶게 딱딱한 느낌이 들지만, 막상 내용을 따라 가다 보면, 앞서 말한 가상의 대화를 나누는 사람과 비슷한, 내 주변의 평범하고도 불행한 사람들의 모습이 자연스럽게 떠오른다. 하지만 러셀의 목적은 현대인이 느끼는 불행은 이렇듯 여러 가지 복잡한 요인에서 비롯한다는 것을 자각하게 만드는 데 있는 것이 아니라, 그 불행의 원인들을 합리적으로 이해하고 처리해나가야 한다는 것을 자각하게 만드는 데 있다.

러셀은 불행의 원인이 분명히 자신의 환경 속에, 그리고 자신의 마음속에 있을 때, 그것과 맞서 싸우는 것이 두려워서 외면하거나, 미리 체념하고 무릎 꿇지 말라고 이야기한다. 자신을 괴롭히는 불행의 정체를 분명히 분석한다면, 자신 있게 '그까짓 것 별 문제 아니군'이라고 하면서 용감하게 맞설 수 있다고 설득한다. 이런 점에서 러셀의 글은 경쟁 사회에서 승승장구할 능력과 용기가 없는 사람들은 모두 자기 내면으로 잠겨들라고 요구하는 내용의 책들과는 다르다. 또한 세상살이 아무리 힘들더라도 마음먹기 나름이라고 주장하는 책들과도 전혀 다르다.

이 글을 읽으면서 또 한 가지 주목하게 되는 것은 일부러 세상의 기준에 맞추느라고, 혹은 종교적인 계명에 순종하느라고 자신이 원하는 것과 정반대의 삶을 사는 태도다. 자신의 욕구와 관심을 부정하는 태도는 기본적으로 '나'와 '세상'이 대립하고 있다는 관점에 서 있다.

'나'는 자유롭고 싶은데, '세상'은 나를 경쟁 속에 떠밀어 넣고 이런저런 잣대로 평가하고 속박한다고 생각하는 경우가 많다. 하지만 러셀은 세상이야말로 나의 생존을 지탱하는 토대이며, 나에게 행복한 생활을 가져다주는 기회이므로, 외부세계에 대해 열정과 관심을 가지고 세상과 교류하면서 행복을 찾아가라고 설득한다.

요즘에는 대학입시가 가까운 때가 아닌데도 성적이 나쁜 것을 비관해서 자살하는 학생들의 이야기가 보도되곤 한다. 그 때마다 우리는 이런 상황을 빚어낸 교육 현실에 분개하고, 말로는 행복은 성적순이 아니라고 하면서도, 사람의 능력을 성적순으로 점수매기는 사회를 규탄한다. 아이들에게나 성인들에게나 가장 필요한 것은 행복하게 살 수 있는 훈련과 교육이라는 생각이 든다. 한두 해 후에는 잊혀져버릴 상식이 아니라, 평생토록 그 사람을 지켜줄 가치관, 행복에 대한 관점을 세워주는 것이 우리 사회에서 가장 절박한 일이라는 생각이 든다.

하루에 각기 다른 3천 여 단어를 구사해서 저술을 했다는 러셀. 그의 글의 아름다움과 깊이를 다치지 않고 번역하는 일은 꽤나 까다로웠지만, 한편으로는 영광이었다. 독자들이 이 글을 편안하게 읽으면서 행복한 삶을 계획하고 다져나갈 수 있었으면 하는 마음이다.